T0245081

# Platzierung von Softwarekomponenten auf Mehrkernprozessoren

Robert Hilbrich

# Platzierung von Softwarekomponenten auf Mehrkernprozessoren

## Automatisierte Konstruktion und Analyse für funktionssichere Systeme

 Springer Vieweg

Robert Hilbrich
Berlin, Deutschland

Cottbus-Senftenberg, Techn. Univ., Diss., 2015

ISBN 978-3-658-11172-4      ISBN 978-3-658-11173-1 (eBook)
DOI 10.1007/978-3-658-11173-1

Die Deutsche Nationalbibliothek verzeichnet diese Publikation in der Deutschen Nationalbibliografie; detaillierte bibliografische Daten sind im Internet über http://dnb.d-nb.de abrufbar.

Gedruckt auf säurefreiem und chlorfrei gebleichtem Papier

Springer Fachmedien Wiesbaden ist Teil der Fachverlagsgruppe Springer Science+Business Media
(www.springer.com)

*Per aspera ad astra.*

# Inhaltsverzeichnis

**Anhang**

# Abbildungsverzeichnis

# Tabellenverzeichnis

# 1. Einführung

## 1.1. Problemstellung

Eingebettete Systeme sind spezielle Computersysteme, die aus einem Hardware- und einem Softwareanteil bestehen und in technische Umgebungen *eingebettet* sind. Ihre Hauptaufgabe liegt in der Überwachung und Steuerung von physikalischen Prozessen [LS11]. Mit der zunehmenden Leistungsfähigkeit der Hardwareplattformen übernehmen diese Systeme immer mehr Aufgaben, die bisher eine manuelle Steuerung und Überwachung erforderten. Diese Entwicklung betrifft auch zunehmend Bereiche, in denen eine hohe Funktionssicherheit [LPP10] gewährleistet werden muss, da bei einer Fehlfunktion des Systems Menschenleben oder auch das System selbst gefährdet sind.

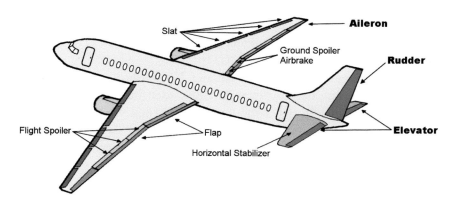

**Abbildung 1.1.:** Primäre und sekundäre Steuerflächen
Quelle: Liebherr Aerospace Lindenberg - mit Genehmigung

Ein typisches Beispiel für ein funktionssicheres eingebettetes System ist das *Flugleitsystem* [SS00, S. 11–2] an Bord eines modernen Flugzeuges. Das Flugleitsystem realisiert die koordinierte Ansteuerung der verschiedenen Steuerflächen (siehe Abbildung 1.1) und stellt die aerodynamische Stabilität des Flugzeugs bei Steuerungsmanövern sicher. Diese Aufgabe erfordert eine hohe Funktionssicherheit des Systems, da Fehler in der Steuerung die sichere Landung des Flugzeugs gefährden können.

Die Menge der Steuerungsaufgaben eines eingebetteten Systems nimmt stetig zu. Zugleich erreichen immer mehr Aufgaben ein Komplexitätsniveau, das eine Realisierung der Funktionalität mit Hilfe von Software erforderlich macht [Bro10]. Mit der zunehmenden Bedeutung der Software ist es nun vor allem die *Leistungsfähigkeit der Hardwareplattform*, welche die realisierbare Funktionskomplexität eines eingebetteten Systems beschränkt. Neben anderen Faktoren ist die Steigerung ihrer Leistungsfähigkeit primär von der Rechenleistung der eingesetzten Prozessoren abhängig. Da ein einzelner Prozessor nur noch in wenigen Fällen den Anforderungen der Steuerungsaufgaben gerecht wird, muss in der Praxis zunehmend auf eine parallele Verarbeitung mit Hilfe von *Mehrprozessorsystemen* oder auch *Mehrkernprozessoren* zurückgegriffen werden. Die *echt parallele* Ausführung von Softwarekomponenten steigert den Durchsatz und erhöht so die Leistungsfähigkeit des Systems [BC11].

Mit dem Einsatz parallel arbeitender Prozessoren verändert sich auch die Gestaltung der Hardwarearchitekturen funktionssicherer eingebetteter Systeme. In der Vergangenheit wurden vielfach dedizierte Steuergeräte mit eigenen Prozessoren und eigenen Kommunikationsverbindungen zur Realisierung weniger Funktionen eingesetzt [WW07]. Mittlerweile bestehen die Hardwareplattformen aus einer geringen Anzahl von Steuergeräten, die jedoch mit Hilfe ihrer leistungsfähigen Prozessoren eine größere Anzahl an Funktionen realisieren können. Diese Entwicklung wird als *Multifunktionsintegration* oder *Hochintegration von Funktionen* bezeichnet [SBFR12, WSWK13, Bro10, BRR11].

Vor diesem Hintergrund nimmt die *Platzierung* der Softwarekomponenten eine Schlüsselrolle beim Entwurf eines Systems ein. Ihre

Aufgabe liegt in der richtigen „Zuordnung" der Softwarekomponenten zu den Prozessoren und Kernen in der Hardwarearchitektur des Systems. Dazu muss die Platzierung der Softwarekomponenten auch die zusätzlich erforderlichen Ressourcen berücksichtigen. Dies betrifft zum Beispiel den Arbeitsspeicher und den Festwertspeicher, die benötigten Hardwarebeschleuniger sowie die Kommunikationsnetzwerke in einem verteilten System. Die Korrektheit und Effizienz einer Platzierung spiegeln sich unmittelbar in der Korrektheit und Effizienz des Gesamtsystems wider. Mit einer „korrekten" Zuweisung der Ressourcen leistet die Platzierung nicht nur einen wichtigen Beitrag zur Erfüllung der *funktionalen* Anforderungen der Softwarekomponenten. Die Steigerung der Funktionsdichte auf einer gemeinsamen Hardwareplattform und die damit verbundene Zunahme gemeinsam genutzter Ressourcen erfordert auch die Berücksichtigung von *nicht-funktionalen* Anforderungen [Poh08]. Bei funktionssicheren eingebetteten Systemen betrifft dies vor allem die *Echtzeit-* und die *Zuverlässigkeitsanforderungen.*

Zur Erfüllung von Echtzeitanforderungen muss die Platzierung jeder Softwarekomponente zum „richtigen" Zeitpunkt ausreichend Rechenzeit auf den benötigten Prozessoren sowie Zugang zu den zusätzlich benötigten Ressourcen bereit stellen, um die vorgegebenen Zeitschranken für die Ausführung der Softwarekomponente einzuhalten. Dies ist notwendig, um nicht-deterministische Wartezeiten zu vermeiden und ein *deterministisches Zeitverhalten* des Systems zu erreichen [Rus99, S. 26ff]. Die Suche nach einer „korrekten" Zuordnung wird durch die zunehmende Ressourcenkonkurrenz der parallel ausgeführten Softwarekomponenten erschwert.

Zugleich stellt die Konzentration von Funktionen eine weitere Herausforderung für die Gewährleistung der Zuverlässigkeit des Systems dar. Der Ausfall einer Ressource (zum Beispiel eines Prozessors) betrifft aufgrund der hohen Funktionsdichte eine steigende Anzahl von Funktionen. Die Platzierung von Softwarekomponenten muss deshalb auch die Auswirkungen auf die Zuverlässigkeit des Gesamtsystems berücksichtigen. Dazu muss sie die *Unabhängigkeit* kritischer Systemfunktionen von systematischen und zufälligen Fehlern sicherstellen [SAE96, S. 19ff.]. Aufgrund ihrer Bedeutung für die Erfüllung der funktionalen und nicht-funktionalen Anforderungen wird die Platzierung der Softwarekomponenten zu einem *zentralen Artefakt* beim Entwurf eines eingebetteten Systems [PHAB12].

Mit der Konstruktion einer Platzierung muss einerseits eine möglichst hohe Funktionsdichte erzielt werden, um die Ressourcen der Hardwareplattform optimal auszulasten. Gleichzeitig muss sie auch eine Vielzahl von funktionalen und nicht-funktionalen Anforderungen berücksichtigen, die die Menge der Platzierungen einschränken. Mit der zunehmenden Anzahl an Funktionen eines eingebetteten Systems und der steigenden Komplexität der Hardwareplattformen wächst auch die Komplexität der Platzierungsproblematik an. Die Konstruktion einer *korrekten* und *effizienten* Platzierung wird aufwändig und fehlerträchtig. Daher bestimmt die Obergrenze der *beherrschbaren* Komplexität einer Platzierung, wie effizient die Ressourcen eines eingebetteten Systems ausgenutzt werden können.

In der Praxis wird die Platzierung bisher weitgehend *manuell* durchgeführt und als *kreativer* Prozess aufgefasst [HD13]. In Anbetracht der steigenden Komplexität der Platzierungsproblematik ist dieses Vorgehen mit signifikanten Nachteilen verbunden. Die manuellen Verfahren sind sowohl von der „Kreativität" der beteiligten Systemarchitekten als auch von deren „Verarbeitungskapazität" bei der vollständigen Erfassung und Berücksichtigung aller Anforderungen abhängig. Aufgrund des hohen Aufwands kann der vorliegende Lösungsraum mit manuellen Platzierungsverfahren oft nur unzureichend untersucht werden. So werden in der Praxis häufig nur wenige der prinzipiell möglichen Entwurfsalternativen erstellt und hinsichtlich der Erfüllung der gestellten Optimierungsziele bewertet. Nicht selten wird deshalb zwar eine *korrekte* aber nicht notwendigerweise *optimale* Platzierung erreicht.

Darüber hinaus werden wichtige Entwurfsentscheidungen oft *subjektiv* getroffen. Sie basieren nur selten auf einer fundierten und quantitativen Analyse der vorliegenden Alternativen und entbehren notwendiger Grundlagen für *objektive* Entscheidungsprozesse. Die Effizienz einer derart konstruierten Platzierung ist daher eng an die Expertise der beteiligten Systemarchitekten geknüpft. Andere Personen können diesen Konstruktionsprozess nur eingeschränkt mit einem ähnlichen Ergebnis wiederholen. Daher führt die *manuelle* Platzierung in der Praxis zu langsamen, ineffizienten und fehleranfälligen Entwurfsprozessen.

In Anbetracht dieser Nachteile werden in der Praxis zwei Strategien zur Optimierung der manuellen Konstruktion angewandt [HD13]. Zunächst wird intensiv auf die Expertise von Fachexperten zurückgegriffen, so dass wichtige Entscheidungen zur Platzierung der Softwarekomponenten unter Einbeziehung ihrer Expertise aus ähnlichen Vorprojekten getroffen werden. Darüber hinaus werden die Ressourcen der Hardwarearchitektur bei der Platzierung oft nur zu höchstens 80% ausgelastet, um einen Puffer für unerwartete Umstände oder kurzfristige Änderungen in den Anforderungen aufzubauen.

Während diese Strategien bisher durchaus mit Erfolg eingesetzt werden konnten, geraten sie in Anbetracht der Steigerung der Funktionsdichte bei Mehrprozessorsystemen und Mehrkernprozessoren an ihre Grenzen. Die *manuelle* Konstruktion einer Platzierung ist bei diesem Technologiesprung nur noch bedingt zielführend. Sie hemmt die Agilität der Entwurfsprozesse und resultiert in einer vergleichsweise geringen Ressourcenauslastung, so dass die Leistungsfähigkeit der Hardwareplattformen nicht ausgeschöpft werden kann. Daher sind neue Verfahren zur effizienten, zielgerichteten und *automatisierten* Platzierung von Softwarekomponenten erforderlich, um die gestiegene Komplexität ohne Einbußen bei der Effizienz und Qualität des Systems zu beherrschen.

Ein möglicher Lösungsansatz für diese Problematik wird in der Automatisierung der Konstruktions- und Bewertungsverfahren einer Platzierung mit Hilfe von geeigneten Softwarewerkzeugen gesehen [SLMR05, S. 4]. Dazu müssen das Wissen und die Erfahrung der Fachexperten expliziert und einer maschinellen Verarbeitung zugänglich gemacht werden. Konkret erfordert dies eine formale Beschreibung aller relevanten Anforderungen und Randbedingungen einer Platzierung, um den vorliegenden „Lösungsraum" zu definieren. Darüber hinaus sind auch Optimierungskriterien nötig, um eine automatisierte Bewertung und den Vergleich von alternativen Platzierungen zu ermöglichen. Die Automatisierung der Konstruktion und Bewertung von Platzierungen ist im Vergleich zur manuellen Vorgehensweise zumindest mit den folgenden Vorteilen verbunden:

1. Es können Systeme höherer Komplexität entworfen werden, da die zu beachtenden Anforderungen, Randbedingungen und Optimierungskriterien „maschinell" verarbeitet werden und das beherrschbare Komplexitätsniveau damit nicht länger an die menschliche Verarbeitungskapazität der Systemarchitekten gebunden ist.

2. Die Systeme weisen eine höhere Ressourceneffizienz auf, da mehr Entwurfsalternativen im gleichen Zeitraum berücksichtigt werden können.

3. Die Anwendung von quantitativen Bewertungsverfahren *objektiviert* wichtige Entwurfsentscheidungen. Das Konstruktionsverfahren wird *wiederholbar* und erhöht den Reifegrad der Prozesse (siehe *CMMI Level 2* [CMM10a]).

4. Der Entwurf eines Systems wird beschleunigt, da bereits in frühen Phasen widersprüchliche Anforderungen erkannt und fehlerhafte Platzierungen vermieden werden können.

5. Die explizite Darstellung der angewendeten Optimierungskriterien und Randbedingungen erleichtert die *Wiederverwendung der Expertise* der Fachexperten.

## 1.2. Ziel der Arbeit und eigener Beitrag

Das Ziel dieser Arbeit liegt in der Entwicklung eines Verfahrens zur automatisierten Konstruktion und Bewertung einer Platzierung von Softwarekomponenten. Dieses Verfahren soll eine Steigerung der Funktionsdichte auf Mehrprozessorsystemen und Mehrkernprozessoren ohne Einschränkungen bei der Erfüllung der Anforderungen erzielen. Aufgrund der hohen Bedeutung der Funktionssicherheit steht die Erfüllung der Anforderungen zur *Echtzeitfähigkeit* und zur *Zuverlässigkeit* des

Systems im Vordergrund. Das Verfahren soll zudem mit Hilfe eines Softwarewerkzeugs realisiert und am Beispiel nicht-trivialer eingebetteter Systeme demonstriert werden.

Mit Blick auf die Problemstellung werden die existierenden Verfahren und Ansätze in dieser Arbeit in Beiträge zur grundlegenden *Vorgehensweise* (siehe Abschnitt 3.1), *Werkzeuge der Softwareentwicklung* für Mehrprozessorsysteme (siehe Abschnitt 3.2) und *spezialisierte Platzierungsverfahren* für unterschiedliche Klassen von Computersystemen (siehe Abschnitt 3.3) unterschieden. Für die vorliegende Platzierungsproblematik sind diese Ansätze aus verschiedenen Gründen unzureichend.

Die existierenden *Vorgehensmodelle* geben aufgrund ihres generischen Charakters keine ausreichende Orientierung für eine konkrete Vorgehensweise bei der Konstruktion einer Platzierung. Den *Werkzeugen zur Softwareentwicklung* fehlen Verfahren, die bereits zur *Entwurfszeit* des Systems eine komplexe „Integration" von Softwarekomponenten mit periodischen Kontrollflüssen und umfangreichen Echtzeitanforderungen ermöglichen. Die dazu erforderliche Koordination der Mehrfachnutzung kritischer Ressourcen zur Vermeidung nicht-deterministischer Wartezeiten wird von diesen Werkzeugen noch nicht ausreichend unterstützt. Bei den existierenden *Platzierungsverfahren* zeigen sich Grenzen in Hinblick auf die besonderen Anforderungen funktionssicherer eingebetteter Systeme. Diese liegen in der unzureichenden Detaillierung der verwendeten Systemmodelle, der geringen Praxistauglichkeit der verwendeten Korrektheitskriterien, der geringen Flexibilität der Bewertungsverfahren und der ungenügenden Unterstützung bei der Exploration des Entwurfsraums.

Der *Hauptbeitrag dieser Arbeit* besteht in der Entwicklung eines *Vorgehensmodells* sowie zweier *Verfahren* zur automatisierten Platzierung von Softwarekomponenten in funktionssicheren eingebetteten Systemen. Das *Vorgehensmodell* (siehe Abschnitt 4.4) erweitert die bestehenden modellbasierten Ansätze zur Entwicklung von Softwarekomponenten um einen Ansatz zu ihrer zielgerichteten Integration unter Berücksichtigung nicht-funktionaler Anforderungen. Es trägt den Besonderheiten der Entwicklungsprozesse in der Praxis Rechnung und unterstützt eine stärkere Unabhängigkeit des Softwaredesigns vom Entwurf der Hardwarearchitektur. Die entwickelten *Verfahren* (siehe Kapitel 5 und Kapitel 6) erlauben die *automatisierte* Konstruktion und Bewertung einer Platzierung und erleichtern die Exploration ihres Entwurfsraums. Sie basieren auf der Modellierung der Platzierungsproblematik als *Constraint Satisfaction Problem* und dessen Lösung mit Hilfe der Constraint Programmierung. Dazu werden die relevanten Anforderungen an eine Platzierung aus den Normen und Standards der Luft- und Raumfahrt abgeleitet und als Korrektheitskriterien formalisiert (siehe Abschnitt 4.3).

Die Realisierbarkeit der Verfahren wird mit Hilfe des im Rahmen dieser Arbeit entwickelten Werkzeugs *Architecture Synthesis for Safety-Critical Systems (ASSIST)* demonstriert. Mit diesem Werkzeug können Platzierungen in räumlicher und zeitlicher Dimension automatisiert erstellt und bewertet werden. Die Arbeitsweise und die Tauglichkeit des Werkzeugs wird anhand von zwei Fallbeispielen demonstriert (siehe Kapitel 7).

Darüber hinaus werden auch *Heuristiken* und *Suchstrategien* auf der Grundlage dieser Fallbeispiele entwickelt (siehe Abschnitt 5.4). Sie basieren auf einer speziellen Vorsortierung der Lösungsvariablen des Constraint Satisfaction Problems, so dass Suchbäume, die zu keiner Lösung führen, bereits frühzeitig erkannt und „abgeschnitten" werden. Die Suchstrategien sind von der grundlegenden Vorgehensweise bei Monte-Carlo-Simulationen inspiriert und führen bei großen Systemen mit höherer Wahrscheinlichkeit zu stark unterschiedlichen Platzierungen.

## 1.3. Aufbau der Arbeit

In **Kapitel 2** wird der typische Aufbau der Software- und Hardwarearchitekturen von funktionssicheren eingebetteten Systemen vorgestellt und zur Konkretisierung des Begriffs *Platzierung von Softwarekomponenten* verwendet. Dies bildet die Grundlage für eine Präzisierung der Zielstellung der vorliegenden Arbeit. Das **Kapitel 3** gibt eine

Übersicht zu den bereits existierenden Lösungsansätzen für die automatisierte Konstruktion einer Platzierung von Softwarekomponenten. Dazu werden zunächst die Methoden und Werkzeuge für den Entwurf komplexer Systeme mit parallelen Prozessoren analysiert. Im Anschluss werden die verschiedenen Konzepte und Verfahren zur Platzierung von Softwarekomponenten in unterschiedlichen Systemklassen untersucht.

Im **Kapitel 4** werden die Bedeutung einer Platzierung von Softwarekomponenten im Entwurfsprozess und die Voraussetzungen für ihre Automatisierung untersucht. Anschließend werden Korrektheitskriterien einer Platzierung unter den Aspekten Echtzeitfähigkeit und Zuverlässigkeit entwickelt. Zum Abschluss wird ein Vorgehensmodell zur Konstruktion einer Platzierung vorgestellt.

Die automatisierte Platzierung von Softwarekomponenten mit Hilfe einer Abbildung dieser Problematik auf ein *Constraint Satisfaction Problem* wird in **Kapitel 5** für die räumliche Dimension und im folgenden **Kapitel 6** für die zeitliche Dimension vorgestellt. Für die räumliche Platzierung werden darüber hinaus auch ein automatisiertes *Bewertungsverfahren* und *Heuristiken* zur Optimierung der Lösungssuche entwickelt. In **Kapitel 7** werden die Platzierungsverfahren im Rahmen von zwei Fallbeispielen für funktionssichere eingebettete Systeme angewendet. **Kapitel 8** fasst die Ergebnisse dieser Arbeit zusammen und gibt einen Ausblick auf Erweiterungsmöglichkeiten und weiterführende Fragestellungen.

# 2. Grundlagen

In diesem Kapitel wird der typische Aufbau der Hardware- und Softwarearchitektur eines funktionssicheren eingebetteten Systems erläutert. Dazu werden die Besonderheiten und Entwicklungen in den Domänen Luft- und Raumfahrt sowie im Automobilbereich herausgearbeitet. Auf dieser Grundlage wird anschließend eine Konkretisierung des Begriffs „Platzierung von Softwarekomponenten" vorgenommen. Zu diesem Zweck werden zunächst Softwarekomponenten als grundlegende Verteilungseinheiten bei der Platzierung eingeführt. Im Anschluss werden die in dieser Arbeit betrachteten Aspekte und Dimensionen einer Platzierung erläutert. Dies bildet die Basis für eine Präzisierung der Zielstellung dieser Arbeit am Ende dieses Kapitels.

## 2.1. Hardwarearchitekturen funktionssicherer eingebetteter Systeme

Der Aufbau der Hardwarearchitektur eines funktionssicheren eingebetteten Systems folgt in vielen Domänen – insbesondere in der Luft- und Raumfahrt sowie im Automobilbereich – einer ähnlichen Entwicklung. In der Vergangenheit wurden überwiegend *dedizierte* und *heterogene* Hardwarekomponenten für die verschiedenen Teilsysteme verwendet. Dieser Ansatz wird in der Luft- und Raumfahrt auch als *Federated Architectures* [WW07, NCH95, ML94] benannt. Er ist mit verschiedenen Vor- und Nachteilen verbunden. So führt die Verwendung von heterogenen Hardwarekomponenten automatisch zu einer *inhärenten Isolationsschicht* [Rus99, S. 1] zwischen verschiedenen Teilsystemen. Dies ist die Folge der geringen Menge an Ressourcen, die bei diesem Architekturansatz von unterschiedlichen Teilsysteme gemeinsam genutzt werden. Diese Isolationsschicht reduziert das Risiko einer ungewollten Propagation eines Fehlers zwischen verschiedenen Teilsystemen und senkt die Wahrscheinlichkeit für ein umfassendes Systemversagen. Allerdings erhöht die Heterogenität der Hardwarekomponenten auch die Kosten des Systems. Zudem erschwert sie die Entwicklung komplexer Systemfunktionen, da die dafür erforderliche *Integration* und *Kooperation* verschiedener Teilsysteme durch die Unterschiedlichkeit ihrer Technologien behindert wird.

Als Folge eines zunehmenden Kostendrucks und der Verfügbarkeit leistungsfähiger und kostengünstiger Mehrzweckprozessoren für eingebettete Systeme wird mittlerweile anstelle von dezentralen Teilsystemen mit dedizierten Hardwarekomponenten ein *zentralisierter* und *modularer Aufbau* der Hardwarearchitektur angestrebt. Die dedizierten Hardwarekomponenten werden dazu durch eine gemeinsam genutzte Hardwareplattform abgelöst. Sie besteht aus standardisierten Modulen und ist zur Gewährleistung der Zuverlässigkeit des Gesamtsystems meist *physisch verteilt*. In der Luftfahrt wird dieser Ansatz als *„Integrierte Modulare Avionik (IMA)“* [Mor91, NCH95, WW07, But08, Pri08] bezeichnet. Im Automobilbereich findet sich dieses grundlegende Architekturkonzept im *„AUTomotive Open System ARchitecture (AUTOSAR)“* Standard [AUT10] wieder. In der Raumfahrt wird dieser Ansatz im Rahmen der Aktivitäten *„Open Modular Avionics Architecture for Space (OMAC4S)* [VS14] und *„Space Avionics Open Interface Architecture (SAVOIR)“* [RATO11] verfolgt.

Modulare Hardwarearchitekturen funktionssicherer eingebetteter Systeme sind durch eine mehrstufige *Hierarchie von Hardwarekomponenten* gekennzeichnet. In den verschiedenen Domänen werden die einzelnen Hierarchieebenen leicht unterschiedlich bezeichnet. Die vorliegende Arbeit orientiert sich am typischen Aufbau einer Hardwarearchitektur eines funktionssicheren eingebetteten Systems in der Luft- und Raumfahrt. Dieser Aufbau wird im Folgenden kurz skizziert.

Auf der höchsten Hierarchieebene befinden sich die *Cabinets*. Dies sind feuersichere „Schränke“ mit eigener Stromversorgung, Kommunikationsanschlüssen und verschiedenen Mechanismen zur Kühlung der enthaltenen Komponenten. Sie sind meist räumlich auf die verschiede-

nen *Zonen* eines Flugzeugs verteilt. Jedes *Cabinet* enthält eine oder
mehrere *Boxes*. Eine *Box* ist ein „Kasten", der ebenfalls feuersicher
ist und über Strom- und Kommunikationsanschlüsse verfügt. In jeder
*Box* sind ein oder mehrere *Boards* enthalten. Diese werden auch als
„Module" bezeichnet und bestehen meist aus einem Mainboard mit
eigenen Prozessoren, Speicher und Zusatzgeräten, wie beispielsweise
Beschleunigern und Netzwerkcontrollern. Softwarekomponenten auf
einem gemeinsamen *Board* können über gemeinsam genutzte Speicherbereiche effizient Daten austauschen. Zur Leistungssteigerung kann
ein *Board* auch mehrere Prozessoren besitzen. Mittlerweile werden
auch *Mehrkernprozessoren* eingesetzt. Diese Prozessoren verfügen
über mehrere Ausführungseinheiten („Kerne") und ermöglichen eine
parallele Verarbeitung zur Steigerung des Durchsatzes eines „Boards".

## 2.2. Softwarearchitekturen funktionssicherer eingebetteter Systeme

Analog zum Verlauf der Entwicklung der Hardwarearchitekturen,
folgt die Entwicklung der Softwarearchitekturen in den verschiedenen Domänen einem ähnlichen Wandel. In diesen Bereichen werden
überwiegend *geschichtete* [TS07, S. 53] und *dezentralisierte Architekturen* [TS07, S. 62] verwendet. Ferner werden aufgrund der hohen
Anforderungen an die Funktionssicherheit des Systems in der Regel *statische Konzepte* gegenüber dynamischen Konzepten bei der
Realisierung bevorzugt. Sie erlauben eine präzisere Vorhersage des
späteren Systemverhaltens. Dies ist auch für den Nachweis der korrekten Funktionsweise des Systems im Rahmen der Zertifizierung von
Bedeutung.

Die Verwendung einer modularen und gemeinsam genutzten Hardwareplattform resultiert in besonderen Anforderungen an die Entwicklung und Gestaltung einer Softwarearchitektur. Zunächst erfordert
sie die Abkehr von der tradierten Steuergeräte-zentrierten Sichtweise
bei der Softwareentwicklung. Softwarekomponenten verfügen nicht
mehr über einen „eigenen" Prozessor und „eigene" Ressourcen in

der Hardwarearchitektur, deren Zuordnung die Struktur der Softwarearchitektur bisher maßgeblich bestimmte. Mittlerweile werden Softwarearchitekturen stattdessen verstärkt *funktionsorientiert* gestaltet. Die Strukturierung der Softwarearchitektur auf der Grundlage von „kundenerlebbaren Funktionen" [ST12] erhöht die Unabhängigkeit der Softwarearchitektur von der Hardwarearchitektur und erleichtert die flexible Platzierung der einzelnen Softwarekomponenten.

Ferner reduziert die Verwendung von gemeinsam genutzten und standardisierten Hardwarekomponenten die Wirkung der „inhärenten Isolationsschicht" der Hardwarearchitektur. Daher erfordert die Verwendung einer zentralisierten Hardwareplattform neben der funktionsorientierten Strukturierung zusätzliche Maßnahmen, um die Propagation von Fehlern zwischen Softwarekomponenten zu unterbinden.

Es sind verschiedene Ansätze und Verfahren verfügbar, um die fehlende Isolationsschicht in der Softwarearchitektur nachzubilden. In Abschnitt 2.3 werden die in funktionssicheren eingebetteten Systemen häufig eingesetzten technischen Isolationsmechanismen kurz vorgestellt.

## 2.2.1. Besonderheiten der Softwarearchitekturen in der Luft- und Raumfahrt

Die konkrete Gestaltung der Softwarearchitektur wird in der Luft- und Raumfahrt nicht nur durch die funktionale Zerlegung, sondern auch durch die Anforderungen zur Sicherstellung des *Temporal and Spatial Partitioning (TSP)* [RTC94, S. 19; Rus99, S. 27] von Softwarekomponenten getrieben. Diese Anforderungen sind erfüllt, wenn es durch softwaretechnische Maßnahmen keine Möglichkeiten für nicht-intendierte Interferenzen zwischen Softwarekomponenten auf der gleichen Hardwareplattform gibt. Dazu stellt der RTCA ARINC 653 Standard [ARI05] die Referenzgrundlage für den Aufbau und die Schnittstellen einer Softwarearchitektur dar, mit der dieses Verhalten erreicht werden kann.

Gemäß dieses Standards wird eine Systemfunktion durch eine Menge von *Applications* realisiert (siehe Abbildung 2.1). Jede *Application*

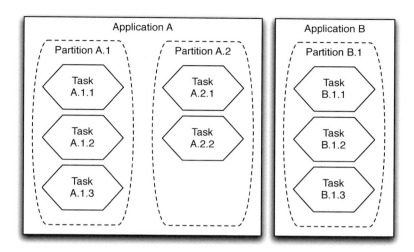

**Abbildung 2.1.:** Terminologie von RTCA ARINC 653 [ARI05] zu den Bestandteilen einer TSP-konformen Softwarearchitektur

kann aus einer oder mehreren *Partitions* bestehen. Für die spätere Platzierung fungiert eine *Partition* auch als „Träger" verschiedener funktionaler und nicht-funktionalen Anforderungen. Sie kann einen oder mehrere *Tasks* beinhalten. Jeder *Task* repräsentiert einen eigenen Kontrollfluss und die dafür erforderlichen Daten. Nicht-intendierte Interferenzen müssen nur zwischen *Partitions*, aber nicht zwischen *Tasks* der gleichen *Partition* unterbunden werden. Daher besitzen alle *Tasks* einer *Partition* in der Regel die gleiche Kritikalitätsstufe.

Bei der Entwicklung werden die *Partitions* auf die verschiedenen *Boards* platziert (siehe Abbildung 2.2). Jedes *Board* führt dazu in der Regel ein Echtzeitbetriebssystem aus, das den Zugriff auf alle Ressourcen des *Boards* – insbesondere die Rechenzeit auf dem Prozessor, die Speicherbereiche und die zusätzlichen Geräte – verwaltet.

Durch eine aufwändige Konfiguration dieses Betriebssystems werden die Ressourcen eines *Boards* aufgeteilt, um die ungestörte Ausführung verschiedener *Partitions* zu gewährleisten. Zur Laufzeit des Systems muss das Betriebssystem die Einhaltung der konfigurierten Ressour-

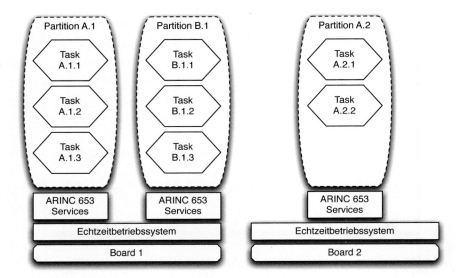

**Abbildung 2.2.:** Platzierung von „Partitions" gemäß ARINC 653

cenpartitionierung sicherstellen, um die Propagation von Fehlern zu unterbinden. Darüber hinaus stellt es auch eine standardisierte Schnittstelle – die *ARINC 653 Services* [ARI05] – zur Kommunikation der Softwarekomponenten mit dem Betriebssystem oder untereinander bereit.

## 2.2.2. Besonderheiten der Softwarearchitekturen im Automobilbereich

Im Automobilbereich sind die Anforderungen an die Funktionssicherheit im Vergleich zur Luft- und Raumfahrt im Allgemeinen geringer. Daher wird die Gestaltung der Softwarearchitektur primär durch die funktionale Zerlegung des Gesamtsystems in eine Menge von Softwarekomponenten getrieben. Trotz dieser leicht unterschiedlichen Schwerpunktsetzung werden dennoch ähnliche Konzepte für die Realisierung einer Softwarearchitektur verwendet.

Im Automobilbereich stellt der *Automotive Open System Architecture (AUTOSAR)* Standard [AUT13] die Referenzgrundlage für die Entwicklung von Softwarefunktionen dar. Eine Systemfunktion wird gemäß dieses Standards durch eine Menge von *AUTOSAR Software Components* realisiert (siehe Abbildung 2.3). Jeder Softwarekomponente werden während der Entwicklung auch funktionale und nicht-funktionale Anforderungen zugeordnet, die ihre spätere Platzierung auf einem Steuergerät bestimmen.

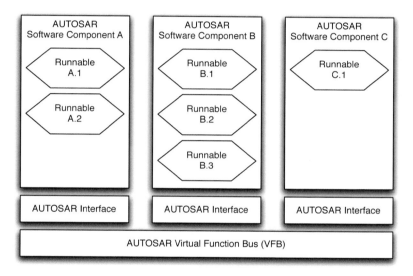

**Abbildung 2.3.:** Bestandteile einer AUTOSAR Softwarearchitektur

Jede *AUTOSAR Software Component* besteht aus einer Menge von *Runnable Entities* (kurz: *Runnables*). Sie kapseln die Kontrollflüsse und die benötigten Daten zur Realisierung der Funktionalität einer Softwarekomponente. Die logische Kommunikationen zwischen Softwarekomponenten wird mit Hilfe des *AUTOSAR Virtual Function Bus (VFB)* realisiert. Eine Softwarekomponente erhält durch eine standardisierte Schnittstelle – das *AUTOSAR Interface* – Zugriff auf den *Virtual Function Bus*.

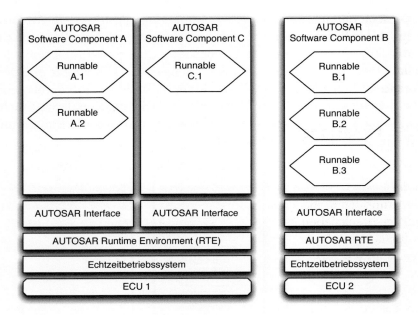

**Abbildung 2.4.:** Platzierung der AUTOSAR Softwarekomponenten auf
den Steuergeräten (*ECUs*)

Während der Entwicklung werden die *AUTOSAR Software Components* auf die *Boards* platziert (siehe Abbildung 2.4). Auf jedem *Board* wird dazu ein Echtzeitbetriebssystem ausgeführt. Es verwaltet die Ausführung der *Runnables* aller Softwarekomponenten des *Boards* und stellt die Laufzeitumgebung *AUTOSAR Runtime Environment (RTE)* zur Verfügung. Diese wird ebenfalls während der Entwicklung konfiguriert und im Anschluss automatisch generiert. Sie realisiert die Funktionalität des *AUTOSAR Virtual Function Bus* und ermöglicht den Softwarekomponenten auch den Zugriff auf verschiedene Basis-Dienste und Ressourcen des *Boards.*

Im Vergleich zur Luft- und Raumfahrt wurden Partitionierungskonzepte des Betriebssystems im Automobilbereich bisher aus Kostengründen nur selten verwendet. Im Zuge der steigenden Komplexität und Kritikalität der Softwarekomponenten wird ihr Einsatz auch in diesem Bereich intensiv untersucht (siehe [OFT12]). Mit der zunehmender Konsolidierung von Steuergeräten und den wachsenden Anforderungen an die Funktionssicherheit der Systeme im Fahrzeug steht zu erwarten, dass zukünftig auch im Automobilbereich verstärkt Partitionierungsmechanismen eingesetzt werden.

## 2.3. Isolationsmechanismen für Softwarekomponenten

*Isolation* beschreibt eine Beziehung zwischen Softwarekomponenten. Sie kann formal als *Relation* über einer Menge von Softwarekomponenten beschrieben werden und ist dann *maximal* gegeben, wenn es für keine Softwarekomponente der Relation eine Möglichkeit zur Beeinflussung des Verhaltens einer anderen Softwarekomponente dieser Relation gibt. In diesem Fall spricht man von einer *vollständigen* Isolation. Da sich die Funktionalität des Gesamtsystems meist erst aus der gezielten Interaktion (und gegenseitigen Beeinflussung) von Softwarekomponenten ergibt, ist eine vollständige Isolation zwischen Softwarekomponenten nicht immer wünschenswert. Die Isolation muss daher auch „Abstufungen" in der Beeinflussbarkeit einer Softwarekomponente zulassen, um „intendierte Interferenzen" [Fuc10] zwischen den Softwarekomponenten zu ermöglichen.

In der Literatur werden zwei *Dimensionen* unterschieden, in denen die Isolation einer Softwarekomponente erreicht werden kann [Rus99]. Die *räumliche* Dimension der Isolation beschreibt den Schutz einer Softwarekomponente vor ungewollten Änderungen an ihren privaten Daten oder an ihr selbst. Sie bezieht sich auch auf den Schutz vor einer ungewollten Übernahme der Kontrolle privater Geräte.

Die *zeitliche* Dimension der Isolation bezieht sich dagegen auf den Schutz vor Änderungen an den Eigenschaften der Nutzung einer Ressource. Falls eine Softwarekomponente beispielsweise mit einer regelmäßigen Frequenz Daten über eine Kommunikationsverbindung versenden muss, so wird mit Hilfe einer zeitlichen Isolation sichergestellt, dass sich diese Frequenz nicht ändert, auch wenn eine andere

Softwarekomponente ebenfalls Daten über diese Kommunikationsverbindung senden möchte. Ein ähnliches Beispiel für die Notwendigkeit einer zeitlichen Isolation stellen zwei periodisch arbeitende Softwarekomponenten dar, die einen gemeinsamen Prozessorkern verwenden. Auch hier muss die zeitliche Isolation sicherstellen, dass beide Softwarekomponenten ausreichend Rechenzeit bekommen und nicht durch die – eventuell fehlerbedingt längere – Ausführung einer anderen Softwarekomponenten in ihrer Ausführung beeinflusst werden.

Die Bereitstellung von Isolationsmechanismen ist insbesondere für die Integration von Softwarekomponenten mit unterschiedlichen Kritikalitätsstufen in einem funktionssicheren eingebetteten System essentiell. In diesem Fall stellt der Schutz des Zugriffs auf gemeinsam genutzte Ressourcen mit Hilfe einer Isolation in räumlicher und zeitlicher Dimension eine zentrale Voraussetzung für die Entwicklung der Softwarekomponenten gemäß den Anforderungen *ihrer* spezifischen Kritikalitätsstufe dar. Wäre der Schutz des Ressourcenzugriffs dagegen nicht gegeben, müssten alle Softwarekomponenten nach den Anforderungen der höchsten Kritikalitätsstufe aller Softwarekomponenten eines *Boards* entwickelt werden. Der dann *zusätzlich* notwendige Aufwand für die Entwicklung und Zertifizierung übersteigt meist die Einsparungen, die sich ursprünglich aus der Verwendung einer modularen und zentralisierten Hardwareplattform ergeben haben.

Eine derartige Isolation von Softwarekomponenten kann durch *statische* Verfahren zum Zeitpunkt der Entwicklung oder auch durch *dynamische* Verfahren zur Laufzeit des Systems realisiert werden. In der Praxis werden meist statische und dynamische Verfahren miteinander kombiniert. Statische Verfahren basieren auf einer Analyse des Quellcodes der Softwarekomponenten. Es werden beispielsweise alle Referenzen im Quellcode dahingehend untersucht, ob sie auf „erlaubte" Speicheradressen innerhalb ihres zugewiesenen Speicherbereichs verweisen [WLAG93]. Mitunter können jedoch nicht alle Referenzen durch eine statische Analyse des Quellcodes untersucht werden. Dies betrifft beispielsweise eine indirekte Adressierung des Speichers mit Hilfe eines Registerinhaltes. In diesen Fällen werden oft zusätzliche Instruktionen in den Quellcode eingefügt, die den Inhalt dieses Registers zur Laufzeit auf Gültigkeit überprüfen.

Während die *statischen Verfahren* für die Gewährleistung einer räumlichen Isolation von Softwarekomponenten einen sinnvollen Beitrag liefern können, ist ihr Nutzen für die zeitliche Isolation gering. Die zeitlichen Ausführungseigenschaften von Softwarekomponenten lassen sich mit statischen Verfahren aufgrund der Systemkomplexität und der großen Anzahl an möglichen Interaktionen mit anderen Softwarekomponenten mit den derzeitigen Verfahren nur eingeschränkt untersuchen.

Die *dynamischen Verfahren* stellen hier eine sinnvolle Alternative dar. Bei diesen Verfahren steht das Betriebssystem oder ein Hypervisor als „Kontrollorgan" zur Laufzeit des Systems im Mittelpunkt. Dessen Aufgabe besteht in diesem Kontext in der Überwachung und Durchsetzung der Partitionierung. Die räumliche Isolation wird durch die Kontrolle des Speicherzugriffs mit Hilfe einer *Memory Management Unit* oder einer *Memory Protection Unit* realisiert. Der Schutz der Konfiguration dieser Hardwarekomponenten wird durch das Betriebssystem beziehungsweise den Hypervisor gewährleistet. Der gleiche Ansatz ermöglicht auch die Kontrolle des Zugriffs auf Adapterkarten und Peripheriegeräte, da dieser oft auf der Basis von *Memory Mapped I/O* durchgeführt wird.

Die Isolation von Partitionen in der zeitlichen Dimension wird dagegen durch den *Scheduler* im Betriebssystem realisiert. Dieser bestimmt die Zuteilung der Rechenzeit des Prozessors zu den Partitionen. Dazu wird in der Regel ein *präemptives* Verfahren verwendet, so dass den Partitionen der Zugang zum Prozessor nach dem Überschreiten ihres zugewiesenen Kontingents an Rechenzeit entzogen werden kann.

## 2.4. Platzierung von Softwarekomponenten

Die in dieser Arbeit betrachteten Systeme sind *verteilt* und lassen sich gemäß der Unterscheidung von A. Tanenbaum und M. Steen in die Gruppe der „verteilten eingebetteten Systeme" [TS07, S. 34] einordnen. Eine distinktives Merkmal dieser Klasse an verteilten Systemen besteht im Fehlen einer „menschlichen administrativen Steuerung" [TS07, S. 42] zur Laufzeit des Systems. Die Platzierung von Softwarekomponenten in einem derartigen System unter Berücksichtigung von hohen Anforderungen an die Funktionssicherheit bildet den zentralen Untersuchungsgegenstand der vorliegenden Arbeit. Zur begrifflichen Konkretisierung wird zunächst der hier verwendete Begriff einer *Softwarekomponente* vorgestellt. Anschließend wird die Semantik einer *Platzierung* von Softwarekomponenten untersucht.

## Softwarekomponenten

Softwarekomponenten stellen die grundlegenden „Verteilungseinheiten" der hier betrachteten Platzierungsverfahren dar. Der Begriff ist an die Semantik der *AUTOSAR Software Components* im Automobilbereich und der *Partitions* in der Luft- und Raumfahrt angelehnt. Eine Softwarekomponente beschreibt daher ein Modul, das aus einer Menge von Kontrollflüssen und den benötigten Daten besteht. Die Kontrollflüsse einer Softwarekomponente entsprechen den *Runnables* im Automobilbereich sowie den *Tasks* in der Luft- und Raumfahrt. Sie werden in dieser Arbeit als *Threads* bezeichnet.

Eine Softwarekomponente wird während der Entwicklung auf genau ein *Board* platziert. Allerdings können *Threads* auf unterschiedlichen Prozessoren oder Prozessorkernen des gleichen *Boards* ausgeführt werden. Mit Hilfe von technischen Isolationsmechanismen werden nichtintendierte Interferenzen zwischen Softwarekomponenten unterbunden. Es wird ferner vorausgesetzt, dass das verwendete Betriebssystem auf jedem *Board* standardisierte Mechanismen zur Abstraktion der technischen Ressourcen bereitstellt, so dass eine weitgehend flexible Platzierung einer Softwarekomponente möglich ist.

Die innere Struktur einer Softwarekomponente wird in dieser Arbeit nur peripher betrachtet. Es wird stattdessen eine *Black Box Perspektive* bei der Betrachtung einer Softwarekomponente eingenommen. Der hier verwendete Begriff einer Softwarekomponente ist daher orthogonal zu programmiersprachlichen Konzepten zu sehen und ist nicht zu verwechseln mit den „Softwarekomponenten" aus

dem Bereich objektorientierter verteilter Systeme, wie beispielsweise
Microsoft COM [Ill07, S. 58ff.] oder OMG CORBA [Ill07, S. 62ff.].
Neben dem strukturellen Aufbau einer Softwarekomponente sind vor
allem ihre funktionalen und nicht-funktionalen Anforderungen für
ihre Platzierung relevant. Der Blickwinkel dieser Arbeit auf eine Softwarekomponente schließt daher die Betrachtung ihrer Ressourcen-,
Zuverlässigkeits- und Echtzeitanforderungen ein.

## Platzierung von Softwarekomponenten

*Platzierung* beschreibt eine planerische Aufgabe bei der einer Softwarekomponente die für ihre Ausführung benötigten Ressourcen zugeordnet werden. Diese Zuordnung kann manuell oder auch mit Hilfe
von technischen Mechanismen erfolgen. Sie kann zum Zeitpunkt der
Entwicklung oder auch erst zur Laufzeit des Systems durchgeführt werden. Bei funktionssicheren eingebetteten Systemen müssen kritische
Eigenschaften des Systemverhaltens schon während der Entwicklung
sichergestellt werden. Daher werden grundlegende Zuordnungsent-
scheidungen häufig bereits zur Entwicklungszeit fixiert. Feingranulare
Zuordnungen werden dagegen oft erst zur Laufzeit des Systems unter
der Steuerung eines Betriebssystems durchgeführt.

Die Platzierung einer Softwarekomponente besitzt eine *räumliche*
und eine *zeitliche Dimension*. In der räumliche Dimension wird eine
„örtliche" Zuordnung der Softwarekomponenten zu den physikalischen
Ressourcen vorgenommen. Die Koordination der konkurrierenden
Zugriffe auf eine gemeinsam genutzte Ressource erfolgt in der zeitlichen
Dimension. Die räumliche Platzierung wird auch als *Mapping* und die
zeitliche Platzierung auch als *Scheduling* bezeichnet.

Bei der Konstruktion einer Platzierung von Softwarekomponenten
müssen verschiedene Randbedingungen berücksichtigt werden. Sie
ergeben sich aus den verschiedenen Anforderungen an das System
sowie den begrenzten Kapazitäten und besonderen Eigenschaften der
Ressourcen in der Hardwarearchitektur. Bei funktionssicheren eingebetteten Systemen muss eine Platzierung zudem auch die Erfüllung
nicht-funktionaler Anforderungen gewährleisten. Das Ziel der Platzie-

rung von Softwarekomponenten bei der Entwicklung eines funktionssicheren eingebetteten Systems besteht daher sowohl im effizienten Multiplexen der verfügbaren Ressourcen als auch in der Gewährleistung der Erfüllung aller relevanten funktionalen und nicht-funktionalen Anforderungen.

## 2.5. Präzisierung der Zielstellung

Das Ziel der vorliegenden Arbeit wurde bereits im Abschnitt 1.2 vorgestellt. Es besteht in der „Entwicklung eines Verfahrens zur automatisierten Konstruktion, Bewertung und Optimierung einer Platzierung von Softwarekomponenten". Mit der Konkretisierung des vorherigen Abschnitts kann dieses Ziel wie folgt präzisiert werden.

In dieser Arbeit sollen diejenigen Aspekte einer Platzierung von Softwarekomponenten untersucht und automatisiert werden, die für die Gestaltung und die Ressourcenauslegung der Systemarchitektur eines funktionssicheren eingebetteten Systems relevant sind. Dazu gehören die planerischen Aufgaben *während der Entwicklung* zur *grobgranularen Platzierung* von Softwarekomponenten in der *räumlichen* und der *zeitlichen Dimension*. Die zusätzlich erforderlichen Analysen, zum Beispiel die Bestimmung von Ausführungszeiten oder Kritikalitäten von Softwarekomponenten, werden in dieser Arbeit nur peripher berücksichtigt. Sie werden als Informationsquelle verwendet, stellen jedoch keinen eigenen Untersuchungsgegenstand dieser Arbeit dar.

Die Konstruktion einer grobgranularen Platzierung ist bei Systemen realistischer Größe sehr aufwändig. Mathematisch gesehen stellt sie ein *NP vollständiges Problem* dar. Dies bedeutet, dass die Anzahl der Lösungsmöglichkeiten *exponentiell* mit der Größe des Problems anwächst. Aufgrund dieser Komplexität beschränkt sich die vorliegende Arbeit auf die Betrachtung einer mehrstufigen Hardwarearchitektur mit den folgenden Ressourcentypen: *Rechenzeit* auf einem Prozessor oder Prozessorkern, *Direktzugriffsspeicher* (Random Access Memory) eines Boards, *Festwertspeicher* (Read-Only Memory) eines *Boards* und *Geräte* eines *Boards* (Beschleuniger oder Netzwerkcontroller).

Neben den Kapazitäten dieser Ressourcentypen werden noch zusätzliche Attribute berücksichtigt, die für eine korrekte Platzierung unter Zuverlässigkeitsanforderungen essentiell sind. Dazu zählen vor allem die *Hersteller*- und *Typinformationen* der Hardwareressourcen.

Als Folge der inhaltlichen Fokussierung auf die Konstruktion einer grobgranularen Platzierung und der hohen Komplexität der Platzierungsproblematik, werden verschiedene feingranulare Aspekte und technische Besonderheiten in dieser Arbeit *nicht* berücksichtigt. Dies betrifft beispielsweise die Verwaltung der Adressbereiche des Speichers oder auch die Handhabung technischer Aspekte, wie beispielsweise Blockgrößen. Auch die Verwaltung der mehrstufigen Zwischenspeicher sowie hardwareseitiges Multithreading (*Hyper-Threading*) sind nicht Bestandteil der hier entwickelten Verfahren. Zudem wird die Verwaltung der Daten- und Steuerkanäle eines Gerätes ebenfalls nicht im Rahmen der grobgranularen Platzierung betrachtet. Darüber hinaus werden auch physikalische Eigenschaften einer Hardwarearchitektur, wie beispielsweise die Auswirkungen einer Platzierung auf den Energiebedarf des Systems, in dieser Arbeit nicht betrachtet.

## 2.6. Zusammenfassung des Kapitels

Die Hardwarearchitekturen von funktionssicheren eingebetteten Systemen sind anstelle von dedizierten Teilsystemen zunehmend durch einen modularen Aufbau, standardisierte Schnittstellen und leistungsfähige Komponenten gekennzeichnet. Die Softwarearchitekturen dieser Systeme sind dagegen immer stärker durch eine dezentrale Struktur und einen geschichteten Aufbau gekennzeichnet. Aufgrund der hohen Anforderungen an die Funktionssicherheit dieser Systeme werden vor allem statische Architekturkonzepte bei der Realisierung verwendet.

Die funktionale Zerlegung des Gesamtsystems resultiert in einer Menge von Softwarekomponenten. Sie definieren die Struktur der Softwarearchitektur. Jede Softwarekomponente fungiert als Träger von Anforderungen und auch als Container für eine Menge von Kontrollflüssen und Daten. Die innere Struktur einer Softwarekomponente wird in dieser Arbeit nicht betrachtet. Es wird stattdessen eine *Black Box Perspektive* eingenommen, da neben dem strukturellen Aufbau einer Softwarekomponente vor allem ihre funktionalen und nicht-funktionalen Anforderungen für eine Platzierung relevant sind. Die Leistungsfähigkeit der Hardwareplattform erlaubt die Mehrfachnut-zung ihrer Ressourcen durch verschiedene Softwarekomponenten. Zur Verhinderung von ungewollten Interferenzen zwischen Softwarekom-ponenten werden statische und dynamische Isolationsmechanismen eingesetzt.

Für funktionssichere eingebettete Systeme mit einem derartigen Aufbau soll in dieser Arbeit die Platzierung von Softwarekomponenten automatisiert werden. Im Vordergrund steht die *grobgranulare* Platzie-rung in räumlicher und zeitlicher Dimension während der Entwicklung. Sie ist insbesondere für die Gestaltung und Ressourcenauslegung der Systemarchitektur relevant. Die *feingranulare* Platzierung von Soft-warekomponenten wird in dieser Arbeit nicht betrachtet. Aufgrund der Komplexität des Platzierungsproblems wird zudem auch eine Be-schränkung der betrachteten Typen und Attribute der Ressourcen vorgenommen.

# 3. Verwandte Arbeiten

In diesem Kapitel wird eine Übersicht zum Stand der Wissenschaft und Praxis im Bereich der Platzierung von Softwarekomponenten gegeben. Dazu werden zunächst die existierenden *Methodologien* und *Werkzeuge für die Entwicklung komplexer Systeme* vorgestellt und hinsichtlich der Nutzbarkeit für die vorliegende Problemstellung bewertet. Anschließend werden die verfügbaren *Werkzeuge für die Parallelisierung* von Softwarekomponenten eingeführt und bezüglich ihres Beitrags für eine Multifunktionsintegration auf einer gemeinsamen Hardwareplattform untersucht. Mit der Vorstellung der Ansätze zur automatisierten Platzierung von Softwarekomponenten schließt das Kapitel.

## 3.1. Entwicklungsmethoden und Werkzeuge für komplexe Systeme

Der Stand der Wissenschaft und Praxis im Bereich der Methodologien und Werkzeuge für die Entwicklung komplexer Systeme wird in diesem Abschnitt anhand der folgenden drei Gesichtspunkte herausgearbeitet:

1. Existierende *Vorgehensmodelle* zur Platzierung

2. Existierende *Darstellungsformen* der entwickelten Artefakte

3. Existierende *Werkzeuge* für die Entwicklung komplexer Systeme

### Existierende Vorgehensmodelle

Für die Entwicklung von komplexen Systemen existieren bereits standardisierte Prozess- und Vorgehensmodelle:

- MIL Standard 499B: „*System Engineering Management*" [Dep94],

- IEEE 1220–2005: „*Application and Management of the Systems Engineering Process*" [IEE]

- ISO/IEC IEEE 15288: „*Systems and Software Engineering*" [Int02]

- ANSI/EIA–632: „*Processes for Engineering a System*" [Ele98]

In diesen Modellen werden die notwendigen Entwicklungsaktivitäten zusammen mit einer empfohlenen Reihenfolge bei der Systementwicklung spezifiziert. Die Platzierung von Softwarekomponenten ist ein Teil des *Systementwurfs* und ist daher in den Entwicklungsaktivitäten der Bereiche „*Functional Analysis/Allocation*" [Dep94], „*Synthesis*" [IEE], „*System Design*" [Ele98] sowie im „*Architectural Design Process*" [Int02] enthalten. Die Konstruktion einer Platzierung ist auch ein Hilfsmittel für die *Systemintegration* und tangiert daher zugleich die relevanten Aktivitäten für diesen Entwicklungsschritt im Bereich „*Synthesis*" [Dep94, IEE], „*Product Realization*" [Ele98] sowie dem „*Integration Process*" [Int02].

Die Beschreibung der Aktivitäten zum Systementwurf und zur Systemintegration ist in diesen Standards sehr allgemein gehalten. Es wird darin vor allem *keine Orientierung* bei der konkreten Vorgehensweise zur Konstruktion einer Platzierung von Softwarekomponenten gegeben. Zudem wird die Entwicklung der Softwarearchitektur in diesen Standards als *nachgelagerte Aktivität* aufgefasst, die erst nach dem Entwurf der Hardwarearchitektur und einer *bereits bestehenden* Platzierung der Funktionalität auf die einzelnen Steuergeräte begonnen wird [KSSB11, S. 357]. Eine unabhängigere Entwicklung der Softwarearchitektur mit Hilfe einer flexiblen Platzierung von Softwarekomponenten wird in diesen Standards noch nicht berücksichtigt.

Das *V-Modell XT* [Koo12] stellt ein weiteres standardisiertes Vorgehensmodell für die Planung und Durchführung von Systementwicklungsprojekten dar. Im Unterschied zu den oben bereits erwähnten Standards wird hier das Vorgehen zur Entwicklung eines Systementwurfs in verschiedene Einzelaktivitäten detailliert untergliedert [Koo12,

S. 740]. Der Detailgrad dieses Vorgehensmodells stellt jedoch noch immer keine hinreichende Orientierung für die Konstruktion einer Platzierung von Softwarekomponenten dar. Dies gilt auch für die Beschreibungen der Entwicklungsaktivitäten für die Systemintegration bei denen beispielsweise nur die Erstellung eines „Integrationskonzeptes" gefordert wird [Koo12, S. 543]. Die Beschreibung eines methodischen Vorgehens zur Integration ist jedoch kein Bestandteil dieses Standards.

Trotz dieser Unzulänglichkeiten sind verschiedene Aspekte des V-Modells XT auch für das hier betrachtete Vorgehen zur Konstruktion einer Platzierung wertvoll:

1. Im V-Modell XT werden bereits explizit *Entwurfsalternativen* berücksichtigt, deren Auswahl eine *Bewertung* der Alternativen mittels definierter Kriterien erfordert [Koo12, S. 522].

2. Es verwendet *statische* und *dynamische Sichten* zur Darstellung der strukturellen und funktionalen Aspekte der Systemarchitektur [Koo12, S. 741]. (Die Zerlegung einer Systemarchitektur in einzelne Sichten geht grundsätzlich auf die Arbeiten von P. B. Kruchten [Kru95] zurück.)

3. Es erlaubt eine stärkere Unabhängigkeit der Software- und Hardwareentwicklung. Nach der *Dekomposition* des Gesamtsystems können diese Entwicklungsaktivitäten weitgehend *parallel* zueinander durchgeführt werden [Koo12, S. 521].

Die *SPES Methodik* [PHAB12] stellt eine weitere Entwicklungsmethodik dar. Sie weist viele Gemeinsamkeiten mit dem V-Modell XT auf, berücksichtigt aber auch die Besonderheiten bei der Entwicklung eingebetteter Systeme. Kern der SPES Methodik ist die Zerlegung des Systementwurfs in vier *Blickwinkel* [PHAB12, S. 38]: Anforderungen („*Requirements Viewpoint*"), Funktionen („*Functional Viewpoint*"), logische Komponenten („*Logical Viewpoint*") und technische Komponenten („*Technical Viewpoint*").

Diese *Blickwinkel* werden zusammen mit den *Abstraktionsstufen* des
Systems zu einer „*Matrix*" zusammengefasst. In dieser Matrix werden
die *Blickwinkel* als Spalten und die *Abstraktionsstufen* als Zeilen
kombiniert. Bei der Entwicklung eines Systems werden die Artefakte
sowohl beim horizontalen Übergang zwischen den Blickwinkeln als
auch beim vertikalen Übergang zwischen den Abstraktionsstufen in
der Matrix erzeugt [PHAB12, S. 44–46]. Die Platzierung erfolgt gemäß
dieser Strukturierung des Entwicklungsprozesses beim horizontalen
Übergang von den *logischen* zu den *technischen* Komponenten in den
tieferen Abstraktionsstufen des Gesamtsystems.

Auch wenn in der SPES Methodik keine weiteren Informationen
zur konkreten Vorgehensweise bei der Konstruktion einer Platzierung
gegeben werden, sind es hier vor allem die grundlegenden Prinzipien
der Methodik [PHAB12, S. 34–35], die einen wertvollen Beitrag für
die vorliegende Problemstellung liefern. Die folgenden Prinzipien der
SPES Methodik werden bei der Entwicklung eines Vorgehensmodells
für die Platzierung von Softwarekomponenten in dieser Arbeit erneut
aufgegriffen:

1. Trennung zwischen der *Problembeschreibung* und der *Lösungsdar-
   stellung* bei der Konstruktion von Artefakten

2. Trennung zwischen einem *logischen* und *technischen* Systementwurf

Insbesondere die Trennung des *logischen* Entwurfs vom *technischen*
Entwurf bietet viele Vorteile für die Entwicklung eines eingebetteten
Systems. Der logische Entwurf ist unabhängiger gegenüber techno-
logischen Änderungen und ist daher durch einen höheren Wieder-
verwendungsgrad gekennzeichnet. Zugleich stellt diese Trennung der
verschiedenen Blickwinkel auf einen Systementwurf auch eine wichtige
Voraussetzung für die automatisierte Platzierung von Softwarekomponenten dar.

**Existierende Darstellungsformen der entwickelten Artefakte**

In der Vergangenheit wurden die zentralen Artefakte der frühen Entwicklungsphasen, zum Beispiel die Systemarchitektur, vorwiegend mit

informalen oder semi-formalen Beschreibungstechniken *ohne* formale Semantik dargestellt. Ein hoher Formalitätsgrad in der Semantik stellt jedoch eine wichtige Voraussetzung für die automatisierte Weiterverarbeitung der Artefakte dar. Aus dem Bereich der Softwareentwicklung entstammt der Ansatz der *modellgetriebenen* Entwicklung [SVE07, Obj03] bei dem wichtige Artefakte in Form von (semi-) formalen *Modellen* beschrieben werden. Diese Steigerung des Formalitätsgrads in der Darstellung der Artefakte ist mit wichtigen Vorteilen verbunden [KKPS99]. Sie erlaubt die automatisierte Durchführung von *Analysen* und *Simulationen*, die automatisierte *Verifikation* der Artefakte auf Vollständigkeit und Widerspruchsfreiheit sowie die automatisierte *Generierung* neuer Artefakte.

Es sind auch bereits Modellierungs- und Entwicklungsansätze mit einem sehr hohen Formalitätsgrad verfügbar, bei denen automatisiert ausführbare Softwarekomponenten aus den Modellen der Anforderungen und Spezifikationen generiert werden können. *Correctness by Construction* [HC02, Cha06, Cha07, BV07, BLK11, Bar03] ist ein derartiger Entwicklungsansatz, bei dem Softwarekomponenten schrittweise aus den Anforderungen mit Hilfe eines formalisierten Regelwerks abgeleitet werden. Die dabei verwendete formale Semantik in der Darstellung der abgeleiteten Artefakte erlaubt eine Verifikation der Anforderungserfüllung nach *jedem* Entwicklungsschritt. Auf diese Weise können systematische Fehler in den Artefakten bereits während der Konstruktion identifiziert werden, so dass die Korrektheit der entwickelten Softwarekomponenten gewährleistet ist.

Mit der Verfügbarkeit von geeigneten Modellierungssprachen – insbesondere SysML [Obj12] – wurde der modellgetriebene Entwicklungsansatz auch außerhalb der Entwicklung von *Software*systemen eingesetzt. Bei der modellgetriebenen *System*entwicklung werden nicht nur Softwarekomponenten, sondern auch Hardwarekomponenten, Informationen, Prozesse, Personal sowie technische Anlagen modelliert [Obj12, S. 23; FMS08; Wei06].

In Anbetracht der steigenden Komplexität und der zunehmenden funktionalen und nicht-funktionalen Anforderungen, die bei der Entwicklung eines eingebetteten Systems berücksichtigt werden müssen, ist die Verwendung modellgetriebener Entwicklungsverfahren mit vielen Vorteilen verbunden [JCL11]. So können definitive Aussagen über das Verhalten eines entwickelten Prototypen aufgrund seiner Komplexität häufig nur auf der Grundlage eines abstrakten Modells dieses Systems getroffen werden [DLV12, S. 2]. Die Fähigkeit, definitive Aussagen über das spätere Systemverhalten zu treffen, ist insbesondere für die Entwicklung von funktionssicheren eingebetteten Systemen von hoher Bedeutung.

Die folgenden Aspekte werden als relevanter Beitrag für die automatisierte Platzierung von Softwarekomponenten angesehen und in dieser Arbeit erneut aufgegriffen:

1. Die Verwendung von Modellen mit einer *formalen Semantik* zur Beschreibung der relevanten Artefakte. (Dies ist die Voraussetzung für deren maschinelle Verarbeitung und für die Automatisierung des Konstruktionsverfahrens.)

2. Die *Formalisierung* des Konstruktionsprozesses gemäß des Leitmotivs *Correctness by Construction*, um die Korrektheit der Platzierung zu gewährleisten.

### Existierende Werkzeuge für die Entwicklung komplexer Systeme

Für die Unterstützung und Automatisierung modellbasierter Entwicklungsprozesse sind verschiedene Software-Werkzeuge verfügbar. Diese Entwicklungswerkzeuge unterscheiden sich jeweils darin, welcher Teil des Systems bei der Modellierung betrachtet wird. Viele Werkzeuge (zum Beispiel *Matlab Simulink* [Mat14] oder *SCADE Suite* [ESTa]) basieren auf einem eigenen Formalismus, der die präzise Modellierung, Simulation und Verifikation der *funktionalen* Aspekte des Systems ermöglicht. Dazu wird das dynamische Systemverhalten mit Hilfe einer Menge von Differentialgleichungen formal präzise beschrieben und für den Anwender auch graphisch als Signalfluss zwischen einer Menge von Blockschaltbildern dargestellt [Beu08, S. 132]. Für die Konstruktion einer Platzierung von Softwarekomponenten sind diese Werkzeuge aus den folgenden Gründen ungeeignet:

1. Die getrennte Modellierung der logischen und technischen Architektur des Systems ist nur sehr eingeschränkt möglich.

2. Das Ressourcenangebot der Hardwarearchitektur und der Ressourcenbedarf der Softwarekomponenten kann nicht dargestellt werden.

3. Der in diesen Werkzeugen verwendete Formalismus ist für die Beschreibung der *nicht-funktionalen* Aspekte des Systems, insbesondere die Beschreibung der Zuverlässigkeitsanforderungen, ungeeignet.

Eine kleinere Gruppe von Entwicklungswerkzeugen ermöglicht die Modellierung der verschiedenen Blickwinkel und Abstraktionsebenen einer Systemarchitektur. Zu dieser Gruppe zählen beispielsweise die Werkzeuge *SCADE System* [ESTb] und *Vector PREEvision* [Vec]. Ihre Funktionalität beschränkt sich auf die Modellierung der Topologie und der verfügbaren Ressourcen des zu entwickelnden Systems, die Durchführung von Kostenanalysen sowie die automatisierte Generierung von Dokumenten. Sie ermöglichen die *Darstellung* einer räumlichen Platzierung von Softwarekomponenten. Die Konstruktion dieser Platzierung ist jedoch nicht automatisiert und muss durch den Anwender durchgeführt werden [San11, S. 181]. Eine *zeitliche Platzierung* von Softwarekomponenten kann mit diesen Werkzeugen weder modelliert noch konstruiert werden. Ein weiteres Defizit dieser Werkzeuge besteht in ihrer unzureichenden Detailtiefe bei der Beschreibung der Software- und Hardwarekomponenten. Die spezifischen Anforderungen und Randbedingungen einer Platzierung von Softwarekomponenten eines funktionssicheren eingebetteten Systems können mit diesen Werkzeugen nicht vollständig erfasst werden.

Daher ist der Einsatz dieser Werkzeuge in Hinblick auf die oben dargestellten Grenzen zumindest mit den folgenden Nachteilen für den Entwicklungsprozess verbunden:

1. Die Beweggründe für eine gewählte Platzierung lassen sich im Nachhinein nur eingeschränkt rekonstruieren.

2. Die Korrektheitsanalyse einer Platzierung kann nicht allein auf der Grundlage der Informationen im Modell durchgeführt werden.

Das Defizit fehlender Details für eine Korrektheitsanalyse wird am Beispiel des Werkzeugs *PREEvision* besonders deutlich. In diesem Werkzeug können die in einem Steuergerät enthaltenen Ressourcen lediglich für die Bewertung der Kosten, nicht aber für die Analyse der Korrektheit einer Platzierung verwendet werden.

## 3.2. Werkzeugunterstützung bei der Softwareentwicklung für Mehrprozessor- und Mehrkernprozessor-Systeme

Die effiziente Nutzung der parallel arbeitenden Prozessoren oder Kerne eines Mehrkernprozessors ist ein zentrales Ziel bei der Platzierung von Softwarekomponenten. Speziell für diese Problematik sind verschiedene Ansätze und Softwarewerkzeuge verfügbar, die eine Unterstützung bei der Entwicklung von Softwarekomponenten für parallele Prozessoren versprechen. In diesem Abschnitt wird ihr Beitrag für die Konstruktion einer Platzierung untersucht.

Grundsätzlich bieten die existierenden Werkzeuge in diesem Bereich eine Unterstützung bei der *Parallelisierung* einer Softwarekomponente. Eine parallelisierte Softwarekomponente kann ihre Berechnungen auf mehrere Prozessoren oder Prozessorkerne verteilen und so eine Verkürzung der benötigten Rechenzeit erzielen. Technisch ist dazu ihre Zerlegung in unabhängige Kontrollflüsse erforderlich. Sie kann entweder *manuell* oder *semi-automatisch* mit Hilfe einer Kombination von speziellen Anweisungen im Quellcode und geeigneten Bibliotheken zur Laufzeit durchgeführt werden [Ope08, BJK+95]. Für eingeschränkte Anwendungsbereiche sind auch Ansätze verfügbar, die ihre *automatische* Zerlegung ermöglichen [Sar91, HAM+95, CMM10b, VNS07]. Zur Laufzeit werden die Kontrollflüsse parallel zueinander ausgeführt. Die Funktionalität der parallelen Ausführung wird in der Regel durch das Betriebssystem zur Verfügung gestellt.

Neben der Werkzeugunterstützung für die Zerlegung der Softwarekomponente, sind auch verschiedene Werkzeuge zur *Analyse* des Laufzeitverhaltens der parallel ausgeführten Kontrollflüsse verfügbar [Int14,

Vec14]. Diese Werkzeuge können Hinweise zu Engpässen, Verklemmungen oder ungeschützten Zugriffen auf gemeinsame Variablen geben [JBPT09].

Für die Platzierung von Softwarekomponenten auf die Ressourcen eines funktionssicheren eingebetteten Systems sind diese Ansätze und Werkzeuge aus verschiedenen Gründen unzureichend.

1. Sie unterstützen zwar die Parallelisierung der Softwarekomponenten. Dazu berücksichtigen sie jedoch lediglich die funktionalen Aspekte und logischen Zusammenhänge einer Softwarekomponente. Die speziellen Eigenschaften der Hardwarearchitektur auf dem Zielsystem werden bei der Parallelisierung nur peripher beachtet. Die Besonderheiten eingebetteter Systeme, zum Beispiel die Verwendung heterogener Prozessoren, werden deshalb nur eingeschränkt unterstützt.

2. Die Auswirkungen einer Parallelisierung auf die Erfüllung der *nicht-funktionalen* Anforderungen der Softwarekomponente – insbesondere die Erfüllung der Echtzeitanforderungen – findet bisher nur rudimentäre Beachtung in vereinzelten Arbeiten (zum Beispiel [TPV10]).

3. Die räumliche und zeitliche Platzierung der verschiedenen Kontrollflüsse liegt nicht im Fokus der Entwicklungswerkzeuge. Sie wird entweder automatisch durch das Betriebssystem oder manuell durch den Entwickler vorgenommen. Bei einzelnen Ansätzen kann zumindest die Ausführungsreihenfolge der Kontrollflüsse spezifiziert werden (zum Beispiel [Sch09]).

Die verfügbaren Entwicklungswerkzeuge geben umfangreiche Unterstützung bei der Entwicklung von parallelisierten Softwarekomponenten. Allerdings ist ihr Beitrag für ein sicheres Aufteilen (engl: *Multiplexing*) der gemeinsam genutzten Ressourcen eines funktionssicheren eingebetteten Systems und die Konstruktion der dafür notwendigen Platzierung von Softwarekomponenten gegenwärtig noch gering.

## 3.3. Automatisierte Platzierungsverfahren für Softwarekomponenten

In diesem Abschnitt wird ein Überblick über die bestehenden Ansätze und Verfahren zur Konstruktion einer Platzierung von Softwarekomponenten gegeben. Dazu werden zunächst die *konzeptuellen Beiträge* für die vorliegende Problemstellung beleuchtet. Im Anschluss werden die *existierenden Ansätze* für die Konstruktion einer Platzierung von Softwarekomponenten in unterschiedlichen Systemklassen (*Multiprocessor System-on-Chip* Systeme, *eingebettete Systeme* und *Großrechner*) vorgestellt.

### 3.3.1. Konzeptuelle Beiträge

Für die Automatisierung der Konstruktion einer Platzierung sind formalisierte *Korrektheitskriterien* erforderlich. Bei funktionssicheren eingebetteten Systemen müssen diese Kriterien die Anforderungen zur Zuverlässigkeit und Echtzeitfähigkeit des Systems widerspiegeln. Für die Zuverlässigkeitsanforderungen eines Systems existieren bereits verschiedene Ansätze mit denen die Fehlertoleranz des Systems spezifiziert und verifiziert werden kann [JMS87, Cri85]. Es sind auch kombinierte Ansätze verfügbar, die Echtzeit- und Zuverlässigkeitsanforderungen einschließen [CH93, LM94, LJ99].

Grundsätzlich wird bei diesen Ansätzen zunächst das Systemverhalten in einen mathematischen Formalismus, zum Beispiel *Communicating Sequential Processes (CSP)* [Hoa78] oder *Temporal Logic of Actions (TLA)* [LM94], überführt. Auf dieser Grundlage kann anschließend die Erfüllung von spezifizierten Anforderungen formal verifiziert werden. Für die Formulierung von Korrektheitskriterien einer Platzierung von Softwarekomponenten in funktionssicheren eingebetteten Systemen sind diese Ansätze aus den folgenden Gründen nur begrenzt nutzbar:

1. Sie basieren auf einer abstrakten Modellierung des Systems, bei der relevante *technische Eigenschaften* der Software- und Hard-

warearchitektur nicht in der notwendigen Konkretheit abgebildet werden können.

2. Die Anforderungen in den Standards der verschiedenen Domänen zur Gewährleistung der Funktionssicherheit eines eingebetteten Systems werden in diesen Ansätzen nur eingeschränkt berücksichtigt. Beispielsweise basiert die Realisierung der Fehlertoleranz in diesen Ansätzen auf der Nutzung von *gleichartigen* Replikaten einer Ressource, um zufällige Fehler zur Laufzeit zu maskieren. *Dissimilare* Replikate zur Vermeidung von systematischen Fehlern sowie *Design Assurance Levels* der Ressourcen werden dagegen nicht betrachtet.

Darüber hinaus sind weitere konzeptuelle Ansätze aus dem Bereich *sicherheitskritischer Systeme* verfügbar, die einen wichtigen Beitrag für die vorliegende Problematik liefern. Durch J. Goguen und J. Meseguer [GM82, GM84] wurde erstmals ein formales Modell zur Beschreibung der Störungsfreiheit (engl.: *Non-Interference*) von parallel arbeitenden Nutzern eines sicheren Systems vorgestellt. Dieses Konzept wurde durch B. Dutertre und V. Stavridou [DS99] in den Kontext der Avionik überführt und dort zur formalen Modellierung der Störungsfreiheit verschiedener Partitionen auf einer gemeinsamen Hardwareplattform verwendet. Auf dieser Grundlage beschreiben sie verschiedene Anforderungen an eine Softwarearchitektur in einer derartigen Umgebung. Deren Erfüllung stellt eine wichtige Voraussetzung für die Störungsfreiheit der verschiedenen Partitionen auf der gemeinsamen Hardwareplattform dar.

Die Problematik der Störungsfreiheit von Partitionen auf einer gemeinsamen Plattform birgt viele Gemeinsamkeit mit den Herausforderungen der Integration verschiedener Softwarekomponenten in einem funktionssicheren eingebetteten System. In beiden Fällen ist ein *Multiplexen* der verfügbaren Ressourcen bei gleichzeitiger Berücksichtigung von Echtzeitanforderungen erforderlich. Die von B. Dutertre und V. Stavridou beschriebenen Anforderungen sind deshalb ebenso konstitutiv für die Erarbeitung eines formalisierten Korrektheitskriteriums einer Platzierung unter dem Aspekt Echtzeitfähigkeit und werden in Abschnitt 4.3 erneut aufgegriffen.

## 3.3.2. Platzierungsverfahren in eingebetteten Systemen

Es existieren bereits verschiedene Ansätze mit denen eine Platzierung von Softwarekomponenten im Rahmen der Entwicklung eines eingebetteten Systems konstruiert werden kann. Zur strukturierten Vorstellung der Fähigkeiten und Grenzen der existierenden Konstruktionsverfahren werden die Kriterien aus Tabelle 3.1 verwendet.

**Tabelle 3.1.:** Kriterienkatalog zur Untersuchung existierender Platzierungsverfahren

| Aspekte | Kriterien |
| --- | --- |
| *Dimensionen* | Welche Dimensionen (räumlich oder zeitlich) werden unterstützt? Erfolgt die Konstruktion für zwei Dimensionen in einem Schritt? |
| *Modellierung* | Welche Ressourcen der Hardwarearchitektur können modelliert werden? Werden mehrstufige Hardwarearchitekturen unterstützt? Welche Angaben zum Ressourcenbedarf können definiert werden? Welche Zuverlässigkeitsanforderungen werden berücksichtigt? Welche Echtzeitanforderungen können spezifiziert werden? |
| *Konstruktion* | Welches technische Verfahren wird zur Synthese eingesetzt? |
| *Optimierung* | Welche Dimension einer Platzierung wird optimiert? Welche Optimierungskriterien werden berücksichtigt? Kann der Anwender die Optimierungskriterien anpassen? |

### Vorstellung der existierenden Konstruktionsverfahren

A. Bender beschreibt einen Ansatz [Ben96], der die räumliche und zeitliche Platzierung von Kontrollflüssen auf verschiedene Prozessoren in einem Schritt realisiert. In der Hardwarearchitektur können Prozessoren mit unterschiedlichen Typen und verschiedenen Kommunikationsbussen spezifiziert werden. Die zu platzierenden Softwarekomponenten werden als nicht-unterbrechbare periodische Kontrollflüsse mit einer gemeinsamen Periode und einer definierten Ausführungszeit modelliert. Die Ausführungsreihenfolge der Tasks wird mit Hilfe eines gerichteten azyklischen Graphen spezifiziert. Als Lösungsverfahren wird *Mixed Linear Integer Programming (MILP)* mit Hilfe des *CPLEX* Solvers eingesetzt. Die Optimierung ist ein fester Bestandteil des Lösungsverfahrens und erfolgt auf der Grundlage einer Kostenfunktion, die sich aus einer Kombination von Hardware-Kosten und Gesamtausführungszeit ergibt. Der Anwender kann eine unterschiedliche Gewichtung dieser Optimierungsziele vornehmen.

Auch D.-T. Peng et al. präsentieren einen Ansatz [PSA97] zur räumlichen und zeitlichen Platzierung von Kontrollflüssen auf ein verteiltes Echtzeitsystem. Die Modellierung der Hardwarearchitektur basiert auf generischen Prozessoren, die sich untereinander durch ihre Rechenleistung unterscheiden können. Analog zu A. Bender [Ben96] werden die Softwarekomponenten durch nicht-unterbrechbare periodische Kontrollflüsse mit eigener Periodenlänge modelliert. Ihre Ausführungsreihenfolge wird mit Hilfe eines Graphen spezifiziert. Dieser enthält auch zusätzliche Angaben zur Ausführungszeit und Kommunikationslatenz der Kontrollflüsse.

Im Unterschied zu A. Bender [Ben96] erfolgt die räumliche und zeitliche Platzierung allerdings bei diesem Ansatz in zwei getrennten Schritten. Zunächst wird mit Hilfe eines „*Branch and Bound*" Verfahrens eine räumliche Platzierung gesucht. Jedes „Blatt" in diesem „Suchbaum" stellt eine potentielle Lösung für die räumliche Platzierung der Kontrollflüsse dar. Im zweiten Schritt wird für jedes „Blatt" eine zeitliche Platzierung konstruiert und deren normalisierte Antwortzeit berechnet. Die räumliche Platzierung mit der geringsten Antwortzeit stellt die optimale Lösung dar.

K. Schild und J. Würz entwickelten einen Ansatz [SW98] zur zeitlichen Platzierung von Softwarekomponenten auf homogenen Prozessoren mit Hilfe eines statischen Schedules. Die periodischen Kontrollflüsse sind bei diesem Ansatz nicht-unterbrechbar. Sie können miteinander kommunizieren und müssen dazu über eine identische Periodenlänge verfügen. Zusätzlich können auch Fristen für die Ausführung der Kontrollflüsse und Beschränkungen der Kommunikationslatenzen definiert werden. Als Lösungsverfahren wird die Constraint Programmierung mit *Oz* in Kombination mit speziellen Heuristiken eingesetzt. Eine Optimierung der Lösung wird nicht durchgeführt.

W. Damm und A. Metzner beschreiben ein Verfahren [DME+06] mit dem eine räumliche und zeitliche Platzierung von periodischen Kontrollflüssen auf Prozessoren mit eigenem Speicher durchgeführt werden kann. Bei diesem Ansatz erfolgt die räumliche und zeitliche Platzierung in einem Schritt. Jedem Kontrollfluss ist eine eigene Priorität, eine Periodendauer, eine Ausführungsdauer, eine Frist und ein Speicherbedarf zugeordnet. Tasks mit höherer Priorität können die Ausführung von Tasks mit geringerer Priorität an beliebigen diskreten Zeitpunkten in ihrer Ausführung unterbrechen. Tasks können untereinander Nachrichten mit einer variablen Länge über eine Kommunikationsverbindung austauschen. Mit Hilfe eines erweiterten *MILP* Verfahrens werden bei diesem Ansatz die Platzierungen generiert. Jede Lösung beschreibt eine räumliche und zeitliche Platzierung der Kontrollflüsse auf die Prozessoren. Es wird gewährleistet, dass bei jeder Lösung die Zeit- und Ressourcenanforderungen aller Kontrollflüsse und Nachrichten erfüllt werden. Darüber hinaus werden auch drei Optimierungsziele beschrieben, die mit diesem Ansatz realisiert werden können: die Minimierung der Kommunikationslatenz, die Gleichauslastung der Prozessoren und die Minimierung der Anzahl an benötigten Prozessoren.

Der Ansatz von A. Metzner und C. Herde [MH06] ist hinsichtlich des prinzipiellen Vorgehens und der Modellierungstiefe der Hardware- und Softwarearchitektur mit dem vorherigen Ansatz [DME+06] vergleichbar. Auch hier wird die räumliche und zeitliche Platzierung von Kontrollflüssen auf Prozessoren mit eigenem Speicher in einem Schritt vorgenommen. Die periodischen Kontrollflüsse sind unterbrechbar und können untereinander über ein Netzwerk Nachrichten austauschen. Allerdings können hier auch Dislokalitätsgruppen von Kontrollflüssen spezifiziert werden, die nicht gemeinsam auf einem Prozessor platziert werden dürfen. Im Gegensatz zum vorigen Ansatz [DME+06], enthält die Modellierung des Platzierungsproblems in diesem Ansatz auch nicht-lineare ganzzahlige Randbedingungen. Mit Hilfe einer Erweiterung des SAT Solvers *GOBLIN* können optimale Platzierungen effizient gefunden werden. Als Optimierungskriterium wird die Minimierung der Kommunikationslatenz verwendet.

Der Ansatz von S. Kugele et al. [KHTW09] führt im Unterschied zu den vorherigen Verfahren eine räumliche und zeitliche Platzierung in zwei Schritten nacheinander durch. Auch die Modellierung der Hardwarearchitektur ist im Vergleich zu den vorherigen Verfahren detaillierter. Es können Steuergeräte mit unterschiedlichen Prozessoren, eigenem Speicher (RAM und ROM) sowie Netzwerkverbindungen zwischen den Steuergeräten modelliert werden. Allerdings werden die Softwarekomponenten als einfache Kontrollflüsse sehr vereinfacht spezifiziert. Sie sind periodisch und nicht-unterbrechbar, besitzen die gleiche Periodenlänge und unterscheiden sich voneinander lediglich durch ihre Ausführungszeit und ihre Frist. Die Kontrollflüsse können untereinander Dislokalitätsgruppen bilden und auch die Platzierung auf Prozessoren eines spezifizierten Typs erzwingen. Bei der räumlichen Platzierung werden sowohl die Kapazität des Prozessors (kumulierte Rechenleistung) als auch die Größe des RAM und ROM Speichers berücksichtigt.

Darüber hinaus kann die räumliche Platzierung zusätzlich durch die Angabe von *Power States* einzelner Steuergeräte sowie die gezielte Platzierung von Kontrollflüssen auf Steuergeräte des gleichen Herstellers eingeschränkt werden. Bei der zeitlichen Platzierung wird ein statischer Schedule für alle Softwarekomponenten in Anlehnung an [SW98] erzeugt. Dazu kann die Ausführungsreihenfolge der einzelnen Kontrollflüsse mit Hilfe eines azyklischen gerichteten Graphen spezifiziert werden. Mit Hilfe eines *ILP Solvers* werden Lösungen für diese Platzierungsproblematik generiert. Als Optimierungskriterium für die räumliche Platzierung wird eine gewichtete Summe von Hardwarekosten und anderen Metriken, wie beispielsweise Kommunikationskosten, verwendet. Bei der Optimierung der zeitlichen Platzierung wird eine frühestmögliche Beendigung der Ausführung der Kontrollflüsse angestrebt.

V. Brocal et al. stellen ebenfalls ein Werkzeug [BMR+10] vor, mit
dem eine zeitliche Platzierung von Kontrollflüssen konstruiert werden
kann. Das Werkzeug orientiert sich am RTCA ARINC 653 Standard [ARI05] und erlaubt eine zweistufige zeitliche Platzierung von
Kontrollflüssen auf *Partitionen* und *Partitionen* auf Prozessoren. Kontrollflüsse können in ihrer Ausführung nicht unterbrochen werden. Sie
sind lediglich durch ihre Ausführungszeit und die Nutzung exklusiver
Ressourcen gekennzeichnet. Partitionen beinhalten eine Menge von
Kontrollflüssen. Im Gegensatz zu den existierenden Verfahren der
zeitlichen Platzierung können hier auch Verarbeitungsketten von Kontrollflüssen aus unterschiedlichen Partitionen definiert werden. Jede
Verarbeitungskette ist durch eine eigene Periodenlänge, einen initialen
Offset und eine eigene Frist gekennzeichnet. Als Ergebnis der Platzierung wird ein RTCA ARINC 653 konformer Ablaufplan (*statischer
Schedule*) für die verschiedenen Partitionen und die darin enthaltenen
Kontrollflüsse konstruiert. Dieser Ablaufplan berücksichtigt die Echtzeitanforderungen der spezifizierten Verarbeitungsketten. Es erfolgt
keine automatisierte Optimierung der konstruierten zeitlichen Platzierung. Allerdings können lokale Modifikationen des Ablaufplans durch
den Anwender durchgeführt werden.

J. White et al. stellen einen weiteren Ansatz [WDTS11] für die
räumliche Platzierung von Softwarekomponenten in einem verteilten
Echtzeitsystem vor. Der Schwerpunkt ihrer Arbeit liegt bei der Entwicklung eines Lösungsverfahrens für die kombinierte räumliche und
zeitliche Platzierungsproblematik mit Hilfe von evolutionären Algorithmen und speziellen Heuristiken für *Bin-Packing* Probleme. Das verwendete Modell zur Beschreibung der Hardwarearchitektur und der Softwarekomponenten wird jedoch nicht im Detail expliziert. Allerdings
ist das entwickelte Lösungsverfahren grundsätzlich in der Lage, eine
Überbuchung von Ressourcen (zum Beispiel Speicher) zu verhindern,
sowie Dislokalitätsgruppen und explizite Einschränkungen bei der
Platzierung auf Prozessoren zu berücksichtigen. Zur Gewährleistung
der Realisierbarkeit der räumlichen Platzierung wird ein *Schedulability*
Test durchgeführt. Als Optimierungsziel wird die Minimierung der
elektrischen Leistungsaufnahme des Gesamtsystems zugrunde gelegt.

Diese kann gesenkt werden, indem die Platzierung von Softwarekomponenten zu einer Reduzierung von energieintensiver Kommunikation über drahtlose Netzwerke führt.

J. Baro et al. stellen ein Verfahren [BBC⁺12] zur Konstruktion eines statischen Schedules vor. Dieses erweitert den bereits vorgestellten Ansatz von K. Schild und J. Würz [SW98] um unterbrechbare Kontrollflüsse mit Prioritäten, eigene Periodenlängen für jeden Kontrollfluss und die Möglichkeit, zusätzliche Einschränkungen für ihre Ausführungsreihenfolge zu spezifizieren. Für die Erstellung einer zeitlichen Platzierung wird die Problemstellung zunächst mit Hilfe eines Automaten (engl: *timed automaton*) modelliert und anschließend für die Lösungssuche an das Werkzeug *UPPAAL* übergeben. Eine Optimierung der zeitlichen Platzierung findet nicht statt.

S. Voss und B. Schätz präsentieren einen Ansatz [VS13] bei dem die räumliche und zeitliche Platzierung von Kontrollflüssen auf die Kerne von Mehrkernprozessoren in einem Entwicklungsschritt konstruiert wird. Die Hardwarearchitektur besteht aus homogenen Prozessorkernen mit lokalem Speicher. Sie können über einen Kommunikationsbus auch auf gemeinsam genutzte Speicherbereiche zugreifen und auf dieser Basis auch Nachrichten untereinander austauschen. Den Prozessorkernen werden zudem auch *Safety Integrity Level* zugeordnet.

Die Softwarearchitektur besteht aus einer Menge von kommunizierenden Kontrollflüssen. Alle Kontrollflüsse sind in ihrer Ausführung nicht-unterbrechbar und durch eine Laufzeit und Frist gekennzeichnet. Die Reihenfolge ihrer Ausführung kann mit Hilfe eines gerichteten Graphen (*Präzedenzgraph*) spezifiziert werden. Jedem Task werden Anforderungen an die Kapazität des lokalen Speichers und ein eigener *Safety Integrity Level* zugeordnet. Mit Hilfe eines *Satisfiability Modulo Theory (SMT)* Solvers wird eine räumliche Platzierung der Kontrollflüsse auf die Prozessorkerne und eine zeitliche Platzierung der Kontrollflüsse auf den Kernen sowie der Nachrichten auf dem Kommunikationsbus erstellt. Bei der räumlichen Platzierung werden die Kapazitätsgrenzen des lokalen Speichers und die Kompatibilität der *Safety Integrity Level* berücksichtigt. Die zeitliche Platzierung umfasst die Erstellung eines statischen Ablaufplans für alle Prozessor-

kerne und den Nachrichtenaustausch auf dem Bus. Dies erfordert die
Berücksichtigung des spezifizierten Präzedenzgraphen, um die korrekte Reihenfolge in der Ausführung der Kontrollflüsse zu gewährleisten.
Als Optimierungsziel der Platzierung wird die Minimierung des Ge-
samtlänge des erstellten Ablaufplans für die Prozessorkerne und den
Nachrichtenaustausch auf dem Bus zugrunde gelegt. Dieses Kriterium
kann durch den Anwender nur sehr eingeschränkt angepasst werden.

**Beitrag der existierenden Konstruktionsverfahren**

Für die vorliegende Problemstellung stellt *keiner* der existierenden
Ansätze einen vollständig befriedigenden Lösungsansatz dar. Allerdings sind verschiedene Aspekte der vorgestellten Verfahren für die
Lösung der Platzierungsproblematik wertvoll. Die Trennung der räumlichen und zeitlichen Platzierung in der Arbeit von S. Kugele et
al. [KHTW09] erlaubt die Bearbeitung komplexerer Systeme und
wird daher auch in das Vorgehensmodell dieser Arbeit übernommen.

Bei der Entwicklung des *räumlichen* Platzierungsverfahren werden
die von S. Kugele et al. entwickelten Konzepte zur Modellierung einer
mehrstufigen Hardwarearchitektur sowie die existierenden Ansätze
zur Spezifikation von Dislokalitätsgruppen (siehe [MH06, KHTW09,
WDTS11]) und *Safety Integrity Level* von Softwarekomponenten (siehe [VS13]) einbezogen.

Für die *zeitliche* Platzierung von Softwarekomponenten werden
zunächst die Arbeiten von K. Schild und J. Würz [SW98] zur Modellierung eines statischen Schedules verwendet. Darüber hinaus wird auch
die Vorgehensweise zur Spezifikation einer Ausführungsreihenfolge von
Kontrollflüssen mit Hilfe eines Präzedenzgraphen aus den Arbeiten
von V. Brocal et al. [BMR$^+$10] sowie von S. Voss und B. Schätz [VS13]
berücksichtigt. Der Ansatz von V. Brocal et al. [BMR$^+$10], eine Koordination der Zugriffe verschiedener Softwarekomponenten auf eine
gemeinsam genutzte Ressource durch eine gezielte Steuerung ihrer
Ausführung zu erreichen, ist für die vorliegende Problemstellung ebenfalls wertvoll.

Ferner wird auch die getrennte Konstruktion und Optimierung einer Platzierung gemäß D.-T. Peng et al. [PSA97] sowie die Bewertung einer Platzierung mit Hilfe von gewichteten Metriken aus der Arbeit von S. Kugele et al. [KHTW09] erneut aufgegriffen. Für die Optimierung einer Platzierung werden die folgenden Kriterien und Ziele in diese Arbeit einbezogen und unter Berücksichtigung der Fallbeispiele weiterentwickelt: Minimierung der Anzahl benötigter Prozessoren [DME+06], Gleichauslastung der Prozessorkerne [DME+06] und Minimierung der Kommunikationsdistanz [WDTS11].

## Notwendige Erweiterungen der existierenden Verfahren

Für die Platzierung von Softwarekomponenten in funktionssicheren eingebetteten Systemen müssen die existierenden Konstruktionsverfahren an verschiedenen Punkten erweitert werden. Bei der *räumlichen Platzierung* betrifft dies die Berücksichtigung von *mehrstufigen* Hardwarearchitekturen mit verschiedenen Ressourcentypen auf jeder Abstraktionsstufe sowie die Unterstützung für Dislokalitäts- und Dissimilaritätsgruppen. Darüber hinaus ist auch ein Ansatz zur Spezifikation einer räumlichen Nähe von Softwarekomponenten erforderlich.

In der *zeitlichen Dimension* müssen die existierenden Konstruktionsverfahren bei den folgenden Aspekten erweitert werden: Unterstützung für periodische und unterbrechbare Softwarekomponenten mit unterschiedlichen Periodenlängen, Unterstützung für die Einschränkung der erlaubten Unterbrechungen einer Softwarekomponente, Berücksichtigung von Umschaltzeiten zwischen Softwarekomponenten und Koordination der Zugriffe verschiedener Softwarekomponenten auf gemeinsam genutzte Geräte mit unterschiedlichen Kapazitäten.

Bei der Optimierung einer Platzierung und der Unterstützung für eine Exploration des Entwurfsraums sind die folgenden Erweiterungen notwendig: Berücksichtigung „weicher" Aspekte einer Platzierung (zum Beispiel Erweiterbarkeit, Entwicklungsrisiko), nutzerdefinierte Optimierungskriterien und Normierung der Metriken.

### 3.3.3. Platzierungsverfahren in Multiprocessor System-on-Chip Systemen

*Multiprozessor System-On-Chip* (MPSoC) sind besondere Mehrkernprozessoren. Für einen eng umrissenen Einsatzzweck bestehen sie aus hochspezialisierten Sub-Systemen (engl.: *IP Blocks*), um eine möglichst hohe Rechenleistung bei einer geringen elektrischen Leistungsaufnahme und geringen Fertigungskosten zu erzielen.

Für die Entwicklung und Optimierung von Systemen mit diesen Prozessoren sind verschiedene Werkzeuge und Entwicklungsansätze verfügbar. Sie ermöglichen die Synthese von optimalen MPSoC Architekturen aus einer abstrakten Verhaltensbeschreibung der auszuführenden Softwarekomponenten. Dazu wird zunächst die Prozessorarchitektur auf der Grundlage einer Bibliothek existierender *IP Blocks* zusammengestellt und anschließend eine räumliche und teilweise auch zeitliche Platzierung von Softwarekomponenten auf diese Sub-Systeme vorgenommen. Zum Abschluss erfolgt meist eine Bewertung der Gesamtarchitektur bezüglich Rechenleistung und Kosten. Die folgenden Ansätze und Werkzeuge bieten diese Funktionalität:

- *Koski* [KKO+06] verwendet die Modellierungssprache UML 2.0 zur Beschreibung des Systemverhaltens und generiert eine optimierte räumliche Platzierung von Tasks einer Anwendung auf die Sub-Systeme des MPSoC.

- *Daedalus* [NTS+08] verfolgt einen ähnlichen Ansatz bei dem allerdings zunächst eine Partitionierung der Funktionalität in Software- und Hardware-Bestandteile durchgeführt wird. Anschließend wird auch hier eine optimierte Platzierung der Softwarekomponenten generiert.

- *SystemCoDesigner* [KSS+09] ist ein weiterer Ansatz für die Entwicklung eines optimierten MPSoC aus einem *Actor*-orientierten Modellierungsansatz. Allerdings erfordert dieses Vorgehen eine manuelle Platzierung der verschiedenen Softwarekomponenten auf die Ressourcen des MPSoC.

Zur Lösung der in dieser Arbeit betrachteten Platzierungsproblematik können die Konstruktionsverfahren für optimierte MPSoC Architekturen nur wenig beitragen. Ihre Unzulänglichkeiten resultieren aus dem engen Fokus auf optimierte Prozessorarchitekturen und aus der eingeschränkten Übertragbarkeit der zugrunde liegenden Konzepte auf Systemarchitekturen. Bei der *räumlichen* Platzierung werden diese Defizite konkret an den folgenden Punkten evident:

- Die Modellierung der Softwarekomponenten umfasst nur die Spezifikation des *funktionalen* Verhaltens mit Hilfe von Kahn Prozess Netzwerken. Daher können die *nicht-funktionalen* Randbedingungen einer Platzierung zur Gewährleistung der Funktionssicherheit nicht spezifiziert werden. Dies betrifft beispielsweise die fehlende Möglichkeit, Relationen zwischen Softwarekomponenten abzubilden.

- Die Modellierung der Ressourcen in der Hardwarearchitektur ist sehr einfach gehalten. Mehrstufige Systemarchitekturen mit unterschiedlichen Ressourcentypen auf jeder Stufe können in diesem Ansatz nicht dargestellt werden.

Für die *zeitliche* Platzierung wird von diesen Werkzeugen eine Priorisierung der verschiedenen Softwarekomponenten eines Kerns konstruiert. Diese Prioritäten können anschließend zur Festlegung einer Ausführungsreihenfolge verwendet werden. Auch hier zeigen sich Defizite in der Modellierung für die vorliegende Problemstellung:

- Periodische Softwarekomponenten mit unterschiedlichen Periodenlängen und harten Fristen werden nicht unterstützt.

- Erlaubte Unterbrechungen und zeitliche Abhängigkeiten bei der Ausführung von Softwarekomponenten können nicht spezifiziert werden.

Auch die *Optimierungskriterien* dieser Verfahren sind stark auf die typischen Entwicklungsziele einer MPSoC-Architektur fokussiert.

So berücksichtigen die in diesen Arbeiten verwendeten Kostenfunktionen nur zwei Kriterien: die benötigte Fläche auf dem Halbleiter-Chip und die erzielte Rechenleistung der MPSoC-Architektur. Weiche Optimierungskriterien einer Platzierung, die beispielsweise das Entwicklungsrisiko einer Hochintegration von Softwarekomponenten in einem eingebetteten System abbilden, können aufgrund der fehlenden Angaben im zugrunde liegenden Modell nicht verwendet werden.

### 3.3.4. Platzierungsverfahren in Großrechnern

Auch bei Großrechnern (engl.: *Cluster*) wird eine Platzierung von Softwarekomponenten vorgenommen. Im Unterschied zu den bisher vorgestellten Ansätzen erfolgt die Platzierung bei diesen Systemen zur Laufzeit und in Abhängigkeit einer dynamisch variierenden Last. Sie wird vor allem mit dem Ziel durchgeführt, die Auslastung wichtiger Ressourcen zu erhöhen und so den Durchsatz zu steigern. Die Auslastung der folgenden Ressourcen mit Hilfe einer dynamischen Platzierung wurde in verschiedenen Arbeiten bereits untersucht: *Rechenzeit* auf den Prozessoren [HBD97], *Arbeitsspeicher* [AS99], *Rechenzeit* und *Arbeitsspeicher* in Kombination [ZQX00], *Festplattenzugriffe* [Qin07] und die *Bandbreite* der Kommunikationsnetzwerke [QJM+10]. Darüber hinaus sind auch Ansätze verfügbar, die eine Platzierung mit dem Ziel durchführen, die *elektrische Leistungsaufnahme* des Systems zu reduzieren [SMTK12, TK13]. Auch für die Berücksichtigung von *weichen Echtzeitanforderungen* (engl.: *Quality of Service*) bei der Platzierung von Softwarekomponenten sind einzelne Ansätze verfügbar [WWS+00].

Dennoch ist der Beitrag dieser Verfahren für eine Platzierung von Softwarekomponenten in funktionssicheren eingebetteten Systemen nur gering. Bei Großrechnern wird die Platzierung von Softwarekomponenten vor allem mit dem übergeordneten Ziel der *Effizienzsteigerung* eingesetzt. „Fehlerhafte" Platzierungen wirken sich nur in wenigen Fällen auf die Korrektheit der Funktionalität der platzierten Softwarekomponenten aus. Daher finden Anforderungen zur Gewährleistung der funktionalen Sicherheit eines Systems in diesen Verfahren gegenwärtig noch keine Berücksichtigung.

Zudem wurden diese Verfahren vor allem für eine dynamische Platzierung zur Laufzeit eines Systems entwickelt. Das Verfahren muss daher eine schnelle Platzierungsentscheidung auf der Grundlage von unvollständigem Wissen über das Verhalten der Softwarekomponenten und die durch ihre Ausführung induzierte Auslastung der Ressourcen ermöglichen. Deshalb weist die Modellierung des Ressourcenbedarfs der Softwarekomponenten und des Ressourcenangebots in der Hardwarearchitektur nur eine geringe Detailtiefe auf, um eine schnelle Verarbeitung zu ermöglichen. Eine sichere Aufteilung der Ressourcen eines funktionssicheren eingebetteten Systems für verschiedene Softwarekomponenten kann mit diesen Verfahren daher nur sehr eingeschränkt erreicht werden.

## 3.4. Vergleich der bestehenden Platzierungsverfahren

Als besonders bedeutsam für die vorliegende Arbeit wurden im vorherigen Abschnitt die Konstruktionsverfahren einer Platzierung in *eingebetteten Systemen* herausgearbeitet. Die darin vorgestellten Ansätze adressieren bereits Teile der Aufgabenstellung dieser Arbeit. In Tabelle 3.2 und Tabelle 3.2 sind die Fähigkeiten dieser Verfahren noch einmal zusammenfassend dargestellt. Die Tabellen belegen, dass bisher noch kein Konstruktionsverfahren alle Aspekte einer Platzierung von Softwarekomponenten in einem funktionssicheren eingebetteten System unterstützt.

**Im ersten Teil** der Tabellen wird jedes dieser Konstruktionsverfahren bezüglich der Unterstützung für eine räumliche oder zeitliche Platzierung untersucht. Es wird auch dargelegt, ob die Platzierung innerhalb *eines* Konstruktionsschritts oder innerhalb von *zwei* Konstruktionsschritten erfolgt. Darüber hinaus werden auch die verschiedenen technischen Ansätze zur Lösung des Platzierungsproblems aufgezeigt.

**Die zweite Gruppe von Vergleichskriterien** befasst sich mit der Unterstützung der verschiedenen Ressourcentypen (Prozessor, RAM, ROM, Zusatzgeräte) bei der *räumlichen Platzierung*. Neben der Kapazität dieser Ressourcen wird bei Prozessoren auch die Berücksichtigung verschiedener Typen untersucht. Der Aspekt „Mehrstufigkeit" beleuchtet die Unterstützung der Modellierung für Hardwarearchitekturen mit mehreren Hierarchiestufen. Ein Verfahren unterstützt mehrstufige Architekturen, wenn es die Modellierung einer Hardwarearchitektur mit verschiedenen Ebenen ermöglicht und diese Ebenen auch bei Platzierungsanforderungen referenziert werden können.

Die weiteren Aspekte dieser Gruppe adressieren die Anforderungen zur funktionalen Sicherheit einer Platzierung (Kritikalitätsstufen, Dislokalitäten, Dissimilaritäten). Die Fähigkeit zur Spezifikation einer räumlichen Nähe zwischen Softwarekomponenten bildet den Abschluss dieser Gruppe. Ein Verfahren erfüllt dieses Kriterium, wenn es die Einschränkung der Platzierung einer Gruppe von Softwarekomponenten mit Hilfe eines Distanzmaßes erlaubt.

**In der dritten Gruppe von Kriterien** steht die *zeitliche Platzierung* und die Berücksichtigung von Echtzeitanforderungen im Vordergrund. Jedes Verfahren wird zudem auch dahingehend analysiert, ob es eine Unterbrechung der Ausführung einer Softwarekomponente (Slicing) ermöglicht. Für den Einsatz der Verfahren in der Praxis wird darüber hinaus auch die Unterstützung von Initialisierungs- und Umschaltzeiten zwischen der Ausführung verschiedener Softwarekomponenten betrachtet.

Ferner wird die Möglichkeit zur Spezifikation einer Ausführungsreihenfolge von Softwarekomponenten, ohne damit bereits eine vollständige zeitliche Platzierung vornehmen zu müssen, analysiert. Dies ist insbesondere für die Steuerung physikalischer Prozesse durch ein eingebettetes System von Bedeutung. Für ein deterministisches Systemverhalten wird schließlich untersucht, ob die verschiedenen Verfahren eine Koordination der Zugriffe auf gemeinsam genutzte Zusatzgeräte im Rahmen der zeitlichen Platzierung vornehmen.

**Die letzte Gruppe** von Vergleichskriterien befasst sich mit der *Optimierung* von Platzierungen. Es wird zunächst geprüft, ob die

Optimierung ein Bestandteil des Konstruktionsverfahrens ist. Falls das Verfahren eine Optimierung erlaubt, werden anschließend die Möglichkeiten zur Konfiguration des Optimierungsziels durch den Anwender beleuchtet. Bei den meisten Verfahren muss eine Zielfunktion übergeben werden, die bei der Optimierung minimiert wird. Bei einem Verfahren kann der Anwender lediglich die Gewichtung zweier Metriken variieren, um das Optimierungsziel anzupassen.

**Tabelle 3.2.:** Vergleich der existierenden Platzierungsverfahren (Teil 1)

Legende: R = räumlich, Z = zeitlich, MILP = Mixed Linear Integer Programming, B&B = Branch-and-Bound, CP = Constraint Programming, SAT = Boolean Satisfiability Solver, ILP = Linear Integer Programming, EA = Evolutionäre Algorithmen, MP = Modellprüfung, SMT = Satisfiability Modulo Theory Solver, ? = unbekannt, + = wird unterstützt, − = wird *nicht* unterstützt, ○ = entfällt

| Kriterien | [Ben96] | [PSA97] | [SW98] | [DME$^+$06] | [MH06] |
|---|---|---|---|---|---|
| **Allgemein** | | | | | |
| Dimensionen | R,Z | R,Z | Z | R,Z | R,Z |
| Lösungsschritte | 1 | 2 | 1 | 1 | 1 |
| Lösungsverfahren | MILP | B&B | CP | MILP | SAT |
| **Räumlich** | | | | | |
| Prozessor*kapazität* | + | + | ○ | + | + |
| Prozessor*typ* | + | − | ○ | − | − |
| RAM Speicher | − | − | ○ | + | + |
| ROM Speicher | − | − | ○ | − | − |
| Zusatzgeräte | − | − | ○ | − | − |
| Mehrstufigkeit | − | − | ○ | − | − |
| Kritikalitätsstufen | − | − | ○ | − | − |
| Dislokalitäten | − | + | ○ | − | + |
| Dissimilaritäten | − | − | ○ | − | − |
| Räumliche Nähe | − | + | ○ | − | − |
| **Zeitlich** | | | | | |
| Fristen | − | + | + | + | + |
| Periodische Tasks | − | + | + | + | + |
| Slicing | − | − | − | + | + |
| Initialisierungszeiten | − | − | − | − | − |
| Umschaltzeiten | − | − | − | − | − |
| Ausführungsreihenfolge | + | + | − | − | − |
| Koordination von Ressourcenzugriffen | + | − | − | − | − |
| **Optimierung** | | | | | |
| Optimierung | + | + | − | + | + |
| Ziel durch Anwender definierbar | + | − | ○ | + | + |

**Tabelle 3.3.:** Vergleich der existierenden Platzierungsverfahren (Teil 2)

Legende: R = räumlich, Z = zeitlich, MILP = Mixed Linear Integer Programming, B&B = Branch-and-Bound, CP = Constraint Programming, SAT = Boolean Satisfiability Solver, ILP = Linear Integer Programming, EA = Evolutionäre Algorithmen, MP = Modellprüfung, SMT = Satisfiability Modulo Theory Solver, ? = unbekannt, + = wird unterstützt, − = wird *nicht* unterstützt, o = entfällt

| Kriterien | [KHTW09] | [BMR+10] | [WDTS11] | [BBC+12] | [VS13] |
|---|---|---|---|---|---|
| **Allgemein** | | | | | |
| Dimensionen | R,Z | Z | R | Z | R,Z |
| Lösungsschritte | 2 | 2 | 1 | 1 | 1 |
| Lösungsverfahren | ILP | ? | EA | MP | SMT |
| **Räumlich** | | | | | |
| Prozessor*kapazität* | + | o | + | o | + |
| Prozessor*typ* | + | o | − | o | − |
| RAM Speicher | + | o | + | o | + |
| ROM Speicher | + | o | + | o | − |
| Zusatzgeräte | − | o | − | o | − |
| Mehrstufigkeit | − | o | − | o | − |
| Kritikalitätsstufen | − | o | − | o | + |
| Dislokalitäten | + | o | + | o | − |
| Dissimilaritäten | − | o | − | o | − |
| Räumliche Nähe | − | o | + | o | − |
| **Zeitlich** | | | | | |
| Fristen | + | + | o | + | + |
| Periodische Tasks | − | + | o | + | − |
| Slicing | − | − | o | + | − |
| Initialisierungszeiten | − | − | o | − | − |
| Umschaltzeiten | + | − | o | − | − |
| Ausführungsreihenfolge | + | + | o | − | + |
| Koordination von Ressourcenzugriffen | − | + | o | + | − |
| **Optimierung** | | | | | |
| Optimierung | + | − | + | − | + |
| Ziel durch Anwender definierbar | + | o | + | o | − |

# 4. Beitrag zur Theorieentwicklung der Platzierung von Softwarekomponenten

In Kapitel 2 wurde der derzeitige Trend zu homogenen und logisch zentralisierten Hardwareplattformen in funktionssicheren eingebetteten Systemen vorgestellt. Diese Entwicklung führt zu einer veränderten Rolle und zum Anstieg der Bedeutung einer Platzierung von Softwarekomponenten. In diesem Kapitel wird diese Veränderung genauer untersucht und als wesentliche Motivation für die Entwicklung von *automatisierten* Platzierungsverfahren herausgearbeitet. Nach einer Analyse der Vorteile und wesentlichen Voraussetzungen einer automatisierten Platzierung werden anschließend die erforderlichen Korrektheitskriterien zur Gewährleistung der funktionalen Sicherheit des Systems entwickelt. Den Abschluss dieses Kapitels bildet die Vorstellung eines Vorgehensmodells zur Konstruktion einer Platzierung.

## 4.1. Bedeutung der Platzierung im Entwicklungsprozess

Die Platzierung von Softwarekomponenten ist ein wichtiges Artefakt im Entwicklungsprozess eines funktionssicheren eingebetteten Systems. Ihre Korrektheit stellt eine Grundvoraussetzung für die Funktionsfähigkeit des Gesamtsystems dar. Sie definiert, welche der verfügbaren Ressourcen einer Softwarekomponente in welchem Umfang und zu welchen Zeitpunkten zur Verfügung gestellt werden. Falls die zugewiesenen Ressourcen den Bedarf einer Softwarekomponente nicht vollständig abdecken, kann die Softwarekomponente ihre Funktion nicht in der vorgesehenen Art und Weise erfüllen. Unter diesen Umständen kann die vollständige Erfüllung aller Anforderungen an das Systemverhalten nicht mehr gewährleistet werden.

Eine Platzierung beeinflusst auch die Effizienz der Ressourcennutzung. Sie bestimmt, welche Ressourcen in welchem Umfang benötigt werden und welche Softwarekomponenten eine Ressource gemeinsam nutzen können. Die besondere Bedeutung einer Platzierung resultiert daher auch aus ihrem Potential, eine Reduzierung der Materialkosten des zu entwickelnden Systems zu bewirken. Dieser Aspekt kommt insbesondere bei der in dieser Arbeit betrachteten Multifunktionsintegration zum Tragen. Mit Hilfe einer geeigneten Platzierung kann eine höhere Integrationsdichte von Funktionen auf einer gemeinsam genutzten Hardwareplattform erreicht werden. „Teure" Ressourcen müssen nicht länger exklusiv durch *eine* Softwarekomponente genutzt werden. Unter Einsatz von speziellen Isolationsmechanismen können diese Ressourcen auch mehreren Softwarekomponenten zugewiesen werden.

Auch für den Entwicklungs*prozess* spielt die Platzierung von Softwarekomponenten ein wichtige Rolle. Sie stellt eine *virtuelle Integration* der Hardware- und Softwarearchitektur des Systems dar und bildet einen wichtigen Mechanismus zur Abstimmung zwischen den beteiligten Entwicklergruppen. Die bis dahin weitgehend unabhängig durchgeführte Entwicklung der Software- und Hardwarearchitektur des Systems kann häufig erst mit Hilfe einer Platzierung zusammengeführt werden. Diese Rolle ist insbesondere bei der Entwicklung großer Systeme von Bedeutung. Bei diesen Systemen werden die einzelnen Bestandteile der Software- und Hardwarearchitektur von vielen verschiedenen Entwicklungsteams aus unterschiedlichen Organisationen entwickelt. In einem derartigen Kontext liefert die Platzierung von Softwarekomponenten einen zentralen Beitrag zur Abstimmung der verschiedenen Arbeiten und zur Handhabung der organisatorischen Komplexität.

Eine Platzierung von Softwarekomponenten ist nicht nur während der Integrationsphase von hoher Relevanz. Auch in den frühen Entwicklungsphasen kann die Konstruktion einer Platzierung von Softwarekomponenten einen wertvollen Beitrag liefern. Mit ihrer Hilfe können alternative Entwürfe für die Software- und Hardwarearchitektur eines eingebetteten Systems bereits frühzeitig validiert und bewertet werden. Auf der Grundlage von ersten Abschätzungen zum Ressourcenangebot und dem Ressourcenbedarf der Systemkomponenten können die Architekturentwürfe beispielsweise dahingehend untersucht werden, ob die Ressourcen der geplanten Hardwarearchitektur für die vorgesehenen Softwarekomponenten hinreichend ausgelegt sind.

## 4.2. Vorteile einer automatisierten Platzierung

Die Einführung von *automatisierten* Platzierungsverfahren ist zunächst mit neuen Anforderungen an die etablierten Entwicklungsprozesse verbunden. Sie erfordert die *formalisierte Erfassung* des Ressourcenangebots, der Ressourcenbedarfe sowie der Randbedingungen und Optimierungsziele der Systemarchitektur. Diese explizite Spezifikation der zu beachtenden Parameter ist in der Praxis nicht immer möglich. Dennoch bildet sie den Ausgangspunkt für eine automatisierte *Konstruktion* und *Analyse*. Sie stellt zugleich auch eine wertvolle Dokumentation der Entwicklungsentscheidungen dar und verringert die Abhängigkeit vom „Kopfkapital" der Beteiligten.

Sofern diese Voraussetzungen erfüllt und die Spezifikationen einer maschinellen Verarbeitung zugänglich gemacht sind, erlaubt die automatisierte Platzierung eine Reduktion des Entwicklungsaufwands und gewährleistet die *Wiederholbarkeit* der Prozesse mit vergleichbarem Ergebnis. Diese Eigenschaften stellen ein wesentliches Merkmal von Entwicklungsprozessen für Produkte mit hohen Qualitätsanforderungen dar (siehe *CMMI Level 2* in [CMM10a]). Auch die automatisierte Analyse verbessert die Entwicklungsprozesse. Sie liefert *quantitative* Daten für eine *objektivere* Auswahl alternativer Entwürfe.

Mit der automatisierten Platzierung können unterschiedliche Ressourcenzuweisungen mit geringem Aufwand erstellt werden, so dass die Ressourcennutzung des Systems für unterschiedliche Anforderungsprofile optimiert werden kann. Während diese Platzierungen zur Entwicklungszeit erstellt und validiert werden können, erfolgt der Wechsel zwischen den verschiedenen Platzierungen dynamisch zur Laufzeit. Auf diese Weise lässt sich die Flexibilität und Effizienz eines funktionssicheren eingebetteten Systems signifikant steigern ohne die Forderung nach einem deterministischen und zertifizierbaren Systemverhalten zu verletzen. Die flexible Nutzung der Ressourcen mit Hilfe von speziell optimierten Platzierungen zur Steigerung der *Rechenleistung* oder zur Erhöhung der *Zuverlässigkeit* eines eingebetteten Systems wird im Fallbeispiel 2 in Abschnitt 7.2 illustriert.

Als Folge der Automatisierung ist auch die handhabbare Komplexität des zu entwickelnden Systems nicht mehr unmittelbar durch die „Verarbeitungskapazität" der Fachexperten beschränkt. Deren Aufgabe besteht nun verstärkt in der korrekten Spezifikation der Systemanforderungen, Randbedingungen und Optimierungsziele. Mit einer automatisierten Platzierung können deshalb komplexere Systeme mit umfangreicheren Randbedingungen realisiert werden. Dieser Aspekt ist insbesondere für die Multifunktionsintegration in funktionssicheren eingebetteten Systemen relevant, da die Komplexität dieser Systeme kontinuierlich ansteigt und die Erfüllung aller Anforderungen gewährleistet werden muss. Neben der Leistungsfähigkeit der Fachexperten, sind es nun auch die Mächtigkeit und die Leistungsfähigkeit der eingesetzten Algorithmen zur automatisierten Platzierung, die die beherrschbare Systemkomplexität nach oben beschränken.

## 4.3. Korrektheit von Platzierungen

Die Entwicklung von formalisierten *Korrektheitskriterien* einer Platzierung stellt eine wichtige Voraussetzung für die Automatisierung ihrer Konstruktion dar. Dazu muss die Frage beantwortet werden, welche Anforderungen eine Platzierung von Softwarekomponenten auf die Ressourcen eines funktionssicheren eingebetteten Systems erfüllen muss, um als *korrekt* angesehen zu werden.

## 4.3.1. Korrekte und Optimale Platzierungen

Die Beantwortung dieser Frage ist nicht trivial, sondern stark vom konkreten Kontext und den Anforderungen des zu entwickelnden Systems abhängig. Zur Beantwortung dieser Frage muss zwischen *Optimalitäts-* und *Korrektheitsbedingungen* einer Platzierung unterschieden werden. Diese Unterscheidung bildet die Grundlage für die begriffliche Trennung zwischen *korrekten* und *optimalen* Platzierungen (siehe Abbildung 4.1).

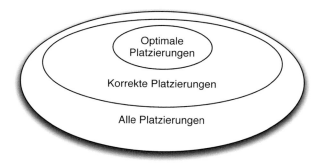

**Abbildung 4.1.:** Korrekte und optimale Platzierungen

Der Kontext des zu entwickelnden Systems liefert Anforderungen und Randbedingungen, welche die Menge *aller* theoretisch möglichen Platzierungen auf die Menge der *korrekten* Platzierungen einschränken. Müssen beispielsweise harte Echtzeitanforderungen beachtet werden, so ist die Korrektheit einer Platzierung meist nur dann gegeben, wenn das Gesamtsystem seine Aufgaben deterministisch und innerhalb der geforderten Zeitschranken erfüllt. Eine korrekte Platzierung muss in diesem Fall zu einer Ressourcenzuordnung führen, bei der alle Softwarekomponenten genügend Rechenzeit bekommen und keine nicht-deterministischen Wartezeiten beim Ressourcenzugriff entstehen.

Aufgrund der Vielfältigkeit der Aufgaben und Kontexte eines funktionssicheren eingebetteten Systems, lässt sich kein *generisches* und *überall* gültiges Korrektheitskriterium einer Platzierung von Softwarekomponenten definieren. Es ist daher immer eine Anpassung des verwendeten Korrektheitskriteriums an den vorliegenden Kontext und die spezifischen Anforderungen des Entwicklungsvorhabens notwendig.

Bei funktionssicheren eingebetteten Systemen stellen vor allem die *Zuverlässigkeitsanforderungen* und *Echtzeitanforderungen* wesentliche Quellen für die zu berücksichtigenden Korrektheitskriterien einer Platzierung dar. Aus diesem Grund beschränkt sich diese Arbeit auf die Formalisierung der Korrektheit einer Platzierung unter diesen beiden Aspekten. In Unterabschnitt 4.3.2 wird eine Formalisierung eines Korrektheitskriteriums unter dem Aspekt der Echtzeitanforderungen vorgestellt und operationalisiert. Im anschließenden Unterabschnitt 4.3.3 wird die Korrektheit einer Platzierung unter dem Gesichtspunkt der Zuverlässigkeit eines Systems betrachtet.

Platzierungen müssen in der Praxis nicht nur korrekt sein, sondern auch zu „optimalen" Ressourcenauslastungen führen. Häufig liefert der Entwicklungskontext des Systems wichtige Ansatzpunkte für die Formulierung geeigneter *Optimierungskriterien*. Diese Kriterien definieren die Menge der *optimalen Platzierungen* als Teilmenge der korrekten Platzierungen. Die Menge der *optimalen* Platzierungen umfasst solche, die sowohl *korrekt* als auch hinsichtlich des Optimierungskriteriums *optimal* sind (Pareto-Front). Jede optimale Platzierung muss daher korrekt sein, wohingegen eine korrekte Platzierung nicht notwendigerweise optimal ist.

Die Definition, welche Aspekte zur Selektion optimaler Platzierungen genutzt werden, ist erneut stark vom Anwendungsfall und der Domäne abhängig. Beispielsweise stellt die Gleichmäßigkeit der Auslastung der Prozessoren eines eingebetteten Systems ein typisches Optimierungskriterium der Platzierung eines funktionssicheren eingebetteten Systems dar. Alternativ könnte eine Platzierung allerdings auch dahingehend optimiert werden, dass die Anzahl der Lieferanten von Softwarekomponenten eines Steuergerätes minimiert wird, um so den Koordinationsaufwand bei der Entwicklung und das Risiko für Probleme bei der Integration zu senken. Mit Hilfe einer gewichtete Summe unterschiedlicher Bewertungsaspekte einer Platzierung lassen sich auch verschiedene Optimierungskriterien miteinander kombinieren. In Abschnitt 5.5 wird ein derartiger Ansatz zur Suche nach einer optimalen Platzierung mit Hilfe einer gewichteten Summe von Metriken im Detail vorgestellt.

## 4.3.2. Korrektheit unter Echtzeitanforderungen

Eine zentrale Eigenschaft von funktionssicheren eingebetteten Systemen ist die enge Kopplung des Systemverhaltens an den Verlauf der realen Zeit. Die Realisierung des Echtzeitverhaltens ist bei diesen System von besonderer Bedeutung und muss deshalb auch bei der Korrektheit einer Platzierung berücksichtigt werden.

Abstrakt gesehen ist eine Platzierung hinsichtlich der Erfüllung ihrer Echtzeitanforderungen genau dann korrekt, wenn alle Softwarekomponenten genügend Ressourcen erhalten und sich trotz einer gemeinsamen Nutzung der Hardwareplattform nicht unbeabsichtigt „stören" können. Insbesondere die Verhinderungen von unbeabsichtigten Störungen stellt bei einer Multifunktionsintegration eine zentrale Herausforderung dar. Aus der Black-Box-Perspektive betrachtet ist die Störungsfreiheit dann gewährleistet, wenn sich die Softwarekomponenten nach ihrer Integration auf einer gemeinsamen Hardwareplattform hinreichend ähnlich zu ihrer Ausführung in „Isolation" verhalten. Die Ausführung in „Isolation" beschreibt eine Situation, bei der eine betrachtete Softwarekomponente *alleine* auf der Hardwareplattform ausgeführt wird und daher frei über alle Ressourcen ohne Wartezeiten beim Zugriff verfügen kann.

Bei dieser Betrachtung werden die Änderungen des inneren Verhaltens einer Softwarekomponente nach der Integration toleriert, so lange sich das *von außen* beobachtbare Verhalten der Softwarekomponente nicht unterscheidet. Diese Betrachtungsweise ist bei eingebetteten Systemen sinnvoll, da ihre zentrale Aufgabe in der korrekten Steuerung physikalischer Prozesse liegt. Unter diesen Annahmen kann das Verhalten von zwei verschiedenen eingebetteten Systemen hinsichtlich ihrer Echtzeiteigenschaften als äquivalent angesehen werden, wenn sie sich in der Steuerung eines physikalischen Prozesses nicht unterscheiden.

Zur Formalisierung eines Korrektheitskriteriums für diesen Aspekt wird auf die Arbeiten von B. Dutertre und V. Stavridou [DS99] zurückgegriffen, da sie sich sehr gut auf die hier betrachtete Problemstellung übertragen lassen. B. Dutertre und V. Stavridou betrachten ein Szenario, bei dem Softwarekomponenten schrittweise auf eine gemeinsame Hardwareplattform integriert werden. Für dieses Szenario entwickeln sie ein formalisiertes Kriterium, mit dessen Hilfe automatisiert entschieden werden kann, ob die bis dahin erfolgte Platzierung der Softwarekomponenten auf der gemeinsamen Hardwareplattform korrekt war. In den folgenden Unterabschnitten wird zunächst die Modellierung des Echtzeitverhaltens einer Softwarekomponente dieser Autoren [DS99] vorgestellt. Anschließend werden die Ableitungen aus ihrem Modell zur Formulierung eines Korrektheitskriteriums verwendet und für die Problemstellung dieser Arbeit operationalisiert.

**Modellierung des Verhaltens einer Softwarekomponente nach B. Dutertre und V. Stavridou [DS99]**

Es wird eine Softwarekomponente betrachtet, die zusammen mit anderen Softwarekomponenten auf einer gemeinsamen Hardwareplattform integriert werden soll. Die Softwarekomponente muss harte Echtzeitanforderungen erfüllen. Sie kann Signale aus dessen Umgebung empfangen und Signale zur Steuerung eines physikalischen Prozesses an ihre Umgebung senden. Ihre Implementierung stellt sicher, dass sie ein deterministisches Verhalten zeigt.

Der Menge möglicher Eingangssignale sei durch die Menge $I$ und die Menge der Ausgangssignale durch die Menge $O$ definiert. Die Abwesenheit eines Signals zu einem bestimmten Zeitpunkt wird durch $\perp$ notiert ($\perp \notin I$ und $\perp \notin O$). Es wird ein diskretes Zeitmodell zugrunde gelegt, bei dem zu jedem Zeitpunkt höchstens ein Signal aus $I$ vorliegt und höchstens ein Signal aus $O$ gesendet werden kann. Zur Modellierung ihres Verhaltens aus der Perspektive eines externen Beobachters wird ihre Schnittstelle zur Umwelt – also die Menge der beobachtbaren Eingangs- und Ausgangssignale – betrachtet.

Zu jedem Zeitpunkt $t \in \mathbb{N}$ führt die Softwarekomponente *einen* Verarbeitungsschritt aus, bei dem ein Eingangssignal konsumiert und ein Ausgangssignal gesendet werden kann. Ein Ausführungsschritt der

Softwarekomponente zum Zeitpunkt $t \in \mathbb{N}$ kann in seiner *Wirkung* für einen externen Beobachter durch die Eingabe- und Ausgabesignale zu diesem Zeitpunkt beschrieben werden.

Die Ausführung einer Softwarekomponente kann auf dieser Grundlage durch zwei Signalfolgen beschrieben werden: $\sigma = (x_t)_{t \in \mathbb{N}}$ und $\tau = (y_t)_{t \in \mathbb{N}}$. Dabei ist $x_t$ entweder $\perp$ oder das empfangene Signal $i \in I$ zum Zeitpunkt $t$ und $y_t$ entweder $\perp$ oder das gesendete Signal $o \in O$ zum Zeitpunkt $t$. Da die Softwarekomponente ein *deterministisches* Verhalten zeigt, gibt es für jede Folge $\sigma$ auch nur genau eine Folge $\tau$.

Das Verhalten einer Softwarekomponente kann dann durch die Abbildung $F$ beschrieben werden:

$$F : Seq(I) \rightarrow Seq(O) \qquad (4.3.1)$$

Die Mengen $Seq(I)$ und $Seq(O)$ beschreiben die Menge aller Folgen der Elemente aus $I \cup \{\perp\}$ beziehungsweise $O \cup \{\perp\}$.

## Kritierium für die korrekte Platzierung einer Softwarekomponente nach B. Dutertre und V. Stavridou [DS99]

Das Gesamtsystem $G$ integriert alle Softwarekomponenten auf einer gemeinsamen Hardwareplattform. Das Verhalten von $G$ kann analog zum Verhalten der Softwarekomponenten modelliert werden. Die Menge aller Eingangssignale für $G$ wird dann mit $I_G$ bezeichnet und vereinigt die Mengen der Eingangssignale von allen integrierten Softwarekomponenten. Analog wird die Menge aller Ausgangssignale von $G$ mit $O_G$ bezeichnet und vereinigt die Mengen der Ausgangssignale von allen integrierten Softwarekomponenten. Das Verhalten von $G$ kann dann durch die folgende Abbildung beschrieben werden.

$$F_G : Seq(I_G) \rightarrow Seq(O_G) \qquad (4.3.2)$$

Für die Entwicklung eines Korrektheitskriteriums wird eine einzelne Softwarekomponente $M$ betrachtet. Ihre Platzierung im Gesamtsystem $G$ soll auf Korrektheit überprüft werden. Die Menge der Ein- und Ausgangssignale von $M$ seien durch $I_M \subseteq I_G$ und $O_M \subseteq O_G$ gegeben.

Das Verhalten von $M$ in Isolation wird durch die folgende Abbildung beschrieben:

$$F_M : I_M \to O_M \qquad (4.3.3)$$

Es ist nun zu untersuchen, inwieweit sich die Integration von $M$ in $G$ auf das Verhalten von $M$ auswirkt. Dazu wird erneut die Perspektive eines externen Beobachters eingenommen, der nur die Signale von $M$ (also $I_M \cup O_M$) wahrnehmen kann. Die Platzierung von $M$ im Gesamtsystem $G$ ist offenbar korrekt (unter Echtzeitanforderungen), wenn für diesen Beobachter das Verhalten von $M$ nach der Integration in $G$ identisch oder hinreichend ähnlich zum Verhalten von $M$ in Isolation ($F_M$) ist. Kurz gesagt: die Integration von Softwarekomponenten in ein Gesamtsystem darf sich nicht in signifikanten Änderungen von deren Echtzeitverhalten niederschlagen. Diese Forderung wird von B. Dutertre und V. Stavridou wie folgt formalisiert.

Sei dazu eine Folge $\sigma = (x_t)_{t \in \mathbb{N}} \in Seq(I_G)$ gegeben. Dann bezeichne $\sigma/I_M$ eine Folge, bei der alle Signale aus $\sigma$, die nicht in $I_M$ enthalten sind, durch $\bot$ ersetzt werden:

$$\sigma/I_M = (x'_t)_{t \in \mathbb{N}} \qquad \text{mit} \qquad x'_t = \begin{cases} x_t & \text{falls} \quad x_t \in I_M \\ \bot & \text{falls} \quad x_t \notin I_M \end{cases} \qquad (4.3.4)$$

Analog wird für die Folge von Ausgangssignalen $\tau \in Seq(O_G)$ die Folge $\tau/O_M$ definiert, bei der alle Signale, die nicht in $O_M$ enthalten sind, durch $\bot$ ersetzt werden. Die Forderung, dass $M$ nach der Integration in $G$ ein *identisches* Verhalten zeigt, kann dann durch die folgende Bedingung ausgedrückt werden:

$$\forall \sigma \in Seq(I_G) : F_M(\sigma/I_M) = F_G(\sigma)/O_M \qquad (4.3.5)$$

Wenn diese Bedingung erfüllt ist, kann ein Beobachter, der nur die Signale $I_M \cup O_M$ wahrnehmen kann, nicht zwischen dem Verhalten der Softwarekomponente $M$ in Isolation und nach der Integration in das Gesamtsystem $G$ unterscheiden.

In der Alltagspraxis ist ein so hartes Kriterium jedoch wenig hilfreich, denn es ist nicht zu erwarten, dass das Gesamtsystem mit einer hohen Anzahl integrierter Softwarekomponenten eine *identische* Reaktion bei allen möglichen Folgen von Eingabesignalen im Vergleich zum Verhalten der Softwarekomponente in Isolation zeigt. Daher muss auch die Spezifikation einer leichten Abweichung des zeitlichen Verhaltens von $M$ nach der Integration möglich sein – sofern damit keine Echtzeitanforderungen verletzt werden.

Als Spezifikation einer Abweichung des Verhaltens wird von B. Dutertre und V. Stavridou die Spezifikation einer maximalen Verzögerungszeit $\Delta_{out}$ der Ausgabesignale von $G$ im Vergleich zur isolierten Ausführung von $M$ vorgeschlagen. Damit lässt sich zu einer gegebenen „idealen" Ausgabesignalfolge $\tau$ von $M$ entscheiden, ob eine verzögerte Ausgabesignalfolge $\tau'$ von $G$ noch immer ein korrektes Verhalten darstellt.

Dazu wird zunächst eine Relation $\sqsubseteq$ zwischen zwei Signalfolgen wie folgt definiert. Die Ausgangssignalfolgen $\tau = (y_t)_{t \in \mathbb{N}}$ und $\tau' = (y'_t)_{t \in \mathbb{N}}$ seien zwei Signalfolgen aus der Menge $O \cup \{\bot\}$. Die Relation $\tau \sqsubseteq \tau'$ sei dann gegeben, wenn es eine bijektive Abbildung $f : D_\tau \to D_{\tau'}$ mit $D_\tau = \{t | y_t \neq \bot\}$ und $D_{\tau'} = \{t | y'_t \neq \bot\}$ gibt, für die folgendes gilt:

- Die Verzögerung ändert die Reihenfolge der gesendeten Ausgangssignale nicht: $\forall t, t' \in D_\tau : t < t' \Rightarrow f(t) < f(t')$

- Die Verzögerung ist nach oben durch $\Delta_{out}$ beschränkt: $\forall t \in D_\tau : t \leq f(t) \leq t + \Delta_{out}$

- Die verzögerten Signale sind identisch: $\forall t \in D_\tau : y_t = y'_{f(t)}$

Mit Hilfe dieser Relation $\sqsubseteq$ und einer gegebenen maximal tolerierten Verzögerungszeit $\Delta_{out}$ lässt sich nun angeben, dass zu einem idealen Verhalten von $M$ – gegeben durch $\tau = F_M(\sigma)$ – ein verzögertes Verhalten mit der Ausgangssignalfolge $\tau' \in O_M$ ebenfalls korrekt ist, falls gilt: $\tau \sqsubseteq \tau'$. Damit lässt sich das bisher erarbeitete Korrektheitskriterium etwas abgeschwächt formulieren. Für jede Folge an Eingangssignalen $\sigma$ aus der Umgebung muss gelten:

$$F_M(\sigma/I_M) \sqsubseteq F_G(\sigma)/O_M \qquad (4.3.6)$$

Für die Praxis ist das bisherige Kriterium jedoch noch immer zu
streng, da es keine Einschränkungen für die Folge an Eingangssignalen definiert. Demnach müsste das Gesamtsystem $G$ das geforderte
Verhalten für *jede mögliche* Folge von Eingangssignalen zeigen.

Theoretisch wäre beispielsweise eine Folge $\sigma^* \in I_M$ von Eingangssignalen denkbar, bei der die Signale extrem schnell und sehr häufig
nacheinander ankommen, so dass $G$ an Kapazitätsgrenzen stößt, da
beispielsweise nicht mehr genügend Rechenkapazität zur Verarbeitung
der Eingangssignale zur Verfügung steht. Unter der Maßgabe des
bisher erarbeiteten Kriteriums wäre die Integration von $M$ in $G$ nicht
mehr sicher und die zugrunde liegende Platzierung nicht korrekt.

In der Praxis können jedoch oft Annahmen über die maximale
Häufigkeit der Eingangssignale getroffen werden, da beispielsweise
die Abtastraten von Sensoren nur eine beschränkte Anzahl an Si-
gnalen pro Zeitintervall generieren können. Die Eingangssignalfolge
$\sigma^*$ kann deshalb in der realen Praxissituation nicht auftreten. Aus
diesem Grund muss $G$ nicht auf *jede* theoretisch mögliche Folge von
Eingangssignalen korrekt reagieren. Hier genügt die Betrachtung der
*relevanten Folgen* von Eingangssignalen, so dass das Kriterium weiter abgeschwächt werden kann. Zur Beschränkung der Signalfolgen
schlagen B. Dutertre und V. Stavridou zwei weitere Konstanten vor:

- $\Delta_{in}$ definiert eine minimale Zeitspanne zwischen zwei aufeinander
  folgenden Eingangssignalen.

- $\Delta_{in}^0$ definiert eine minimale Zeitspanne bis zum Auftreten des ersten
  Eingangssignals aus $I_M$.

Damit werden nur solche Folgen von Eingangssignalen $\sigma \in Seq(I_G)$
als für die Praxis relevant angenommen, die den folgenden Bedingungen genügen:

- Die Eingangssignale erreichen $M$ frühestens zum Zeitpunkt $\Delta_{in}^0$ mit
  $\forall t \in \mathbb{N} : \sigma_t \in I_M \Rightarrow t \geq \Delta_{in}^0$.

- Aufeinander folgende Signale für $M$ haben einen zeitlichen Abstand von mindestens $\Delta_{in}$ mit $\forall t, t' \in \mathbb{N} : t < t' \wedge \sigma_t \in I_M \wedge \sigma_{t'} \in I_M \Rightarrow t' - t \geq \Delta_{in}$.

Die Menge $\Sigma_{in}$ enthalte nun alle Folgen von Eingangssignalen $\sigma \in Seq(I_G)$ für die diese Bedingungen zutreffen. $\Sigma_{in}$ umfasst damit alle *praxisrelevanten Eingangssignalfolgen* bei denen $G$ korrekt reagieren muss. Unter diesen Annahmen ist die Platzierung von $M$ in $G$ korrekt, falls gilt:

$$\forall \sigma \in \Sigma_{in} : F_M(\sigma / I_M) \sqsubseteq F_G(\sigma) / O_M \qquad (4.3.7)$$

**Operationalisierung des Kriteriums nach B. Dutertre und V. Stavridou [DS99]**

Das bisher beschriebene Kriterium ist sehr präzise, aber in seiner derzeitigen Form noch nicht unmittelbar einsetzbar. Daher leiten B. Dutertre und V. Stavridou aus diesem formalen Kriterium hinreichende Bedingungen ab, um eine Operationalisierung dieses formalen Ansatzes zu erleichtern. Sie zeigen, dass der Nachweis von zwei Eigenschaftsklassen von $G$ genügt, um das bisher erarbeitete Kriterium zu erfüllen. Diese Klassen werden von ihnen als *„Noninterference Constraints"* und *„Scheduling Constraints"* [DS99, S. 10] beschrieben. Die genaue Formalisierung dieser Klassen und der Nachweis, dass diese Eigenschaften zur Erfüllung des Korrektheitskriteriums führen, sind in ihrem Ansatz detailliert ausgeführt. Sie werden an dieser Stelle nur vereinfacht wiedergegeben.

Die *„Noninterference Constraints"* stellen sicher, dass die Aktivitäten von anderen Komponenten als $M$ in $G$ keinen Einfluss auf den von $M$ wahrgenommenen globalen Zustand von $G$ haben. Konkret bedeutet dies, dass bei der Platzierung sichergestellt werden muss, dass die von einem Prozess kontrollierten „privaten" Daten und „privaten" Geräte nicht durch die Ausführung einer anderen Softwarekomponente in $G$ ungewollt beeinflusst oder verändert werden. Die *„Scheduling Constraints"* stellen dagegen sicher, dass $M$ auch genügend Zugang zu allen gemeinsam genutzten Ressourcen eines Systems bekommt, so dass das spezifizierte Echtzeitverhalten auch erreicht werden kann.

Eine Platzierung von Softwarekomponenten kann auf dieser Grundlage unter dem Aspekt *Echtzeitfähigkeit* als korrekt angesehen werden, wenn sich die Integration mit anderen Softwarekomponenten auf einer gemeinsamen Hardwareplattform nicht signifikant auf ihr Echtzeitverhalten auswirkt. Diese Situation liegt nur unter den folgenden Bedingungen vor:

1. Private Ressourcen einer Softwarekomponente müssen vor dem Zugriff durch andere Softwarekomponenten geschützt werden.

2. Der Zugriff auf gemeinsam genutzte Ressourcen muss koordiniert werden, so dass jede Softwarekomponente zum richtigen Zeitpunkt hinreichend Zugang zu ihren Ressource erhält, um ihre Zeitvorgaben einzuhalten.

Der Ansatz zur Konstruktion einer zeitlichen Platzierung in Kapitel 6 basiert auf diesen Grundlagen. Er verfolgt das Ziel, die notwendigen Rahmenbedingungen für eine sichere Integration jeder Softwarekomponente herzustellen, indem ein geeigneter Ablaufplan zur Koordination des Ressourcenzugriffs konstruiert wird.

### 4.3.3. Korrektheit unter Zuverlässigkeitsanforderungen

Im vorherigen Unterabschnitt 4.3.2 wurde gezeigt, dass Echtzeitanforderungen die Korrektheit einer Platzierungen determinieren, indem sie für jede Softwarekomponente die benötigte Ressourcenmenge und den Zugang zu gemeinsam genutzten Ressourcen definieren. Dieser Unterabschnitt befasst sich mit den Auswirkungen der Anforderungen zur Zuverlässigkeit auf die Korrektheit einer Platzierung. Neben der *Menge* an zugewiesenen Ressourcen spielt bei Zuverlässigkeitsanforderungen auch deren *Auswahl* eine wichtige Rolle für die Korrektheit einer Platzierung.

Der konkrete Umgang mit dieser Gruppe von Anforderungen unterscheidet sich in den verschiedenen Domänen. Eine besonders hohe

Bedeutung genießen Zuverlässigkeitsanforderungen in der Luft- und Raumfahrt. Die Korrektheit einer Platzierung unter dem Gesichtspunkt *Zuverlässigkeit* wird deshalb am Beispiel der Luft- und Raumfahrt und den dort zu beachtenden Regularien und Standards herausgearbeitet. Dies legt zugleich die Grundlagen für das Verständnis der Rahmenbedingungen des Fallbeispiels „Flugleitsystem" in Abschnitt 7.1.

Die Entwicklung von sicherheitskritischen Systemarchitekturen in der Avionik wird durch eine Vielzahl an Normen, Standards und Empfehlungen zur Vorgehensweise bestimmt. Eine hohe Zuverlässigkeit dieser Systeme wird durch eine Vielzahl unterschiedlicher Maßnahmen und Prozesse erreicht. Im Folgenden wird dieser komplexe Sachverhalt vereinfacht und auf die wesentlichen Sicherheitsziele („Safety Objectives") für die besonders kritischen Ausfälle der Kategorie *katastrophal* („catastrophic") reduziert.

„Katastrophale Ausfälle" beschreiben eine Kategorie von Ausfällen, die einen sicheren Weiterflug und eine sichere Landung des Flugzeugs verhindern [Fed88, S. 5]. Die Wahrscheinlichkeit für das Auftreten katastrophaler Ausfälle muss so gering sein, dass ihr Auftreten während der gesamten Lebenszeit eines Flugzeuges nicht zu erwarten ist. Aus diesem Grund wird für diese Klasse an Ausfällen eine Auftrittswahrscheinlichkeit von weniger als $10^{-9}$ pro Flugstunde gefordert [Fed88, S. 14–15].

Eine zentrale *Ursache* für Ausfälle der Kategorie „katastrophal" liegt im Auftreten von Fehlern in den technischen Systemen des Flugzeugs. Diese Fehler können sowohl die Hardware- als auch die Softwarebestandteile dieser Systeme betreffen. Bei funktionssicheren Systemen werden grundsätzlich die folgenden zwei Fehlerklassen unterschieden:

• Zufällige Fehler („*random hardware failure*" [Int10b]) und

• Systematische Fehler („*systematic faults*" [Int10b, Int10c]).

Zufällige Fehler betreffen immer nur die Hardware. Sie entstehen meist als Folge einer mangelnden elektromagnetischen Verträglichkeit der Hardware und manifestieren sich oft erst nach der Inbetriebnahme einer Komponente. Systematische Fehler können dagegen sowohl die Hardware als auch die Software eines Systems betreffen. Sie werden bereits bei der Entwicklung in das System eingeführt. Die Ursachen für systematische Fehler liegen in fehlerhaften oder unvollständigen Anforderungen, in Abweichungen des Designs von den Anforderungen oder in Fehlern bei der Implementierung des Designs in Hardware oder Software [Spi06, S. 3–1]. Je größer die Komplexität der Funktionalität einer Komponente ist, umso größer ist auch die Wahrscheinlichkeit für die Existenz systematischer Fehler.

**Normative Vorgaben**

In den Regulierungsbestimmungen zur Zulassung von zivilen Großflugzeugen sind für einen korrekten Umgang mit Fehlern und Ausfällen der Kategorie *katastrophal* („catastrophic") unter anderem die folgenden Eigenschaften einer Systemarchitektur nachzuweisen [Eur09, S. 2–F–43]:

1. „Each Catastrophic Failure Condition is Extremely Improbable."
   (Ein Fehlerzustand der Kategorie *katastrophal* ist extrem unwahrscheinlich.)

2. „No single failure will result in a Catastrophic Failure Condition."
   (Ein einzelner Ausfall darf nicht in einem Fehlerzustand der Kategorie *katastrophal* resultieren.)

Diese *normativen* Vorgaben sind jedoch noch nicht unmittelbar als Korrektheitskriterium für eine Platzierung von Softwarekomponenten anwendbar. Im Folgenden werden daher konkrete und operationalisierbare Korrektheitskriterien für eine Platzierung unter Zuverlässigkeitsaspekten herausgearbeitet, mit denen diese Vorgaben adressiert werden.

## Teil 1: „Each Catastrophic Failure Condition is Extremely Improbable"

Ein Ausfall wird als „extrem unwahrscheinlich" klassifiziert, wenn er mit einer Wahrscheinlichkeit von weniger als $10^{-9}$ pro Flugstunde auftritt [Fed88, S. 14–15]. Diese Auftrittswahrscheinlichkeit kann nur dann erreicht werden, wenn die Wahrscheinlichkeiten für das Auftreten der zufälligen und systematischen Fehlern, die den Ausfall verursachen, hinreichend klein ist.

Dafür müssen die Hardwarekomponenten eine ausreichende Güte und Qualität aufweisen. Darüber hinaus müssen auch die Entwicklungsprozesse der Hardware- und Softwarekomponenten mit ausreichender „Sorgfalt" durchgeführt worden sein. In der Luft- und Raumfahrt wird das Maß an „Sorgfalt" und der geforderte Aufwand für die Qualitätssicherung einer Komponente durch die Festlegung eines *Design Assurance Levels (DAL)* definiert. DALs sind sowohl mit Anforderung an die Entwicklungsprozesse von Hardwarekomponenten [RTC00] als auch mit Anforderung an die Entwicklung von Softwarekomponenten [RTC94] verknüpft. Je höher das Design Assurance Level ist, umso härtere Anforderungen werden an die Sorgfalt im Entwicklungsprozess und die erforderlichen Maßnahmen zur Validierung der entwickelten Komponenten gestellt.

Bei einem höheren *Design Assurance Level* steigen daher auch die Entwicklungskosten signifikant an. Aus ökonomischen Gründen werden deshalb nicht alle Komponenten eines Systems gemäß den Anforderungen der höchsten Stufe entwickelt. Jede Komponente erhält daher ihr *individuelles* Design Assurance Level in Abhängigkeit ihres Beitrags zu einem Ausfall der Kategorie *katastrophal*. In der Praxis besteht die Architektur eines funktionssicheren eingebetteten Systems der Luft- und Raumfahrt in der Regel aus Software- und Hardwarekomponenten mit unterschiedlichen Design Assurance Levels.

Auf der Grundlage der *Design Assurance Level* lässt sich nun ein erstes Korrektheitskriterium formulieren. Die Platzierung einer Softwarekomponente mit einem Design Assurance Level $DAL_S$ auf die Ressourcen der Hardware mit einem Design Assurance Level $DAL_H$

ist nur dann korrekt, wenn $DAL_H$ mindestens dem „Niveau" von $DAL_S$ entspricht, also:

$$DAL_H \geq DAL_S \qquad (4.3.8)$$

Ökonomisch effizient ist eine Platzierung in vielen Fällen allerdings erst, wenn für jede Softwarekomponente gilt:

$$DAL_H = DAL_S \qquad (4.3.9)$$

**Teil 2: „No single failure will result in a Catastrophic Failure Condition"**

Als Ursache für einen „katastrophalen" Ausfall kommen grundsätzlich entweder *zufällige Fehler* oder (bisher noch unentdeckte) *systematische Fehler* in Frage. Es gibt eine Vielzahl von Ansätzen und Verfahren, um mit dem Auftreten derartiger Fehler während der Laufzeit des Systems adäquat umzugehen. Für den Entwurf einer Architektur und für die Platzierung von Softwarekomponenten ist ein Ansatz von besonderer Relevanz: die Nutzung von *Redundanzen* und *Dissimilaritäten* in der Hardwarearchitektur. Dies stellt *einen* möglichen Lösungsansatz dar, um der regulatorischen Forderung nach der „Unabhängigkeit" [RTC94, S. 64] kritischer Ressourcen zu genügen.

Redundante Systemarchitekturen beschreiben Architekturen, bei denen die kritischen Hardwareressourcen an verschiedenen Orten *repliziert* werden. Im Vergleich zur Auftrittswahrscheinlichkeit eines zufälligen Fehlers in *einem* Replikat, ist die Wahrscheinlichkeit, dass zufällige Fehler zur gleichen Zeit in *allen* Replikaten auftreten, wesentlich geringer. Die Nutzung redundanter Hardware-Ressourcen kann daher die Wahrscheinlichkeit für einen Systemausfall als Folge eines zufälligen Fehlers verringern.

Bei systematischen Fehlern ist dieser Ansatz jedoch nicht zielführend. Unabhängig davon, ob der systematische Fehler in den Hardwarekomponenten oder in den Softwarekomponenten enthalten ist, würde er sich in allen identischen Replikaten gleichzeitig und gleichartig zeigen und damit eventuell zu einem Ausfall eines kritischen Systems führen.

Hinsichtlich des Auftretens eines systematischen Fehlers ist die Forderung nach „Unabhängigkeit" noch nicht erfüllt. Abhilfe schafft hier die Verwendung *dissimilarer* Replikate, die unabhängig voneinander durch *unterschiedliche Entwicklungsteams* und mit *unterschiedlichen Werkzeugen* entwickelt wurden. Die grundlegende Erwartung besteht darin, dass sich die unentdeckten systematischen Fehler durch dieses Vorgehen von Replikat zu Replikat unterscheiden und die einzelnen Replikate im Fehlerfall *unabhängig* voneinander ausfallen.

In der Architektur eines funktionssicheren eingebetteten Systems lässt sich dieser Ansatz der Replikation von Ressourcen auf unterschiedlichen Ebenen sinnvoll einsetzen. Auf der *Systemebene* können sich oft verschiedene Systemfunktionen gegenseitig substituieren, so dass ein Ausfall in einer Systemfunktion nicht notwendigerweise zu einem „katastrophalen" Zustand für das Flugzeug führt. Beispielsweise kann der Ausfall der Steuerung für das Höhenruder weitgehend über die Triebwerkssteuerung und die Trimmung kompensiert werden. Dies bedeutet allerdings auch, dass die Realisierung dieser drei Funktionen *unterschiedliche* Hardwareressourcen verwenden müssen, um die geforderte Unabhängigkeit zu gewährleisten.

Auch auf tieferen Ebenen lässt sich der Ansatz der Replikation von Ressourcen zur Erfüllung des oben genannten Kriteriums einsetzen. Die Softwarekomponenten einer Systemfunktion lassen sich ebenfalls in mehrere „Instanzen" replizieren und auf unabhängigen Hardwareressourcen ausführen. Der Ausfall einer „Instanz" kann so zur Laufzeit mit Hilfe einer anderen „Instanz" maskiert werden.

Für die Platzierung bedeutet dies, dass einzelne Softwarekomponenten in einer Relation zu anderen Softwarekomponenten stehen können. Diese Relation schränkt ihren Freiraum bei der Platzierung ein. Softwarekomponenten bilden auf diese Weise *Dislokalitätsgruppen* oder *Dissimilaritätsgruppen* und stellen damit zusätzliche Anforderungen an den *Typ* und die *Identität* der zugewiesenen Hardwareressourcen. Eine Softwarekomponente kann sich gleichzeitig in mehr als einer dieser Gruppen befinden.

Neben der Kompatibilität der *Design Assurance Level* sind für die Korrektheit einer Platzierung unter Zuverlässigkeitsaspekten daher auch die folgenden Aspekte zu untersuchen:

1. Bei jeder *„Dislokalitätsgruppe"* müssen die Identitäten der zugewiesenen Ressourcen jedes Gruppenmitglieds unterschiedlich sein.

2. Bei jeder *„Dissimilaritätsgruppe"* müssen die Identitäten *und* die
   Typen der zugewiesenen Ressourcen jedes Gruppenmitglieds unterschiedlich sein.

Allerdings ist es nicht immer eindeutig definiert, unter welchen
Bedingungen zwei Ressourcen jeweils eine eigene Identität ausbilden
oder hinsichtlich ihres Typs hinreichend unterschiedlich sind. Für
eine präzise Definition eines Korrektheitskriteriums müssen daher
die folgenden Teilfragen mit Hilfe einer Analyse des Kontextes der
Entwicklung beantwortet werden.

**Teilfrage 1:**   In welcher Abstraktionsstufe der Hardwarearchitektur
besitzt eine Ressource eine *sinnvolle* eigene Identität, so dass sie Dis-
lokalitätsanforderungen erfüllen kann?

Dazu ist zunächst die Visualisierung der Hardwarearchitektur als
Baum sinnvoll, bei dem sich das gesamte Flugzeug an der „Wurzel",
die verschiedenen Boxen, *Boards* und Prozessoren in der „Mitte", sowie
die Kerne der Prozessoren an den Blättern befinden. Auf dieser Grundlage lässt sich die Frage auch anders formulieren: in welcher Ebene
des Baumes muss der letzte *gemeinsame Knoten* für zwei Ressourcen
liegen, damit diese auch hinsichtlich der Zuverlässigkeitsanforderungen
zwei *unterschiedliche* Einheiten bilden?
   Beispielsweise bilden zwei Kerne auf dem *gleichen* Prozessor gemäß
den aktuellen Normen noch keine *eigene* Identität aus. Gemäß IEC/
ISO 61508 [Int10b, S. 76, Annex E] können die Kerne der derzeit
erhältlichen Prozessoren *nicht* für eine „on-chip redundancy" (Redundanz auf einem Chip) verwendet werden. Befinden sich die Kerne dagegen auf unterschiedlichen Prozessoren, die sich wiederum auf unterschiedlichen *Boards* befinden, so wird dieses „Unabhängigkeitsniveau"

in der Praxis als hinreichend groß eingeschätzt. Der „letzte gemeinsame Knoten" im Hardwarebaum befindet sich in diesem Beispiel auf der Ebene der *Boxes*, die die einzelnen *Boards* mit den Prozessoren enthalten.

Die Platzierung von Softwarekomponenten unter der alleinigen Betrachtung der Identitäten der Ressourcen führt jedoch nicht in jedem Fall zu einer „ausreichenden" Dislokalität. Beispielsweise lässt sich mit diesem Ansatz nicht die in der Praxis oft auftretende Anforderung umsetzen, kritische Systeme auf unterschiedliche *räumliche Zonen* im Flugzeug zu verteilen, so dass die Auswirkungen von Explosionen beschränkt werden. Bei derartigen Anforderungen reicht die alleinige Betrachtung der Identitäten der Ressourcen nicht mehr als Entscheidungsgrundlage aus. In diesem Fall muss die Korrektheit einer Platzierung mit Hilfe von zusätzlichen Attributen oder mit Hilfe eines CAD-Modells des Flugzeugs entschieden werden. Dies ist jedoch nicht Bestandteil der vorliegenden Arbeit.

**Teilfrage 2:**   Wann sind zwei Ressourcen hinreichend unterschiedlich, um zueinander dissimilar zu sein?

Auch diese Frage lässt sich nicht generisch beantworten und erfordert eine Analyse des Kontextes und der geltenden Normen, bevor dieses Korrektheitskriterium einer Platzierung formal definiert werden kann. In der Praxis wird Dissimilarität in der Hardware meist durch die Nutzung von Prozessoren verschiedener Hersteller und unterschiedlichen Architekturen oder die Verwendung von unterschiedlichen Vernetzungstechnologien erreicht. Auch Softwarekomponenten lassen sich dissimilar mit Hilfe von verschiedenen Teams entwickeln – „*Multiversion Software*" [RTC94] beziehungsweise „N-Version Programming" [Spi06]. Dies ist zumindest in der Luft- und Raumfahrt ein zugelassener Ansatz [RTC94, S. 64], auch wenn empirische Studien zeigen konnten, dass unabhängig arbeitende Entwickler dazu tendieren, ähnliche Fehler zu begehen [KL86]. Dennoch zeigt die Praxis, dass die Entwicklung von dissimilaren Softwarekomponenten zumindest die Einführung von Fehlern, die sich unmittelbar aus der Verwendung von Softwarewerkzeugen ergeben, signifikant verringern kann.

## Multifunktionsintegration mit heterogenen Kritikalitätsstufen

Die Spezifikation einer korrekten Platzierung von Softwarekomponenten mit Hilfe der bisher erarbeiteten Kriterien erlaubt eine Multifunktionsintegration von Softwarekomponenten mit heterogenen Kritikalitätsstufen auf einer gemeinsamen Hardwareplattform. Als Resultat dieser Platzierung können sich jedoch auch neue Fehlerzustände für das Gesamtsystem ergeben (*„additional system level failure conditions involving integrated multiple functions"* [SAE96, S. 16]). Beispielsweise wirkt sich der Ausfall eines Prozessors auf *alle* darauf platzierten Softwarekomponenten aus. Daher müssen die Auswirkungen einer konkreten Platzierung auf die Zuverlässigkeit des Gesamtsystems noch einmal analysiert werden. In der Avionik erfolgt diese Analyse im Rahmen eines erneuten *Functional Hazard Assessments (FHA)* [WK98]. Der Standard für die Entwicklung von Avioniksystemen – ARP 4761 – beschreibt dieses Vorgehen wie folgt:

> *„After aircraft functions have been allocated to systems by the design process, each system which integrates multiple aircraft functions should be re-examined using the system level FHA process."* [SAE96, S. 16].

Diese Analyse kann entweder zu dem Ergebnis kommen, dass die Multifunktionsintegration als Folge der Platzierung von Softwarekomponenten unkritisch ist und keine Änderungen an der Platzierung notwendig sind. Andernfalls müssen zusätzliche Relationen zwischen den Softwarekomponenten vor einer erneuten Platzierung definiert werden, um eine fehlerhafte Platzierung zu verhindern. Dies kann durch die Bildung neuer Dislokalitäts- oder Dissimilaritätsgruppen erreicht werden.

## 4.4. Vorgehen zur Konstruktion einer Platzierung

Nach der Formalisierung wichtiger Korrektheitskriterien stellt dieser Abschnitt ein Entwicklungsvorgehen für die automatisierte Konstruktion von Platzierungen vor. Das Vorgehen basiert auf dem automatisierten Abgleich zwischen dem „Angebot" und der „Nachfrage" von Ressourcen. In der Hardwarearchitektur werden dazu *Ressourcenkapazitäten* und *Ressourcentypen* als Angebote spezifiziert. Die Softwarearchitektur verfügt im Gegensatz zur Hardwarearchitektur über einen Ressourcenbedarf, der mit Hilfe des folgenden Vorgehens mit dem Angebot in Übereinkunft gebracht wird.

Im folgenden Unterabschnitt 4.4.1 werden zunächst Anforderungen formuliert, die ein Entwicklungsvorgehen erfüllen muss, um in der Praxis sinnvoll eingesetzt werden zu können. Anschließend wird in Unterabschnitt 4.4.2 ein konkretes Entwicklungsvorgehen zur Konstruktion einer Platzierung von Softwarekomponenten vorgestellt. Zum Abschluss befasst sich der Unterabschnitt 4.4.3 mit der Frage, inwieweit das vorgeschlagene Entwicklungsvorgehen den gestellten Anforderungen gerecht wird.

### 4.4.1. Anforderungen an ein Entwicklungsvorgehen

Für den sinnvollen Einsatz eines strukturierten Vorgehens zur Konstruktion einer Platzierung in der industriellen Praxis der Systementwicklung, muss dieses Vorgehen verschiedene Anforderungen erfüllen. Die folgenden Anforderungen wurden im Rahmen der Forschungsprojekte SPES 2020 und SPES XT durch den Autor dieser Arbeit maßgeblich erarbeitet und durch die beteiligten Industriepartner aus der Luft- und Raumfahrt (Airbus, Liebherr Aerospace) validiert.

Zunächst muss das Vorgehen die Konstruktion einer Platzierung sowohl in frühen Entwicklungsphasen des Systems als auch in späteren Phasen ermöglichen. Dies bedeutet, dass dieser Ansatz nicht nur mit sehr detaillierten und vollständigen Angaben arbeiten können muss, sondern auch erste Analysen auf der Grundlagen von groben und unvollständigen Angaben ermöglichen soll. Darüber hinaus muss der initial erforderliche Aufwand zur Nutzung des Verfahrens möglichst gering sein, um die Integration in bestehende Entwicklungsprozesse zu vereinfachen.

Weiterhin muss das Verfahren in der Lage sein, mit der hohen Komplexität des Entwurfsraums realer Systeme und den damit verbundenen Anforderungen umzugehen. Insbesondere darf der Aufwand und die Dauer der Konstruktion einer Platzierung nicht die Agilität und Flexibilität des Entwicklungsprozesses einschränken. Die automatisierte Konstruktion muss stattdessen zu einer Verbesserung dieser Prozesseigenschaften beitragen. Aufgrund der hohen Bedeutung der Platzierung für die Korrektheit eines Systems muss auch die Korrektheit der Ergebnisse gewährleistet sein. Für die Praxis bedeutet dies, dass fehlerträchtige und aufwändige Entwicklungsschritte weitgehend automatisiert durchgeführt werden müssen. Darüber hinaus müssen die produzierten Artefakte auch eine separate Validierung durchlaufen. Trotz einer weitgehenden Automatisierung der Abläufe muss das Verfahren allerdings auch einen manuellen Eingriff ermöglichen, um zusätzliches „Wissen" und die Erfahrung von Fachexperten zu berücksichtigen. Dieser manuelle Eingriff darf jedoch nicht die Korrektheit der produzierten Artefakte gefährden.

Aus ökonomischen Gründen muss das Verfahren auch eine Wiederverwendung von wesentlichen Entwicklungsartefakten ermöglichen. Dies ist die Voraussetzung dafür, dass Weiterentwicklungen oder Neuentwicklungen des Systems von den bisher getroffenen Entwicklungsentscheidungen profitieren können.

### 4.4.2. Vorstellung eines Vorgehensmodells zur Platzierung von Softwarekomponenten

Das im Rahmen dieser Arbeit entwickelte Vorgehensmodell verfolgt das Ziel, eine Platzierung *schrittweise* zu konstruieren und dabei in jedem Schritt die Detailtiefe der Modellierung zu erhöhen und die Anforderungen zu präzisieren. Einerseits muss auf diese Weise nicht die gesamte Komplexität einer Systemarchitektur innerhalb eines Entwicklungsschritts verarbeitet werden. Andererseits gibt dies dem

Entwickler die Möglichkeit, frühzeitig und auf der Grundlage von ungenauen Informationen und Schätzungen bereits erste Analysen durchzuführen.

In Abbildung 4.2 ist der Ablauf für ein Entwicklungsvorgehen zur Konstruktion einer Platzierung von Softwarekomponenten dargestellt. Das Vorgehensmodell besteht aus vier grundlegenden Prozessschritten:

1. *räumliche Platzierung,*

2. *Timing Analyse,*

3. *zeitliche Platzierung* und

4. *Validierung.*

Die Abbildung 4.2 beschreibt sowohl die Reihenfolge dieser Entwicklungsschritte mit ihren jeweiligen Eingabe- und Ausgabedaten als auch mögliche Iterationen im Entwicklungsprozess. In den folgenden Unterabschnitten werden die Entwicklungsschritte im Detail vorgestellt. Die ausführliche Beschreibung von Ansätzen zur Automatisierung dieser Entwicklungsschritte ist im Rahmen dieser Arbeit nicht zu leisten. Daher wird der Schwerpunkt der vorliegenden Arbeit auf die Beschreibung der entwickelten Ansätze zur automatisierten Platzierung in räumlicher und zeitlicher Dimension gelegt.

## Schritt 1: Räumliche Platzierung („Mapping")

Bei der räumlichen Platzierung werden Softwarekomponenten auf die verfügbaren Ressourcen der Hardwarearchitektur zugeordnet. Voraussetzung für die Durchführung einer räumlichen Platzierung ist die Spezifikation einer Hardware- und Softwarearchitektur durch einen Systemarchitekten. Die Hardwarearchitektur fungiert als *Anbieter von Ressourcen.* Das Angebot einer Ressource wird im Wesentlichen durch die Angabe einer Kapazität und eines Typs definiert. Softwarekomponenten sind dagegen durch einen *Ressourcenbedarf* in Form einer Kapazitäts- und Typenangabe gekennzeichnet. Zur Konstruktion einer korrekten räumlichen Platzierung – auch *Allokation* genannt\* –

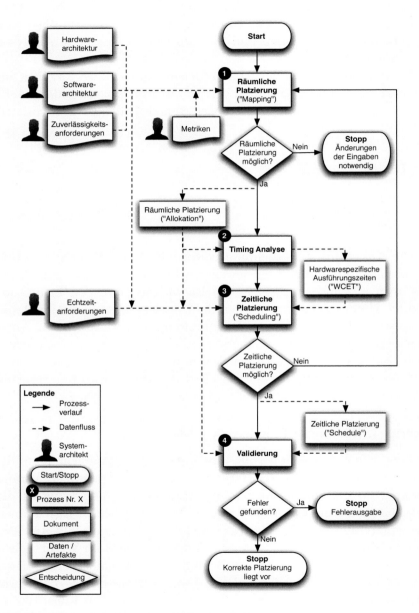

**Abbildung 4.2.:** Vorgehen zur Konstruktion einer Platzierung

muss ein Ausgleich zwischen den nachgefragten Ressourcen und den kompatiblen angebotenen Ressourcen hergestellt werden. In diesem Schritt wird noch keine Koordination der Zugriffe auf die Ressourcen in der zeitlichen Dimension vorgenommen.

Der Entwickler erhält mit der Allokation ein erstes Feedback zur spezifizierten Software- und Hardwarearchitektur. Es wird beispielsweise deutlich, ob ausreichend Ressourcen in der Hardwarearchitektur vorhanden sind, um alle Anforderungen – insbesondere zur Gewährleistung der Funktionssicherheit – zu erfüllen. Falls zu diesem Zeitpunkt bereits eine Überbuchung der Ressourcen in der Hardwarearchitektur festgestellt wird, können entsprechende Änderungen veranlasst werden. Auch für die organisatorischen Aspekte der Systementwicklung sind die Ergebnisse der räumlichen Platzierung sinnvoll. So können zu diesem Zeitpunkt die gemeinsam genutzten Ressourcen der Hardwarearchitektur identifiziert werden. Hier wird bereits deutlich, welche Entwicklungsteams ihre Arbeiten verstärkt miteinander koordinieren müssen, da sie bestimmte Ressourcen der Hardwarearchitektur gemeinsam verwenden.

Ein weiterer wichtiger Aspekt dieses Entwicklungsschritts besteht in der Suche nach *optimalen* räumlichen Platzierungen. Dazu werden verschiedene *Metriken* eingesetzt, die durch einen Fachexperten spezifiziert und gewichtet werden. Diese Metriken bewerten die korrekten räumlichen Platzierungen und bilden die Entscheidungsgrundlage für die Auswahl einer Platzierung.

## Schritt 2: Timing Analyse

Das Ziel der Timing Analyse besteht darin, die Dauer der Belegung einer Ressource durch eine Softwarekomponente zu bestimmen oder nach oben abzuschätzen. Dies stellt eine wichtige Voraussetzung für die Koordination des Zugriffs auf gemeinsam genutzte Ressourcen dar. Dieser Schritt erfordert eine erste Integration der Software- und Hardwarekomponenten, da das Laufzeitverhalten einer Softwarekomponenten auch von den konkreten Eigenschaften der Ressourcen abhängig ist. Daher erfolgt dieser Schritt auch erst *nach* der Zuordnung der Ressourcen im Rahmen der räumlichen Platzierung.

Mit Hilfe der Ergebnisse der Timing Analyse kann der Ressourcenbedarf jeder Softwarekomponente weiter präzisiert werden. Die Ressourcenanforderungen einer Softwarekomponente beinhalten nicht länger „nur" die Beschreibung kompatibler Prozessortypen sowie eine grobe Abschätzung des Anteils der verfügbaren Rechenkapazität eines Prozessors. Nach diesem Entwicklungsschritt können diese Anforderungen auf der Grundlage konkreter Ausführungszeiten einer Softwarekomponente auf dem ihr zugewiesenen Prozessor oder Prozessorkern formuliert werden. Diese Angaben stellen eine wichtige Voraussetzung für Ablaufplanung periodischer Prozesse bei der zeitlichen Platzierung dar. Der Autor dieser Arbeit war an der Entwicklung eines Frameworks zur automatisierten Durchführung einer derartigen Timing Analyse beteiligt (siehe [GH13]).

**Schritt 3: Zeitliche Platzierung**

Die Aufgabe der zeitlichen Platzierung besteht in der automatisierten Konstruktion eines Ablaufplans (*Schedule*). Dieser Ablaufplan legt die Reihenfolge in der Ausführung der Kontrollflüsse aller Softwarekomponenten fest. Als Eingabedaten benötigt dieser Entwicklungsschritt erneut die spezifizierte Software- und Hardwarearchitektur sowie die Ergebnisse der räumlichen Platzierung und der Timing Analyse. Darüber hinaus werden nun auch zusätzliche Echtzeitanforderungen der Softwarekomponenten benötigt, um realisierbare Ablaufpläne zu generieren. Für periodisch auszuführende Softwarekomponenten zählt dazu beispielsweise die Festlegung der Periodenlänge.

Wenn ein Ablaufplan erstellt werden kann, der die spezifizierten Echtzeitanforderungen erfüllt, dann ist die räumliche und zeitliche Platzierung aller Softwarekomponenten realisierbar. Die Angaben aus der räumlichen und zeitlichen Platzierung können dann für die konkrete Konfiguration des Systems verwendet werden. Wenn die Erstellung einer zeitlichen Platzierung nicht erfolgreich war, muss die räumliche Platzierung modifiziert werden, um die Engpässe zu beseitigen. In diesem Fall erfolgt ein Rückschritt zur räumlichen Platzierung mit der zusätzlichen Information, für welche Prozessoren und Kerne kein Ablaufplan erstellt werden konnte. Auf diese Weise muss die räumliche Platzierung nicht immer *vollständig* neu berechnet werden. Die Praxis zeigt, dass in vielen Fällen bereits geringfügige Modifikationen genügen, um die Engpässe zu beseitigen.

**Schritt 4: Validierung der Ergebnisse**

Fehler in den eingesetzten Werkzeugen können grundsätzlich nicht ausgeschlossen werden. Aus diesem Grund hat der abschließende Entwicklungsschritt *Validierung* eine zusätzliche Überprüfung der erstellten Platzierung zum Ziel. Als Eingabe werden dafür die räumliche und zeitliche Platzierung sowie die formulierten Ressourcen- und Echtzeitanforderungen der Softwarekomponenten benötigt. Anschließend wird die Erfüllung der gestellten Anforderungen mit einem – im Vergleich zur Konstruktion – *dissimilaren* Verfahren untersucht. Der Autor dieser Arbeit war maßgeblich an der Entwicklung eines Verfahrens zur automatisierten Validierung einer zeitlichen Platzierung mit Hilfe der *Computation Tree Logic (CTL)* beteiligt (siehe [HK11b]).

## 4.4.3. Erfüllung der Anforderungen

Der Forderung nach einer Unterstützung in frühen und späteren Phasen der Systementwicklung trägt das vorgeschlagene Vorgehensmodell durch die Trennung von räumlicher Platzierung, Timing Analyse und zeitlicher Platzierung Rechnung. Am Anfang der Entwicklung können so zunächst die wesentlichen Ressourcenkapazitäten und zentralen Zuverlässigkeitsanforderungen adressiert werden, um so die grundlegenden Architekturentscheidungen zu treffen. Sobald eine konkrete Hardwarearchitektur feststeht, werden weitere Informationen systematisch erfasst, um auch die zeitliche Platzierung der Softwarekomponenten zu präzisieren. Durch dieses inkrementelle Präzisieren kann die Entwicklung zunächst auf der Basis von groben Schätzwerten begonnen werden. Die Automatisierung der Konstruktion einer Platzierung erleichtert anschließend die erneute Durchführung der einzelnen Entwicklungsschritte, sobald präzisere Kennzahlen und Anforderungen vorliegen.

Das Vorgehen basiert zudem auch auf der Spezifikation von Metriken, die gewünschte Optimierungsziele einer räumlichen Platzierung beschreiben. Dies ermöglicht einem Fachexperten, sein Wissen in der Auswahl geeigneter Architekturen zu explizieren und die Auswahl einer Platzierung gezielt zu beeinflussen. Mit der automatisierten Auswahl einer optimalen Platzierung aus der Menge von korrekten Platzierungen ist zudem auch immer die prinzipielle Korrektheit dieses kritischen Artefakts gewährleistet. Darüber hinaus sind die einzelnen Schritte des Vorgehens *lose miteinander gekoppelt*. Das Vorgehen stellt keinen „abgeschlossenen Automatismus" dar, bei dem eine Platzierung vollkommen automatisch und Einflussmöglichkeiten durch den Anwender erstellt wird. Dieser hat bei diesem Vorgehen die Möglichkeit jedes Zwischenergebnis unmittelbar einzusehen und falls notwendig direkt Änderungen in den zugrunde liegenden Eingangsdaten vorzunehmen. Damit ist die „*Steuerbarkeit*" [ISO08] dieses Verfahrens durch den Anwender gewährleistet. Dies ist eine wichtige Voraussetzung zur Steigerung der Akzeptanz des neuen Vorgehens in der Praxis.

Die konstruierten Ergebnisse lassen sich nicht losgelöst von den zugrunde liegenden Anforderungen wiederverwenden. Die Platzierungen müssen immer in Bezug zu den eingangs spezifizierten Anforderungen gesetzt werden. Erst die Kombination von Anforderungen und Lösungen ermöglicht eine Wiederverwendbarkeit der Ergebnisse in anderen Kontexten und die Validierung ihrer Korrektheit. Der Kontext und die Anforderungen eines „neuen" Systems müssten daher „deckungsgleich" zu den Anforderungen und dem Kontext des bestehenden Systems sein, um eine Wiederverwendung der Platzierung zu ermöglichen. Zumindest erleichtert die explizite Dokumentation der Abhängigkeiten und Anforderungen in diesem Entwicklungsvorgehen die Wiederverwendung. Für einen Einsatz in der Praxis müsste der Begriff der *Deckungsgleichheit* von Anforderungen jedoch noch intensiver untersucht werden.

## 4.5. Zusammenfassung des Kapitels

Die Platzierung von Softwarekomponenten ist ein zentrales Artefakt bei der Entwicklung komplexer Systeme. Ihre Korrektheit hat unmittelbare Auswirkungen auf die korrekte Funktionsweise des Gesamtsystems. Sie bestimmt die Effizienz der Ressourcenauslastung des Systems und kann zu einer Senkung der Materialkosten beitragen. Die Konstruktion einer Platzierung ist aufwändig und fehlerträchtig, da der Entwurfsraum komplex und die dabei zu beachtenden Anforderungen vielfältig sind. Daher kann eine automatisierte Platzierung zu einer signifikanten Effizienzsteigerung des Entwicklungsprozesses beitragen. Dies erfordert die Formalisierung der Randbedingungen und Optimierungskriterien einer Platzierung.

Darüber hinaus erfordert die Automatisierung dieses Entwicklungsschrittes auch ein formalisiertes Korrektheitskriterium. Vor dem Hintergrund der hier betrachteten funktionssicheren eingebetteten Systeme werden Kriterien für die Berücksichtigung der Aspekte Echtzeitfähigkeit und Zuverlässigkeit entwickelt. Zur Formalisierung eines Korrektheitskriteriums zur Berücksichtigung von Echtzeitanforderungen bei der Platzierung wird auf die Arbeiten von B. Dutertre und V. Stavridou zurückgegriffen. Ihre Arbeiten belegen, dass die Erfüllung von *Noninterference Constraints* und *Scheduling Constraints* für eine korrekte Platzierung unter Echtzeitanforderungen hinreichend ist. Für den Aspekt der Zuverlässigkeit basieren die in diesem Kapitel entwickelten Korrektheitskriterien auf den Anforderungen der relevanten Normen und Standards in der Luft- und Raumfahrt. Es wird gezeigt, dass neben der Kompatibilität der *Design Assurance Level* der Software- und Hardwarekomponenten auch Dislokalitäts- und Dissimilaritätsrelationen zwischen Softwarekomponenten bei der Platzierung berücksichtigt werden müssen.

Zum Abschluss dieses Kapitels wird ein Vorgehensmodell für die Konstruktion von Platzierungen vorgestellt. Das Vorgehensmodell berücksichtigt die besonderen Anforderungen der Praxis und ermöglicht ein inkrementelles Vorgehen. Es besteht aus vier Entwicklungsschritten: räumliche Platzierung, Timing Analyse, zeitliche Platzierung und

Validierung. In den nächsten beiden Kapitel wird jeweils ein Ansatz
zur Automatisierung von zwei aufwändigen Schritten aus diesem Vorgehensmodell vorgestellt: die *räumliche* und die *zeitlichen Platzierung*
von Softwarekomponenten.

# 5. Automatisierung der räumlichen Platzierung

Dieses Kapitel beschreibt einen Ansatz zur Automatisierung der räumlichen Platzierung. Sie erfolgt als erster Schritt im Rahmen des Vorgehensmodells aus Abschnitt 4.4. Neben der Synthese von Platzierungen werden in diesem Kapitel auch Bewertungsverfahren und Strategien zum Umgang mit komplexen Entwurfsräumen vorgestellt.

## 5.1. Aufgabenstellung und Lösungsansatz

### Problemstellung

Das Verfahren muss die automatisierte Synthese von *korrekten* und *optimierten* Platzierungen von Softwarekomponenten in der räumlichen Dimension ermöglichen. Jede Platzierung muss die gestellten Anforderungen und auch die grundlegenden Korrektheitskriterien zur Gewährleistung der Funktionssicherheit des Systems aus Abschnitt 4.3 erfüllen. Die Herausforderung bei der Entwicklung dieses Ansatzes besteht in der effizienten Synthese korrekter und optimaler Platzierungen für komplexe Systeme.

### Lösungsansatz

Es wird ein zweistufiges Verfahren entwickelt, bei dem zwischen *korrekten* und *optimalen* Platzierungen unterschieden wird (siehe Unterabschnitt 4.3.1). Im ersten Schritt wird die Synthese von korrekten, aber nicht notwendigerweise optimalen Platzierungen verfolgt. Dazu wird die räumliche Platzierungproblematik als *Constraint Satisfaction*

*Problem* modelliert und mit Hilfe der *Constraint Programmierung* gelöst.

Constraint Satisfaction Probleme (auch *Bedingungserfüllungspro-bleme* genannt) beschreiben eine Klasse von Problemstellungen, bei denen eine Belegung für eine Menge von Variablen mit gegebenen Wertebereichen gesucht wird. Diese Belegung muss darüber hinaus auch verschiedenen Randbedingungen (auch *Constraints* genannt) genügen [HW07, S. 226].

Die *Constraint Programmierung* beschreibt eine spezielle Program-miertechnik, die häufig zur effizienten Lösung von Constraint Satis-faction Problemen eingesetzt wird. Sie basiert auf einer deklarativen Problembeschreibung und der anschließenden Lösungssuche mit Hilfe von effizienten und zugleich generischen Verfahren [Apt03, S. 6].

Im zweiten Schritt wird die Optimierung der räumlichen Platzierung vorgenommen. Dazu werden die gefundenen Lösungen mit Hilfe von Metriken bewertet. Die Auswahl der Metriken und ihre Priorisierung wird durch den Anwender des Verfahrens vorgenommen. Als Resultat erhält jede Lösung einen *Score*, der deren Güte im Vergleich zu den anderen Lösungen der Lösungsmenge beschreibt. *Optimale* Lösungen sind diejenigen Lösungen mit dem höchsten *Score*.

## 5.2. Eingabe- und Ausgabedaten

Die grundlegenden Ein- und Ausgabedaten lassen sich bereits aus der Beschreibung des Vorgehensmodells in Abbildung 4.2 im Abschnitt 4.4 entnehmen. In diesem Abschnitt werden diese Daten im Detail vor-gestellt, um die Ausdrucksfähigkeit der Modellierung des räumlichen Platzierungsproblems zu verdeutlichen.

### 5.2.1. Eingabedaten

Die erforderlichen Eingaben für die Konstruktion einer räumlichen Platzierung lassen sich in drei Bereiche unterteilen:

1. die *Hardwarearchitektur* (Aufbau und Ressourcenangebote),

2. die *Softwarekomponenten* (Aufbau und Ressourcenbedarfe) und

3. die *Relationen* zwischen den Softwarekomponenten, die Auswirkungen auf die Platzierung haben.

## Hardwarearchitektur

Die Modellierung der Hardwarearchitektur umfasst die Beschreibung ihres Aufbaus und die Angabe der Kapazitäten, der enthaltenen Ressourcen. Darüber hinaus können noch Zuverlässigkeitsanforderungen (siehe Unterabschnitt 4.3.3) spezifiziert werden. In Hinblick auf die Systeme der Fallbeispiele in Kapitel 7, wird die in Tabelle 5.1 vorgestellte Modellierung der Hardwarearchitektur verwendet.

Die grundlegende Topologie der zu modellierenden Hardwarearchitektur entspricht einem Baum, bei dem sich die *Kerne* der Prozessoren auf der Ebene der Blätter des Baumes befinden. Jeder Prozessor verfügt über mindestens einen Kern. Hyper-Threading von Prozessoren wird nicht betrachtet. Oberhalb der Kerne befindet sich die Ebene der *Prozessoren*. Darüber ist die Ebene der *Boards* angelegt. Optional können oberhalb der Ebene der *Boards* noch die Ebenen der *Boxen* und *Cabinets* spezifiziert werden. Dies ist beispielsweise für die Modellierung der mehrstufigen Systemarchitektur im Fallbeispiel „Flugleitsystem" in Abschnitt 7.1 erforderlich.

Jede Komponente im Modell der Hardwarearchitektur verfügt über *generische* und komponententyp-*spezifische* Attribute. Zu den generischen Attributen gehört die Angabe eines *Namens* zur Identifikation der Komponente. Die Namen der Komponenten eines Typs müssen paarweise verschieden sein, um eine eindeutige Identifizierung zu ermöglichen. Darüber hinaus wird auch die Bezeichnung des *Herstellers* sowie eine Liste der *enthaltenen Komponenten* in der darunter liegenden Architekturebene benötigt. Die Prozessor*kerne* bilden eine Ausnahme. Bei ihnen *vererbt* sich die Beschreibung des Herstellers automatisch vom übergeordneten Prozessor. Zudem ist bei ihnen auch die Liste der „Kind-Komponenten" nicht vorhanden, da sich die Kerne bereits auf der Blattebene des Baumes befinden.

**Tabelle 5.1.:** Modellierung der Eigenschaften der Hardwarearchitektur
Ein Stern (*) kennzeichnet optionale Bestandteile.

| Architektur-ebene | Spezifikationen | Typ | Verwendung |
|---|---|---|---|
| Cabinet* | Name | Text | Identifikation, Dislokalität |
| | Hersteller | Text | Dissimilarität |
| | Boxen | Liste | Topologie |
| Box* | Name | Text | Identifikation, Dislokalität |
| | Hersteller | Text | Dissimilarität |
| | Boards | Liste | Topologie |
| Board | Name | Text | Identifikation, Dislokalität |
| | Hersteller | Text | Dissimilarität |
| | DAL* | Enum | Kritikalität, Zuverlässigkeit |
| | RAM Kapazität | Zahl | Ressourcenbedarf |
| | ROM Kapazität | Zahl | Ressourcenbedarf |
| | I/O CAN-Bus* | Zahl | Ressourcenbedarf |
| | I/O Ethernet* | Zahl | Ressourcenbedarf |
| | I/O ELB* | Zahl | Ressourcenbedarf |
| | Prozessoren | Liste | Topologie |
| Prozessor | Name | Text | Identifikation, Dislokalität |
| | Hersteller | Text | Dissimilarität |
| | Typbezeichnung | Text | Dissimilarität |
| | Kerne | Liste | Topologie |
| Kern | Name | Text | Identifikation, Dislokalität |
| | Architektur | Text | Dissimilarität |
| | Rechenkapazität | Zahl | Ressourcenbedarf |

Die spezifischen Attribute einer Komponente im Modell der Hardwarearchitektur charakterisieren die Art und den Umfang der angebotenen Ressourcen. Für ein *Board* kann spezifiziert werden, über wie viel Arbeitsspeicher (*RAM*) und persistenten Speicher (*ROM*) es verfügt. Auch die Anzahl der von einem *Board* angebotenen Adapter (zum Beispiel *CAN*, *Ethernet*, *Enhanced Local Bus*) kann hier erfasst werden.

Falls ein *Board* hinsichtlich seiner Qualität und Zuverlässigkeit zertifiziert wurde, kann das erreichte *Design Assurance Level (DAL)* (siehe Unterabschnitt 4.3.3) ebenfalls angegeben werden. Bei den Prozessoren ist nur die Angabe eines Prozessortyps erforderlich, wohingegen bei den Kernen noch die verfügbare Rechenkapazität und dessen Architektur (z.B. „IA–32" oder „e500mc") zur späteren Entscheidung der Dissimilarität angegeben werden muss. Die Angabe eines Architekturtyps pro Kern statt pro Prozessor ist notwendig, um auch heterogene Mehrkernprozessoren zu unterstützen, bei denen Kerne mit unterschiedlichen Architekturen in einem Prozessor integriert sind.

Die Spezifikation der *Rechenkapazität* eines Kerns besitzt eine besondere Bedeutung bei der räumlichen Platzierung. Grundsätzlich ist die Aufteilung der Rechenzeit eines Prozessors nicht die Aufgabe der räumlichen, sondern der zeitlichen Platzierung. Grundlage für die Korrektheit einer räumlichen Platzierung wäre lediglich die Aussage, dass es einen Kern mit einer geeigneten Prozessorarchitektur zur Ausführung verschiedener Softwarekomponenten gibt. Erst durch das Erstellen eines Ablaufplans kann mit Sicherheit entschieden werden, ob sich die zeitlichen Anforderungen an die Ausführung aller Softwarekomponenten auf diesem Kern kombinieren lassen.

Allerdings zeigte die praktische Evaluation dieses Ansatzes in den Fallbeispielen, dass sich bei diesem Vorgehen sehr oft räumliche Platzierungen ergeben, für die *keine* zeitliche Platzierung konstruiert werden kann, da die Kerne durch zu viele Softwarekomponenten überlastet sind. Die Angabe einer abstrakten *Rechenkapazität* bei den Prozessorkernen und die Spezifikation einer entsprechenden Nachfrage bei den Softwarekomponenten reduziert die Wahrscheinlichkeit für eine Überlastung der Kerne.

Das folgenden Beispiel illustriert die Nützlichkeit dieses Vorgehens.

*Ein System enthalte einen Prozessor mit zwei Kernen, die jeweils über eine Rechenkapazität in Höhe von 100% verfügen. Auf diesen Kernen seien drei Softwarekomponenten zu platzieren. Jede Softwarekomponente bestehe aus einen Kontrollfluss. Der Bedarf an „Rechenkapazität" der Kontrollflüsse wird auf die Werte 45%, 35% und 90% abgeschätzt. Ohne die zusätzliche Angabe der Rechenkapazität bei den Kernen und Softwarekomponenten wären insgesamt maximal $2^3 = 8$ räumliche Platzierungen zu untersuchen. Mit der Berücksichtigung der Rechenkapazität reduziert sich diese Anzahl auf den Wert 2.*

Dieses Vorgehen ist stark von den konkreten Schätzungen des Bedarfs an Rechenkapazität der Softwarekomponenten abhängig. Falls der Bedarf einer Softwarekomponente überschätzt wird, besteht die Gefahr, dass in diesem Schritt bereits korrekte räumliche Platzierungen ausgeschlossen werden. Die Motivation für dieses Vorgehen liegt darin begründet, dass in der Praxis zum Zeitpunkt des Architekturentwurfs und der Durchführung einer räumlichen Platzierung oft noch keine detaillierten Angaben zur Ausführungszeit der Kontrollflüsse einer Softwarekomponente – und zwar im Sinne einer Abschätzung der maximalen Laufzeit – vorliegen.

Allerdings ist zu diesem Zeitpunkt oftmals bereits eine grobe Abschätzung der „Rechenintensität" einer Softwarekomponente möglich. Diese Information macht sich die räumliche Platzierung durch die Angabe der Rechenkapazität zu nutze, um die Größe des Lösungsraums zu reduzieren und mit höherer Wahrscheinlichkeit *realisierbare* räumliche Platzierungen zu konstruieren. Neben der Verringerung der Wahrscheinlichkeit von aufwändigen Iterationen zwischen räumlicher und zeitlicher Platzierung ermöglicht die Angabe einer Rechenkapazität pro Kern auch die Unterstützung von heterogenen Mehrkernprozessoren mit unterschiedlich leistungsfähigen Kernen.

## Softwarekomponenten

Die Anforderungen, die für eine Softwarekomponente spezifiziert werden können, sind in Tabelle 5.2 aufgeführt. Analog zu den Hardwarekomponenten, wird auch bei den Softwarekomponenten zunächst ein Name zur Identifikation sowie die Bezeichnung des Entwicklungsteams („*Hersteller*") benötigt. Die Angabe eines *Herstellers* wird später im Rahmen der Optimierung einer räumlichen Platzierung verwendet. Weiterhin können die Kritikalitätsstufe der Softwarekomponente („*Design Assurance Level*") sowie die Anzahl der enthaltenen Kontrollflüsse festgelegt werden. Darüber hinaus können auch Ressourcenanforderungen an die Größe des Arbeitsspeichers ($RAM$), des persistenten Speichers ($ROM$) oder auch an die Rechenkapazität eines Kerns formuliert werden.

Bei den Geräteabhängigkeiten einer Softwarekomponente können der Typ eines Adapters (zum Beispiel „Ethernet", „CAN-Bus" oder „Enhanced-Local-Bus") und die intendierte Nutzungsart spezifiziert werden. Es wird zwischen einer *exklusiven* Nutzung und der *Mehrfachnutzung* unterschieden. Im ersten Fall „besitzt" eine Softwarekomponente einen Adapter, so dass dieser für keine andere Softwarekomponente zur Nutzung zur Verfügung steht. Durch diese exklusive Nutzung können bereits bei der räumlichen Platzierung nicht-deterministische Wartezeiten beim Zugriff vermieden werden. Im Gegensatz dazu wird bei der Mehrfachnutzung der Zugriff auf den Adapter für mehrere Softwarekomponenten ermöglicht. Diese Zugriffe müssen im Rahmen der zeitlichen Platzierung koordiniert werden.

Softwarekomponenten können grundsätzlich aus einer Menge von Kontrollflüssen bestehen. In dieser Arbeit wird die Einschränkung vorgenommen, dass die Ressourcenanforderungen aller Kontrollflüsse einer Softwarekomponente *identisch* sind. Die *Gesamt*menge der Ressourcenanforderungen einer Softwarekomponente ergibt sich daher aus dem Produkt der Anzahl der Kontrollflüsse mit den spezifizierten Anforderungen. Dies erleichtert die Modellierung von *datenparallel* arbeitenden Softwarekomponenten im Fallbeispiel 2 (siehe Abschnitt 7.2).

**Tabelle 5.2.:** Spezifizierbare Eigenschaften von Softwarekomponenten

| Eigenschaft | Typ | Beschreibung |
|---|---|---|
| Name | Text | Identifikation |
| Rechenkapazität | Zahl | Wie viel Rechenkapazität eines Kerns wird benötigt? |
| RAM-Kapazität | Zahl | Wie viel RAM-Speicher eines *Boards* wird benötigt? |
| ROM-Kapazität | Zahl | Wie viel ROM-Speicher eines *Boards* wird benötigt? |
| Adapter von Typ *[Typ]* (gemeinsam genutzt) | Zahl | Wie viele Adapter eines *Typs* (z.B. Ethernet, CAN, ELB) werden benötigt? (*Mehrfachnutzung toleriert*) |
| Adapter von Typ *[Typ]* (exklusiv genutzt) | Zahl | Wie viele Adapter eines *Typs* (z.B. Ethernet, CAN, ELB) werden benötigt? (*keine Mehrfachnutzung*) |
| Kritikalitätsstufe | Enum | Wie hoch ist die Kritikalität der Softwarekomponente? |
| Anzahl der Kontrollflüsse | Zahl | Wie viele Kontrollflüsse enthält die Softwarekomponente? |
| Bezeichnung des Entwicklungsteams | Text | Welches Entwicklungsteam ist für die Entwicklung dieser Komponente verantwortlich? (*wird für die Optimierung benötigt*) |

## Relationen

Zusätzlich zur Spezifikation der Hardware- und Softwarearchitektur können auch Relationen zwischen Softwarekomponenten definiert werden. Diese Relationen schränken die Platzierung dieser Softwarekomponenten weiter ein. Eine Relation bezieht sich immer auf *alle* Kontrollflüsse der spezifizierten Softwarekomponente. Relationen leiten sich meist aus den nicht-funktionalen Anforderungen an das System ab. In Tabelle 5.3 ist eine Übersicht dargestellt, welche Relationen für die räumliche Platzierung von Softwarekomponenten spezifiziert werden können.

**Tabelle 5.3.:** Spezifizierbare Relationen zwischen Softwarekomponenten

| Spezifikation | Bedeutung |
| --- | --- |
| *[Softwarekomponenten]* **dislokal bis** *[Hardwareebene]* | Diese Softwarekomponenten müssen jeweils auf **verschiedene** Kerne und **verschiedene** Prozessoren und **verschiedene** *Boards* ... *(bis zur spezifizierten Hardwareebene)* |
| *[Softwarekomponenten]* **dissimilar bis** *[Hardwareebene]* | Diese Softwarekomponenten müssen jeweils auf **unterschiedliche** Kerne und **unterschiedliche** Prozessoren und **unterschiedliche** *Boards* ... *(bis zur spezifizierten Hardwareebene)* |
| *[Softwarekomponenten]* **auf das gleiche** *[Hardwareebene]* | Diese Softwarekomponenten müssen auf den identischen Kern oder auf den identischen Prozessor oder das identische *Board* ... |

In Unterabschnitt 4.3.3 wurden Kriterien erarbeitet, die eine Platzierung erfüllen muss, um die exemplarisch ausgewählten Zuverlässigkeitsanforderungen in der Luft- und Raumfahrt zu erfüllen. Dazu wurden *Dislokalitäts-* und *Dissimilaritätsgruppen* von Softwarekomponenten eingeführt. Relationen ermöglichen die Bildung dieser Gruppen. Für jeden der beiden Relationstypen muss zusätzlich auch eine Hardware-ebene spezifiziert werden. Die geforderte Dislokalität beziehungsweise Dissimilarität muss dann zumindest für alle Softwarekomponenten der betreffenden Gruppe ausgehend von der untersten Hardwareebene (Blattebene) bis zur spezifizierten Hardwareebene gegeben sein.

Zwei Hardwarekomponenten in einer Hardwareebene erfüllen die Forderung nach Dislokalität, wenn sie sich in ihrem Namen unterscheiden. Dissimilarität schließt Dislokalität ein, fordert jedoch zusätzlich noch einen unterschiedlichen *Typ* der Komponente. Es ist von der konkreten Hardwareebene abhängig, unter welchen Bedingungen zwei Hardwarekomponenten einer Ebene einen unterschiedlichen *Typ* besitzen. Für die Ebene der *Cabinets* und *Boxen* wird diese Entscheidung auf der Grundlage des Attributs *Hersteller* getroffen. Für *Boards* wird zusätzlich zum Hersteller noch das Attribut *Design Assurance Level* verwendet. Bei *Prozessoren* wird neben zum Hersteller noch das Attribut *Prozessortyp* verwendet. Da Kerne nicht über ein eigenes Hersteller-Attribut verfügen, wird hier auf das Attribut *Architektur* zurückgegriffen.

Diese Interpretation der Semantik der Begriffe *Dislokalität* und *Dissimilarität* stellt lediglich *eine* mögliche Festlegung dar. Sie erscheint für die betrachteten Fallbeispiele im Kapitel 7 und unter Berücksichtigung der Anforderungen der relevanten Normen sinnvoll.

Das folgende Beispiel verdeutlicht die Semantik von Dissimilaritätsrelationen. Betrachtet werden zwei Softwarekomponenten $A$ und $B$. Für diese Softwarekomponenten wird eine dissimilare Platzierung bis zur Ebene der *Boards* gefordert. Dies bedeutet, dass $A$ und $B$ auf unterschiedliche Kerne *und* unterschiedliche Prozessoren *und* unterschiedliche *Boards* platziert werden müssen. Dabei bezieht sich das Attribut „unterschiedlich" sowohl auf die Identität als auch auf den Typ der Hardwarekomponente. Allerdings dürfen die Softwarekomponenten $A$ und $B$ auf die gleiche *Box* platziert werden.

Zusätzlich zu den Relationen, die sich auf die Zuverlässigkeit des Systems auswirken, können auch Beziehungen zwischen Softwarekomponenten spezifiziert werden, die eine gewünschte *Nähe* zwischen ihnen fordern. *Entfernungsrelationen* können dazu benutzt werden, *Cluster* von Softwarekomponenten zu definieren. Für einen derartigen Cluster kann beispielsweise spezifiziert werden, dass alle enthaltenen Softwarekomponenten auf das gleiche *Board* platziert werden müssen. Auf diese Weise können die Softwarekomponenten untereinander über gemeinsam genutzte Speicherbereiche des *Boards* anstatt über langsamere Netzwerkverbindungen kommunizieren.

## 5.2.2. Ausgabedaten

Als Ausgabedaten der räumlichen Platzierung wird eine Menge von *Ergebnissen* konstruiert - die *Lösungsmenge*. Ein einzelnes Ergebnis beinhaltet eine gültige Platzierung und zusätzliche Informationen. Zunächst beinhaltet die Platzierung eine Abbildung der Kontrollflüsse aller Softwarekomponenten auf die Prozessorkerne und Adapter der Hardwarearchitektur. Allerdings werden die Kontrollflüsse durch diese Abbildung indirekt auch auf die anderen Hardwarekomponenten in den höheren Ebenen (*Boards, Boxen* und *Cabinets*) platziert. Jedes Ergebnis in der Lösungsmenge ist korrekt. Dies bedeutet, dass jedes Ergebnis alle spezifizierten Anforderungen der Softwarekomponenten erfüllt.

Neben der Korrektheit wird auch die *Unterschiedlichkeit* der konstruierten Lösungen sichergestellt. Besonders deutlich wird der Bedarf nach unterschiedlichen Lösungen bei Softwarekomponenten mit vielen Kontrollflüssen. Muss beispielsweise eine Softwarekomponente, die aus acht Kontrollflüssen besteht, die jeweils 90% der Rechenkapazität eines Kerns verwenden, auf einen homogenen Acht-Kern-Prozessor platziert werden, dann gibt es theoretisch $8! = 40320$ Möglichkeiten diese Kontrollflüsse auf die acht Kerne zu platzieren. Da alle Kontrollflüsse jedoch „Klone" hinsichtlich ihrer Ressourcenanforderungen sind, gibt es aus der Perspektive des Systemarchitekten lediglich *eine* Lösung, bei der jeweils ein Kontrollfluss auf einen Kern platziert wird. Die *Unterschiedlichkeit* von Platzierungen wird bei den konstruierten Ergebnissen gewährleistet.

Die Evaluation dieses Ansatzes in der Praxis durch den Autor dieser Arbeit zeigte, dass häufig eine große Anzahl korrekter Platzierungen konstruiert werden konnte. Da in diesem Fall nicht alle Platzierungen der Lösungsmenge durch den Systemarchitekten *manuell* überprüft und bewertet werden können, erfolgt nach der Konstruktion einer Platzierung auch eine automatische *Bewertung* ihrer Güte. Zur Berechnung der Güte einer Platzierung werden gewichtete und normierte Metriken verwendet. Die Güte einer Platzierung wird als numerischer *Score* berechnet und für die Sortierung der Lösungsmenge verwendet. Der Anwender des Verfahrens kann auf dieser Grundlage schnell und effizient die – hinsichtlich der gewählten Metriken – optimale Platzierung auswählen.

Neben der Platzierung und der damit assoziierten Güte enthält jedes Ergebnis auch detaillierte Informationen über die Auslastung der Ressourcen als Folge dieser Platzierung. Diese Informationen können dazu verwendet werden, die Systemarchitektur (zum Beispiel die Größe des Arbeitsspeichers oder die Anzahl der benötigten Geräte) zu optimieren und die Kosten zu senken.

Abschließend kann der Anwender *eine* der konstruierten Platzierungen aus der Lösungsmenge auswählen und zur Weiterverarbeitung exportieren. Auf dieser Grundlage kann die Modellierung der Systemarchitektur mit Hilfe der Informationen aus der räumlichen Platzierung präzisiert werden. Die räumliche Platzierung wird anschließend im Rahmen des Vorgehensmodells aus Abschnitt 4.4 für die *Timing Analyse* und die *zeitliche Platzierung* benötigt.

## 5.3. Synthese von räumlichen Platzierungen

Die räumliche Platzierungproblematik wird als ein umfangreiches *Constraint Satisfaction Problem (CSP)* modelliert. Alle gültigen Lösungen für dieses CSP stellen korrekte Platzierungen dar. Sie können mit einem *Constraintlöser* (auch *Constraint Solver* genannt) automatisiert ermittelt werden. Der Schwerpunkt dieses Abschnitts liegt daher auf der Beschreibung der verwendeten Modellierung. Sie wird in den folgenden Unterabschnitten schrittweise vorgestellt.

## 5.3.1. Grundlegende Modellierung des Systems

Die Hierarchie der Hardwarearchitektur besteht aus mehreren Ebenen, die von den Kernen der Prozessoren „aufwärts" durchnummeriert werden.

$$Layers = \{0, 1, 2, 3, 4\} \tag{5.3.1}$$

Damit entspricht die Ebene 0 den Kernen, die Ebene 1 den Prozessoren, die Ebene 2 den *Boards*, die Ebene 3 den *Boxen* und die Ebene 4 den *Cabinets*. Jedes System muss mindestens über die Ebenen 0 bis 2 verfügen. Die höheren Ebenen sind optional. Innerhalb einer Ebene sind die enthaltenen Komponenten (zum Beispiel die Kerne) bei Null beginnend eindeutig durchnummeriert.

Wie in Abschnitt 5.2.1 beschrieben, müssen *alle* Kontrollflüsse von *allen* Softwarekomponenten als „Atome" auf die Hardwarekomponenten platziert werden. Alle Kontrollflüsse sind eindeutig indiziert. Die Menge $T$ beinhaltet alle Kontrollflüsse von allen Softwarekomponenten. Für $z$ Kontrollflüsse enthält $T$ die folgenden Elemente:

$$\{t_0, t_1, \ldots, t_{z-1}\} \tag{5.3.2}$$

Jedem Kontrollfluss wird für jede der vorhandenen Hardwareebenen eine Variable zugeordnet, die dessen Platzierung auf einer Hardwarekomponente in dieser Ebene beschreibt. Ein Kontrollfluss $t_i \in T$ erhält damit die folgende Menge von Variablen, die dessen Platzierung in der Systemhierarchie beschreiben:

$$Locvars_{t_i} = \left\{ Loc_{t_i}^l \mid l \in Layers \right\} \tag{5.3.3}$$

Der Wertebereich jeder Variable $Loc_{t_i}^l$ entspricht zunächst der Menge der Indizes der Hardwarekomponenten aus der Ebene $l \in Layers$. Daher kann die Variable $Loc_{t_i}^l$ die Werte $\{0, 1, \ldots, max_l - 1\}$ annehmen, wobei $max_l$ der Anzahl der verfügbaren Hardwarekomponenten der Ebene $l$ in der Systemhierarchie entspricht. Beispielsweise entspricht $max_0$ der Gesamtanzahl aller Kerne im System und $max_1$ entspricht der Gesamtanzahl aller Prozessoren im System.

Die Platzierungsvariablen für jeden Kontrollfluss ($Locvars_{t_i}$) stellen – im Gegensatz zu vielen ebenfalls notwendigen Hilfsvariablen – die *lösungsrelevanten* Variablen dar. Die Menge ihrer gültigen Belegungen unter Beachtung aller Randbedingungen repräsentieren die korrekten, räumlichen Platzierungen aller Softwarekomponenten für das vorliegende System.

Die Platzierungsvariablen der verschiedenen Ebenen eines Kontrollflusses können nicht unabhängig voneinander belegt werden. Wenn ein Kontrollfluss beispielsweise nur auf ein bestimmtes *Board* aus einer Menge von mehreren *Boards* platziert werden darf, so muss sich auch die Menge der „erlaubten" Prozessoren und Kerne entsprechend einschränken. Die Softwarekomponente kann dann nicht mehr auf die Prozessoren von anderen *Boards* zugeordnet werden.

Diese Konsistenz zwischen den Belegungen der Platzierungsvariablen wird mit Hilfe eines *Element*-Constraints [BCR14, S. 1116] sichergestellt. Dazu wird zunächst eine spezielle Folge für jede benötigte Verknüpfung zwischen den Ebenen des Systems auf der Grundlage der Informationen über die Topologie der Systemarchitektur in den Eingabedaten konstruiert. Die Verknüpfung wird dabei immer ausgehend von der tieferen Ebene zur nächsthöheren Ebene konstruiert. Insgesamt werden $(|Layers| - 1)$ Folgen benötigt. Jede Folge enthält genau $max_l$ Einträge:

$$tbl^{l \to l+1} = \langle x_0, \dots, x_{max_l-1} \rangle \qquad (5.3.4)$$

Der *Index* jedes Eintrags $x_i$ entspricht dem Index einer Hardwarekomponente aus der Ebene $l \in Layers$. Der *Wert* des Eintrags entspricht dagegen dem Index der übergeordneten Hardwarekomponente aus der Ebene $l + 1$.

*Zur Illustration wird eine fiktive Folge $tbl^{0 \to 1} = \langle 0, 0, \mathbf{1}, 1 \rangle$ betrachtet. Dort besagt der Eintrag 1 an der Stelle drei* *(entspricht dem Index zwei), dass der Prozessor (aus der Ebene 1) mit der Nummer 1 in diesem System auch den Kern (aus der Ebene 0) mit der Nummer 2 enthält.*

Auf diese Weise kann für jeden Kontrollfluss $t_i$ die Konsistenz zwischen den Platzierungsvariablen $Loc_{t_i}^l$ und $Loc_{t_i}^{l+1}$ für die Ebenen $l$ und $l+1$ durch das folgende Constraint sichergestellt werden:

$$\text{Element}\left(Loc_{t_i}^{l+1}, tbl^{l \to l+1}, Loc_{t_i}^l\right) \tag{5.3.5}$$

## 5.3.2. Belegung der Rechenzeit auf den Prozessoren

In Abschnitt 5.2.1 wurde bereits die Notwendigkeit der Angabe einer Rechenkapazität eines Kerns motiviert und diskutiert. Dieser Unterabschnitt befasst sich mit der Modellierung der notwendigen Constraints, damit diese maximale Rechenkapazität der Rechenkerne als Folge der Platzierung der Kontrollflüsse nicht überschritten wird. Aufgrund der Komplexität des Lösungsraums wird hier ein zweistufiges Vorgehen angewendet, bei dem zunächst durch die Betrachtung einzelner Kontrollflüsse *offensichtlich* unerlaubte Platzierungen aus der Lösungsmenge entfernt werden. Anschließend werden auch Gruppen von Kontrollflüssen hinsichtlich dieser Bedingungen analysiert.

### Schritt 1: Betrachtung einzelner Kontrollflüsse

Zunächst werden Constraints formuliert, die verhindern, dass ein Kontrollfluss auf einen Kern platziert wird, dessen maximale verfügbare Rechenkapazität geringer ist, als die spezifizierte Nachfrage durch den Kontrollfluss. Dazu werden die Platzierungsvariablen auf Kernebene eines Kontrollflusses ($Loc_{t_i}^0$) mit den maximalen Rechenkapazitäten der jeweiligen Kerne mit einem Element-Constraint verknüpft. Dazu wird eine neue Variable $CoreProcessingCap_{t_i}$ für jeden Kontrollfluss $t_i \in T$ eingeführt. Ihr Wertebereich beinhaltet die maximalen Rechenkapazitäten aller Kerne des Systems. Weiterhin wird eine Folge *allCapacities* der Länge $max_0$ konstruiert, die die *maximale* Rechenkapazität jedes Kerns beinhaltet. In dieser Folge wird für den Eintrag mit dem Index $j$ als Wert die maximale Rechenkapazität des Kerns mit der Nummer $j$ gesetzt.

*Für ein System mit drei Kernen ($\langle Core_0, Core_1, Core_2 \rangle$), die über die prozentualen Rechenkapazitäten 100%, 90% und 50% verfügen, würde* allCapacities *die folgenden Werte beinhalten:* allCapacities $= \langle 100, 90, 50 \rangle$.

*Für einen Kontrollfluss $t_i$ würde dessen Kapazitätsvariable initial den folgenden Wertebereich umfassen:* CoreProcessingCap$_{t_i} = \{50, 90, 100\}$.

Die Verknüpfung zwischen den Kapazitätsvariablen und $Loc^0_{t_i}$ erfolgt durch die Verwendung eines *Element*-Constraints für jeden Kontrollfluss $t_i$:

$$\text{Element}\left(CoreProcessingCap_{t_i}, allCapacities, Loc^0_{t_i}\right) \qquad (5.3.6)$$

Anschließend ist sicherzustellen, dass ein einzelner Kontrollfluss die gebotene Rechenkapazität eines Kerns nicht überschreitet. Dazu ist ein weiteres Constraint für jeden Kontrollfluss erforderlich. Zunächst erhält jeder Kontrollfluss $t_i \in T$ eine zusätzliche Variable $util_{t_i}$, deren Wertebereich nur die benötigte Rechenkapazität von $t_i$ enthält. Nun kann mit Hilfe eines *LessEqual*-Constraints für jeden Kontrollfluss eine Überschreitung der Rechenkapazität wie folgt unterbunden werden:

$$util_{t_i} \leq CoreProcessingCap_{t_i} \qquad (5.3.7)$$

## Schritt 2: Betrachtung von Gruppen von Kontrollflüssen

In diesem Schritt werden alle Kontrollflüsse, die auf den gleichen Kern platziert werden sollen, als *Gruppe* betrachtet. Die Summe der nachgefragten Rechenkapazitäten aller Kontrollflüsse einer Gruppe darf die maximale Rechenkapazität des zugeordneten Prozessorkerns nicht überschreiten. Dazu wird zunächst eine Folge

$$util = \langle u_0, \ldots, u_i, \ldots, u_{z-1} \rangle \qquad (5.3.8)$$

konstruiert, die für jeden Kontrollfluss dessen Nachfrage nach Rechenkapazität beinhaltet. Der Eintrag $u_i$ entspricht der benötigten Rechenkapazität des Kontrollflusses $t_i$.

Anschließend wird für jeden Kern $c_j$ und jeden Kontrollfluss $t_i$ eine boolesche Variable $f_{t_i,c_j}$ mit dem Wertebereich $\{0,1\}$ erzeugt. Diese Variable wird auf den Wert 1 gesetzt, wenn der Kontrollfluss $t_i$ auf den Kern $c_j$ platziert werden soll. Andernfalls wird sie den Wert 0 gesetzt. Die dafür notwendige Beziehung zwischen den Variablen $f_{t_i,c_j}$ und $Loc^0_{t_i}$ (Ebene der Prozessorkerne) wird mit Hilfe des *Kronecker-Delta*-Constraints $\delta$ definiert.

Ein Kronecker-Delta-Constraint ist für zwei Zahlen $x$ und $y$ wie folgt definiert (siehe auch [HW07, S. 270]):

$$\delta_{x,y} = \begin{cases} 1, \text{falls} & x = y \\ 0, \text{falls} & x \neq y \end{cases} \qquad (5.3.9)$$

Dieses Constraint wird für jeden Kern $c_j$ wie folgt aufgestellt:

$$f_{t_i,c_j} = \delta_{c_j,Loc^0_{t_i}} \qquad (5.3.10)$$

Diese booleschen Variablen $f_{t_i,c_j}$ können nun als Faktor bei der Bildung einer gewichteten Summe der Rechenkapazitäten eines Kerns verwendet werden. Gültige Ergebnisse dieser Summenbildung werden in einer weiteren Variable $sum_{c_j}$ pro Kern festgehalten. Deren Wertebereich umfasst alle natürlichen Zahlen zwischen Null und der maximalen Kapazität des Kerns $c_j$.

Auf diese Weise wird sichergestellt, dass die verfügbare Rechenkapazität des Kerns nicht überschritten wird. Mit Hilfe des *Weighted-Sum*-Constraints [BCR14, S. 2238] für jeden Kern $c_j$ können die drei Variablen zueinander in Beziehung gesetzt werden:

$$\text{WeightedSum}\left(util, \langle f_{t_0,c_j}, \ldots, f_{t_i,c_j}, \ldots, f_{t_{z-1},c_j}\rangle, sum_{c_j}\right) \quad (5.3.11)$$

## 5.3.3. Belegung von RAM und ROM Kapazitäten

Neben der Verarbeitungskapazität der Prozessorkerne, sind auch der Arbeitsspeicher (RAM) und der persistente Speicher (ROM) weitere wesentliche Ressourcen eines eingebetteten Systems. Auch hier darf die Nachfrage nach Speicher durch die Softwarekomponenten das Angebot in der Hardwarearchitektur nicht übersteigen. Während die Ressource „Rechenleistung" allerdings den Prozessorkernen in der untersten Hardwareebene zugeordnet wird, sind diese Speicherkapazitäten an die *Boards* in einer höheren Hardwareebene gebunden. Die verfügbaren RAM- und ROM-Kapazitäten müssen daher für die Softwarekomponenten auf allen Kernen von allen Prozessoren eines *Boards* ausreichend sein.

Das grundlegende Vorgehen zur Modellierung der notwendigen Constraints ähnelt dem Vorgehen zur Modellierung der Rechenkapazität eines Prozessorkerns. Zunächst betrachten wir die notwendigen Constraints zur Modellierung der maximal verfügbaren Kapazität des Arbeitsspeichers (RAM). Dazu wird zunächst die Folge

$$ram = \langle ram_0, \ldots, ram_i, \ldots, ram_{z-1} \rangle \qquad (5.3.12)$$

konstruiert, die für jeden Kontrollfluss die benötigte RAM-Kapazität beinhaltet. Der Eintrag $ram_i$ bildet die erforderliche Kapazität für den Kontrollfluss $t_i$ ab.

Anschließend wird für jedes *Board* $b_j$ und jeden Kontrollfluss $t_i$ eine boolesche Variable $f_{t_i,b_j}$ erzeugt. Diese Variable wird auf den Wert 1 gesetzt, wenn der Kontrollfluss $t_i$ auf das *Board* $b_j$ platziert werden soll. Andernfalls wird sie auf den Wert 0 gesetzt. Die Beziehung zwischen den Variablen $f_{t_i,b_j}$ und $Loc^2_{t_i}$ (*Board*-Ebene) wird erneut mit Hilfe des Kronecker-Delta-Constraints $\delta$ für jedes *Board* $b_j$ hergestellt:

$$f_{t_i,b_j} = \delta_{b_j, Loc^2_{t_i}} \qquad (5.3.13)$$

Diese booleschen Variablen $f_{t_i,b_j}$ können nun als Faktor bei der Bildung einer gewichteten Summe der nachgefragten RAM-Kapazitäten für den Arbeitsspeicher eines *Boards* verwendet werden. Gültige Ergebnisse dieser Summenbildung werden in einer weiteren Variable $sum^{ram}_{b_j}$ pro *Board* festgehalten. Deren Wertebereich umfasst alle Zahlen zwischen Null und der maximalen Kapazität des Arbeitsspeichers auf dem *Board* $b_j$. Damit wird sichergestellt, dass die Nachfrage nach Arbeitsspeicher durch die Softwarekomponenten nicht die verfügbare

Kapazität übersteigt. Erneut kann nun mit Hilfe des *WeightedSum*-Constraints für jedes *Board* $b_j$ eine Beziehung zwischen den drei Variablen hergestellt werden:

$$\text{WeightedSum}\left(ram, \langle f_{t_0,b_j}, \ldots, f_{t_{z-1},b_j} \rangle, sum_{b_j}^{ram}\right) \qquad (5.3.14)$$

Die Modellierung der Constraints für den nicht-flüchtigen Speicher eines *Boards* (*ROM-Kapazität*) erfolgt analog zum hier vorgestellten Vorgehen für die Kapazität des Arbeitsspeichers und wird daher an dieser Stelle nicht noch einmal im Detail vorgestellt.

Abschließend muss festgehalten werden, dass dieser Modellierungsansatz den Aspekt der Speichernutzung durch Softwarekomponenten vereinfacht abbildet und von technischen Details, wie beispielsweise Segmentierung und Fragmentierung, abstrahiert. Es wird auch vereinfachend davon ausgegangen, dass die genaue Lage des zugewiesenen Speicherbereichs innerhalb des gesamten Speichers für eine Softwarekomponente irrelevant ist. Diese Aspekte wurden hier jedoch bewusst vernachlässigt, um die Komplexität des Modells zu reduzieren.

### 5.3.4. Einhaltung von Performance-Anforderungen

Zur Verringerung von Kommunikationslatenzen zwischen verschiedenen Softwarekomponenten können die bereits vorgestellten *Entfernungsrelationen* (siehe Abschnitt 5.2.1) verwendet werden. Für eine Menge an Softwarekomponenten kann spezifiziert werden, dass sie auf die gleiche Komponente in der Systemhierarchie (zum Beispiel einen Prozessor oder ein *Board*) platziert werden sollen – ohne dabei bereits die genaue Identität dieser Komponente festzulegen.

Diese Anforderung wird mit Hilfe der bereits definierten Variablen in den vorherigen Abschnitten realisiert. Dazu wird zunächst eine spezifizierte Entfernungsrelation $E$ betrachtet. Gemäß den Eingabedaten besteht sie aus einer Menge von Softwarekomponenten und einem spezifizierten Index der Ebene in der Systemhierarchie $l_E$. Jede Softwarekomponente in dieser Relation besteht wiederum aus einer Menge von Kontrollflüssen. Die Menge $T_E$ enthalte nun die Kon-

trollflüsse aller Softwarekomponenten der betrachteten Entfernungsrelation. Die Semantik der Entfernungsrelation kann mit Hilfe eines
*AllEqual*-Constraints [BCR14, S. 468] für alle Platzierungsvariablen
der Kontrollflüsse in der betrachteten Relation für die Hardwareebene
$l_E$ abgebildet werden. Dazu ist das folgende Constraint notwendig.

$$\text{AllEqual}\left(\left\{Loc_{t_i}^{l_E} | t_i \in T_E\right\}\right) \tag{5.3.15}$$

Eine Entfernungsrelation kann sich auch auf die Kontrollflüsse von
nur *einer* Applikation beziehen. Dies ist beispielsweise sinnvoll, falls
alle Kontrollflüsse dieser Applikation auf einen gemeinsamen Speicher
eines identischen *Boards* zugreifen müssen.

## 5.3.5. Einhaltung der Kritikalitätsstufen

Bereits in Unterabschnitt 4.3.3 wurden Kritikalitätsstufen vor dem
Hintergrund der Korrektheit einer Platzierung vorgestellt. Die Zuweisung einer Kritikalitätsstufe zu einer Softwarekomponente beschreibt
den Beitrag eines (unentdeckten) Fehlers in dieser Komponente zu einem Totalausfall des Systems. Eine höhere Kritikalitätsstufe erfordert
aufwändigere Entwicklungsverfahren für Software- und Hardwarekomponenten, um die Wahrscheinlichkeit für unentdeckte Fehler in
diesen Komponenten zu reduzieren. Bei Hardwarekomponenten cha-
rakterisiert die Zuweisung eines *Design Assurance Levels (DAL)* die
Qualität und „Sorgfalt" ihres Entwicklungsprozesses. Bei einer Platzierung muss die Kompatibilität zwischen der Kritikalitätsstufe einer
Softwarekomponente und des *Design Assurance Levels* (DAL) der
zugewiesenen Hardwarekomponenten sichergestellt werden.

Konkret orientieren sich die hier vorgestellten Modellierungsver-
fahren an den Vorgehensweisen in der Luftfahrt. Aufgrund der Komplexität der dort zu beachtenden Regularien, wurden die folgenden
vereinfachenden Annahmen getroffen. *Design Assurance Level* werden
nur auf der Ebene der *Boards* zugewiesen, so dass alle Komponenten
eines *Boards* (zum Beispiel der Prozessor oder der Arbeitsspeicher)
ebenfalls den Anforderungen dieses DALs genügen. Dies wird auch

bereits in den Eingabedaten (siehe Unterabschnitt 5.2.1) entsprechend berücksichtigt. Der grundlegende Modellierungsansatz besteht darin, das *Design Assurance Level* eines *Boards* mit den Kritikalitätsstufen der darauf zu platzierenden Kontrollflüsse in Beziehung zu setzen und durch Constraints zu beschränken. *Design Assurance Levels* von Hardwarekomponenten auf höheren Ebenen (zum Beispiel *Boxen* oder *Cabinets*) werden hier *nicht* betrachtet. Prinzipiell lässt sich der hier vorgestellte Ansatz allerdings mit geringem Aufwand entsprechend erweitern.

Die verschiedenen *Design Assurance Level* werden in der Luftfahrt durch die Buchstaben *A*, *B*, *C*, *D* und *E* gekennzeichnet (siehe [RTC00]). Das Level *A* ist mit den höchsten Anforderungen und das Level *E* mit den geringsten Anforderungen an den Entwicklungsprozess verbunden. In anderen Branchen werden stattdessen die Stufen *4* bis *0* unterschieden (siehe *Safety Integrity Level* in [Int10a]). Zur Vereinfachung der Handhabung werden die unterschiedlichen Stufen in diesem Ansatz entsprechend Tabelle 5.4 kodiert. Bei der Kodierung gilt, dass ein höherer Zahlenwert mit höheren Anforderungen und einer höheren Qualität der Komponente verbunden ist.

**Tabelle 5.4.:** Kodierung der Kritikalitätsstufen

| DAL Level (gem. [RTC00]) | SIL Level (gem. [Int10a]) | Kodierung |
|---|---|---|
| (*keine Angabe*) | (*keine Angabe*) | 0 |
| E | 0 | 1 |
| D | 1 | 2 |
| C | 2 | 3 |
| B | 3 | 4 |
| A | 4 | 5 |

Für die Modellierung der Constraints erhält zunächst jeder Kontrollfluss $t_i$ eine eigene Variable $crit_{t_i}$, deren Wertebereich lediglich einen Zahlenwert enthält. Dieser Zahlenwert entspricht der kodierten Kritikalitätsstufe dieses Kontrollflusses. Ferner wird eine Menge $B = \{b_0, \ldots, b_{|B|-1}\}$ definiert, die alle *Boards* im System enthält.

Anschließend wird eine spezielle Folge konstruiert, die die *Design Assurance Level* aller *Boards* im System enthält. Das $i$-te Element beschreibt das *Design Assurance Level* des *Boards* mit dem Index $i$.

$$boardDALs = \langle d_0, \ldots, d_i, \ldots, d_{|B|-1} \rangle \qquad (5.3.16)$$

Im nächsten Schritt wird für jeden Kontrollfluss $t_i$ eine Variable $availDALs_{t_i}$ konstruiert, deren Wertebereich initial den Werten der Folge *boardDALs* entspricht. Mit einem weiteren *Element*-Constraint für jeden Kontrollfluss kann nun die notwendige Beziehung zwischen der Variablen $availDALs_{t_i}$ und der Platzierung des Kontrollflusses in der Boardebene ($Loc^2_{t_i}$) hergestellt werden.

$$\text{Element}\left(availDALs_{t_i}, boardDALs, Loc^2_{t_i}\right) \qquad (5.3.17)$$

Zum Abschluss muss noch die Höhe der erlaubten Kritikalitätsstufe der *Boards* eingeschränkt werden. Gemäß den Ausführungen in Abschnitt 4.3.3 muss das *Design Assurance Level* des *Boards* größer oder gleich der Kritikalität des Kontrollflusses sein. Dies kann wie folgt spezifiziert werden:

$$availDALs_{t_i} \geq crit_{t_i} \qquad (5.3.18)$$

## 5.3.6. Einhaltung von Zuverlässigkeitsanforderungen

Neben der Kompatibilität der Kritikalitätsstufen, wurden in Abschnitt 4.3.3 auch bereits *Dislokalitäts-* und *Dissimilaritätsgruppen* von Softwarekomponenten vorgestellt. Es wurde deutlich, dass redundant ausgelegte Softwarekomponenten, die „geeignet" in der Hardwarearchitektur platziert werden, zu einer signifikanten Erhöhung der Zuverlässigkeit des Gesamtsystems führen.

*Dislokalität* erfordert die Platzierung auf Hardwarekomponenten mit unterschiedlicher Identität. *Dissimilarität* schließt *Dislokalität* ein, erfordert allerdings zusätzlich zur unterschiedlichen Identität der Hardwarekomponenten, auch einen unterschiedlichen *Typ* der Ressource, um die Wahrscheinlichkeit für unentdeckte systematische

Fehler zu reduzieren. Der Typ *type$_R$* einer Ressource $R$ wird hier als natürliche Zahl modelliert (*type$_R$* $\in \mathbb{N}_0$). Als Wert für *type$_R$* wird ein kombinierter Hashcode für die Attribute *Hersteller* und *Name* sowie in Abhängigkeit des Ressourcentyps auch für das *Design Assurance Level* bei *Boards* oder die *Typbezeichnung* bei Prozessoren oder die *Architektur* bei Prozessorkernen verwendet.

Darüber hinaus muss in den Eingabedaten auch eine Ebene in der Systemhierarchie angegeben werden, auf die sich die Redundanz bezieht. Auf diese Weise können komplexere Anforderungen an eine Platzierung spezifiziert werden. Die folgende Beispielanforderung illustriert die Verwendung derartiger Spezifikationen.

> „*Platziere diese Softwarekomponenten auf* **verschiedene** *Boards mit jeweils* **unterschiedlichen** *Prozessoren.*"

Zur Umsetzung der Semantik einer Dislokalitäts- oder Dissimilaritätsrelation wird zunächst eine Folge *types$^l$* für jede Hardwareebene $l \in Layers$ konstruiert. Diese Folge enthält die Ressourcentypen aller Hardwarekomponenten einer Ebene. Ein Eintrag *type$_i^l$* in dieser Folge entspricht dem Ressourcentyp der Hardwarekomponente mit dem Index $i$ in der Hardwareebene $l$. Mit Hilfe dieser Liste wird nun für *jeden* Kontrollfluss $t_i \in T$ im System und *jede* Ebene $l \in L$ eine Variable *availTypes$_{t_i}^l$* erzeugt, deren initialer Wertebereich der Folge *types$^l$* entspricht.

Die Menge $T_D$ enthalte nun alle Kontrollflüsse der Softwarekomponenten in der betrachteten Relation. Für eine Relation mit $k$ Softwarekomponenten, die jeweils $m_k$ Kontrollflüsse enthalten, besteht die Menge $T_D$ aus den folgenden Kontrollflüssen $t_{j,j}$:

$$T_D = \{t_{0,0}, \ldots, t_{0,m_0-1}, \ldots, t_{k-1,0}, \ldots, t_{k-1,m_k-1}\} \tag{5.3.19}$$

Für jedes Paar von Kontrollflüssen aus dieser Menge von jeweils unterschiedlichen Softwarekomponenten $((t_{i,r}, t_{j,s}) \in T_D$ mit $i \neq j)$ werden nun in Abhängigkeit von der Art der spezifizierten Relation (*dissimilar* oder *dislokal*) und der spezifizierten Hardwareebene $l$ die folgenden Constraints generiert:

$$Loc^l_{t_{i,r}} \neq Loc^l_{t_{j,s}} \tag{5.3.20}$$

Diese Constraints sind ausreichend, um die Semantik einer *Dislokalität*srelation abzubilden. Für die Realisierung einer *Dissimilarität*sbeziehung muss jedoch zusätzlich auch der bereits definierte Ressourcentyp mit den Platzierungsvariablen in Beziehung gesetzt werden. Dazu wird für jede der erstellten Variablen $availTypes^l_{t_i}$ zunächst das folgende *Element*-Constraint konstruiert, um die Beziehung zwischen der Platzierung des Kontrollflusses in einer Systemebene und den Ressourcentypen herzustellen:

$$\text{Element} \left( availTypes^l_{t_i}, types^l, Loc^l_{t_i} \right) \tag{5.3.21}$$

Zum Abschluss wird mit Hilfe der folgenden Constraints die Verschiedenheit der Ressourcentypen auf Ebene $l$ für die Kontrollflüsse $t_{i,r}$ und $t_{j,s}$ gefordert:

$$availTypes^l_{t_{i,r}} \neq availTypes^l_{t_{j,s}} \tag{5.3.22}$$

Bei großen Systemen mit vielen Dislokalitäts- und Dissimilaritätsrelationen ist diese paarweise Definition von Ungleichungen zwischen den Platzierungsvariablen und den Ressourcentypen ineffizient. Falls alle Softwarekomponenten einer Relation jeweils nur *einen* Kontrollfluss enthalten, lässt sich der Modellierungsansatz mit Hilfe eines *AllDifferent*-Constraints [BCR14, S. 498] optimieren. Für die Forderung nach Dislokalität genügt dann *ein* *AllDifferent*-Constraint für alle Platzierungsvariablen der $k$ Kontrollflüsse anstelle von $\binom{k}{2}$-vielen paarweisen *NotEqual*-Constraints.

### 5.3.7. „Unterschiedlichkeit" von Lösungen

In Abschnitt 5.2.1 wurde bereits der Aufbau von Softwarekomponenten vorgestellt. Sie können mehrere Kontrollflüsse mit jeweils identischen

Ressourcenanforderungen enthalten. Ferner wurde auch bereits die Notwendigkeit von *unterschiedlichen* Lösungen in den Ausgabedaten begründet. Dieser Unterabschnitt beschreibt den Ansatz und die benötigten Constraints, um die *Unterschiedlichkeit* von Lösungen zu gewährleisten. Das folgende Beispiel illustriert zunächst die nicht benötigten Permutationen von Lösungen eines Platzierungsproblems.

*Ein System enthalte eine Softwarekomponente s mit drei Kontrollflüssen $T_s = \{t_0, t_1, t_2\}$ sowie einen Prozessor mit den Kernen $C = \{c_0, c_1, c_2\}$. Zur Vereinfachung stellen zusätzliche Constraints sicher, dass immer nur maximal ein Kontrollfluss auf einem Kern platziert werden kann.*

In diesem Fall ergeben sich die in Tabelle 5.5 vorgestellten Lösungen. Diese Lösungsmenge soll nun mit Hilfe von zusätzlichen Constraints eingeschränkt werden, so dass sie nur noch die Lösung Nummer 1 enthält. Die anderen Lösungen stellen lediglich Permutationen der ersten Platzierung dar und vergrößern den Lösungsraum unnötig.

**Tabelle 5.5.:** Lösungsmenge für die Platzierung der Kontrollflüsse $t_0$, $t_1$ und $t_2$ auf die Kerne $c_0$, $c_1$ und $c_2$

| Nummer der Lösung | Kern $c_0$ | Kern $c_1$ | Kern $c_2$ |
|---|---|---|---|
| 1 | $t_0$ | $t_1$ | $t_2$ |
| 2 | $t_0$ | $t_2$ | $t_1$ |
| 3 | $t_1$ | $t_2$ | $t_0$ |
| 4 | $t_1$ | $t_0$ | $t_2$ |
| 5 | $t_2$ | $t_0$ | $t_1$ |
| 6 | $t_2$ | $t_1$ | $t_0$ |

Zur Realisierung dieser Anforderung muss eine feste *Reihenfolge* zwischen den Kontrollflüssen einer Softwarekomponente erzwungen werden. Dazu wird eine Softwarekomponente $s$ betrachtet, die aus $p$ Kontrollflüssen besteht. Diese Kontrollflüsse werden zunächst eindeutig indiziert. Die Menge $T_s$ enthält dann die folgenden Kontrollflüsse der Softwarekomponente $s$:

$$T_s = \{t_{s,0}, \ldots, t_{s,p-1}\} \tag{5.3.23}$$

Die feste Reihenfolge der Kontrollflüsse bei der Platzierung auf die Kerne der Prozessoren kann nun mit Hilfe eines weiteren Constraints über den Platzierungsvariablen auf der Ebene der Prozessorkerne erzwungen werden. Dazu wird für alle Paare von Kontrollflüssen $(t_{s,i}, t_{s,i+1})$ der Softwarekomponente $s$ mit $t_{s,i} \in T_s$, $t_{s,i+1} \in T_s$ und $0 \le i \le p - 2$ das folgende Constraint generiert:

$$Loc^0_{t_{s,i}} \le Loc^0_{t_{s,i+1}} \tag{5.3.24}$$

Diese Constraints sind für alle Softwarekomponenten mit mehr als einem Kontrollfluss erforderlich.

## 5.3.8. Berücksichtigung von Geräteabhängigkeiten

In Abschnitt 5.2.1 wurde bereits die Möglichkeit angedeutet, die Geräteabhängigkeiten einer Softwarekomponente, wie beispielsweise die Abhängigkeit von besonderen Netzwerkadaptern, zu spezifizieren. Diese Adapter werden als zusätzliche Ressource eines *Boards* behandelt, die den Softwarekomponenten zur Verfügung gestellt wird. Zur genaueren Charakterisierung eines Adapters werden verschiedene Typkennzeichnungen, wie beispielsweise „Ethernet" oder „Enhanced Local Bus", verwendet. Jedes *Board* kann mehrere Adapter besitzen. Diese Adapter können gleichen oder auch unterschiedlichen Typs sein.

Wie bereits in Abschnitt 5.2.1 beschrieben, können Softwarekomponenten einen oder mehrere Adapter mit einem bestimmten Typ anfordern. Dazu muss für jeden geforderten Adaptertyp auch die intendierte *Nutzungsart – exklusiv* oder *gemeinsam genutzt –* und die erforderliche Anzahl der Adapter spezifiziert werden. Ein einzelner Adapter kann entweder *exklusiv* durch *einen* Kontrollfluss oder auch *gemeinsam* durch *mehrere* Kontrollflüsse belegt werden.

Zur Gewährleistung der Korrektheit einer Platzierung hinsichtlich der Belegung der Adapter muss folgendes sichergestellt werden. Für jeden Adaptertyp muss die Gesamtanzahl der verfügbaren Adapter diesen Typs auf einem *Board* größer oder gleich der Summe aus den nachgefragten *exklusiven* Adapter mit diesem Typ und dem Maximum der nachgefragten *gemeinsam genutzten* Adapter mit diesem Typ von allen Kontrollflüssen auf diesem *Board* sein. Dieses komplexe Kriterium wird nun durch Constraints umgesetzt.

Zunächst werden für jeden Kontrollfluss die spezifizierten Geräteabhängigkeiten formalisiert. Dazu werden die *Typen* aller verfügbaren Adapter im System eindeutig indiziert. Für ein System mit $v$ unterschiedlichen Adaptertypen, werden alle Typen in der Folge *IOTypes* repräsentiert.

$$IOTypes = \langle ioType_0, \ldots, ioType_{v-1} \rangle \qquad (5.3.25)$$

Für jeden Kontrollfluss $t_i$ und jeden Typen $ioType_l$ werden nun zwei Variablen erstellt $exReq_{t_i}^{ioType_l}$ und $shReq_{t_i}^{ioType_l}$. Diese Variablen erhalten als Wertebereich den Bedarf des Kontrollflusses $t_i$ nach einer Anzahl von Adaptern mit dem Typ $ioType_l$ und der intendierten Nutzungsart (*exklusiv* oder *gemeinsam genutzt*). Das folgende Beispiel illustriert diese Modellierung:

> *Erfordert ein Kontrollfluss mit dem Index 5 zwei jeweils exklusiv und einen gemeinsam zu nutzenden Adapter des Typs mit dem Index 7, so besitzt die Variable $exReq_{t_5}^7$ den Wertebereich $\{2\}$ und die Variable $shReq_{t_5}^7$ den Wertebereich $\{1\}$.*

Für *jeden* Adaptertyp im System müssen nun die verschiedene Constraints und Folgen definiert werden, um die Platzierungsvariablen der Kontrollflüsse auf den *Boards* gemäß dieser Semantik einzuschränken. Dazu wird ein konkreter Adaptertyp $ioType$ betrachtet und der damit verbundene Modellierung als CSP im Detail vorgestellt. Die in den folgenden drei Abschnitten vorgestellten Constraints sind für *jeden* Adaptertyp im System zu konstruieren.

**Schritt 1: Bedarf an exklusiven Adaptern eines Kontrollflusses**

Im ersten Schritt werden die Anforderungen aller Kontrollflüsse *individuell* betrachtet. Bei jedem Kontrollfluss $t_i$ werden zunächst alle *Boards* aus dem Wertebereich der zugehörigen Platzierungsvariable $Loc_{t_i}^2$ entfernt, bei denen die Anzahl der angebotenen Adapter des Typs *ioType* geringer ist, als die Nachfrage des Kontrollflusses $t_i$ nach exklusiv zu nutzenden Adaptern des Typs *ioType*.

Dazu wird zunächst die Folge *adapters* konstruiert, deren Einträge an der Stelle mit dem Index $i$ die *Anzahl* der auf dem *Board* mit dem Index $i$ vorhandenen Adapter des Typs *ioType* enthält. Darüber hinaus wird für jeden Kontrollfluss $t_i$ eine Variable *boardAdapters*$_{t_i}$ mit dem initialen Wertebereich *adapters* konstruiert. Anschließend wird für jeden Kontrollfluss $t_i$ die Variable *boardAdapters*$_{t_i}$ mit der Platzierungsvariable auf Boardebene ($Loc_{t_i}^2$) verknüpft:

$$\text{Element}\left(boardAdapters_{t_i}, adapters, Loc_{t_i}^2\right) \qquad (5.3.26)$$

Mit Hilfe des folgenden Constraints kann nun die Anzahl der verfügbaren Adapter für einen Kontrollfluss mit der entsprechenden Nachfrage durch den betrachteten Kontrollfluss in Beziehung gesetzt werden:

$$exReq_{t_i}^{ioType} \leq boardAdapters_{t_i} \qquad (5.3.27)$$

**Schritt 2: Bedarf an exklusiven Adaptern aller Kontrollflüsse**

Im zweiten Schritt wird die akkumulierte Nachfrage nach exklusiv zu nutzenden Adaptern von *allen* Kontrollflüsse auf dem gleichen *Board* mit dem Angebot des *Boards* verglichen. Das prinzipielle Vorgehen ist vergleichbar mit dem vorgestellten Ansatz zur Belegung der RAM- bzw. ROM-Kapazitäten eines *Boards* in Unterabschnitt 5.3.3.

Zunächst wird dazu die Folge *adapt* definiert, deren Einträge mit dem Index $i$ die Anzahl der vom Kontrollfluss $t_i$ exklusiv benötigten Adapter des Typs *ioType* beinhalten. Weiterhin wird für jedes *Board* $b_j \in B$ eine Variable $sum_{b_j}^{adapt}$ konstruiert. Dieser Variable wird der folgende initiale Wertebereich $\{0, \ldots, adapters(j)\}$ zugewiesen. Diese

Variable beschreibt, wie viele Adapter des *Boards* mit dem Index $j$ durch Kontrollflüsse *insgesamt* nachgefragt werden können.

Anschließend wird für jedes *Board* $b_j$ und jeden Kontrollfluss $t_i$ eine boolesche Variable $g_{t_i,b_j}$ erzeugt. Diese Variable wird auf den Wert 1 gesetzt, wenn der Kontrollfluss $t_i$ auf das *Board* $b_j$ platziert werden soll. Andernfalls wird sie auf den Wert 0 gesetzt. Die Beziehung zwischen den Variablen $g_{t_i,b_j}$ und $Loc^2_{t_i}$ (*Board*-Ebene) sowie dem *Board* $b_j$ wird erneut mit Hilfe eines *Kronecker-Delta*-Constraints $\delta$ für jeden Kontrollfluss $t_i$ hergestellt.

$$g_{t_i,b_j} = \delta_{b_j, Loc^2_{t_i}} \tag{5.3.28}$$

Diese booleschen Variablen $g_{t_i,b_j}$ können nun als Faktor bei der Bildung einer gewichteten Summe für die nachgefragten exklusiven Adapter eines *Boards* verwendet werden. Gültige Ergebnisse dieser Summenbildung sind bereits mit dem Wertebereich der Variable $availAdapt_{b_j}$ eingeschränkt worden. Für das *Board* $b_j$ wird nun das folgende Constraint benötigt.

$$\text{WeightedSum}\left(adapt, \langle g_{t_0,b_j}, \ldots, g_{t_{|T|-1},b_j}\rangle, sum^{adapt}_{b_j}\right) \tag{5.3.29}$$

### Schritt 3: Bedarf an gemeinsam genutzten Adaptern aller Kontrollflüsse

Im dritten Schritt werden die notwendigen Constraints definiert, um sicherzustellen, dass die Anzahl der verbleibenden und bisher noch nicht exklusiv genutzten Adapter ausreichend ist, um die Nachfrage nach Adaptern mit gemeinsamer Nutzung durch die Kontrollflüsse abzudecken.

Die bereits für jedes *Board* eingeführte Variable $sum^{adapt}_{b_j}$ wurde in ihrem Wertebereich im vorigen Abschnitt bereits auf die Nachfrage nach *exklusiv* zu nutzenden Adaptern eingeschränkt. Für die Ermittlung der Anzahl der noch verbleibenden, gemeinsam genutzten Adaptern wird diese Variable zunächst negiert und in der Variable

$negSum_{b_j}^{adapt}$ festgehalten. Dazu ist für jedes *Board* $b_j$ das folgende Constraint erforderlich:

$$-sum_{b_j}^{adapt} = negSum_{b_j}^{adapt} \qquad (5.3.30)$$

Damit kann die Anzahl der noch ungenutzten Adapter bestimmt werden. Dazu wird eine neue Variable $allRemAdapt_{b_j}$ für jedes *Board* eingeführt. Sie enthält die Differenz zwischen den prinzipiell vorhanden Adaptern auf diesem *Board* ($adapters[b_j]$) und der Nachfrage nach exklusiv genutzten Adaptern durch die Kontrollflüsse auf diesem Board. Zur Berechnung ist für jedes *Board* ein *Sum*-Constraint [BCR14, S. 2224] erforderlich:

$$negSum_{b_j}^{adapt} + adapters[b_j] = allRemAdapt_{b_j} \qquad (5.3.31)$$

Im nächsten Schritt wird zunächst für jeden Kontrollfluss $t_i$ eine eigene Variable mit der Bezeichnung $remAdapt_{t_i}$ eingeführt. Diese wird über ein *Element*-Constraint für jeden Kontrollfluss $t_i$ mit dessen Platzierungsvariable auf der Boardebene $Loc_{t_i}^2$ und der Anzahl der noch verfügbaren Adapter ($allRemAdapt$) verknüpft.

$$\text{Element}\left(remAdapt_{t_i}, allRemAdapt, Loc_{t_i}^2\right) \qquad (5.3.32)$$

Zum Abschluss muss sichergestellt werden, dass die Anzahl der bisher noch nicht benutzten Adapter ausreichend ist, um die Nachfrage nach gemeinsam genutzten Adaptern für jeden Kontrollfluss zu zu abdecken. Für jeden Kontrollfluss $t_i$ ist dafür das folgende Constraint erforderlich.

$$shReq_{t_i} \leq remAdapt_{t_i} \qquad (5.3.33)$$

## 5.4. Strategien zur Optimierung der Suche

Im vorigen Abschnitt wurden die notwendigen Constraints vorgestellt, um korrekte Lösungen für die räumliche Platzierungsproblematik zu beschreiben. Eine Evaluation dieses Verfahrens durch den Autor dieser Arbeit mit verschiedenen Beispielen aus der Luft- und Raumfahrt zeigte, dass die Lösungsmenge in vielen Fällen entweder sehr wenige oder sehr viele Lösungen beinhaltet. Davon ausgehend werden in diesem Abschnitt zwei implementierte Strategien vorgestellt, mit denen die Lösungssuche unter diesen Bedingungen verbessert werden kann.

## 5.4.1. Strategie 1: Sortierung der Lösungsvariablen

Als *Lösungsvariablen* werden bestimmte Variablen in der Modellierung eines *Constraint Satisfaction Problems* bezeichnet, deren Belegung für die Lösung relevant ist. Zur leichteren Verwaltung werden die Lösungsvariablen meist in einer Liste vorgehalten. Bei der räumlichen Platzierung sind die Platzierungsvariablen der Kontrollflüsse in der Hardwareebene der Prozessorkerne die wesentlichen Lösungsvariablen.

Nach der Generierung aller Variablen und Constraints wird die Liste der Lösungsvariablen für das *Labeling* (Lösungssuche) bei der Constraint Programmierung verwendet. Dazu werden die einzelnen Variablen nacheinander entsprechend ihrer Reihenfolge in der Liste auf einzelne Werte ihres verbliebenen Wertebereichs festgelegt. Führt die einmal getroffene Festlegung einer Lösungsvariablen *nicht* zu einem Ergebnis für alle verbleibenden Lösungsvariablen, so muss die getroffene Festlegung mit Hilfe eines aufwändigen *Backtracking*-Verfahrens revidiert werden. Die Dauer für die Lösungssuche ist daher maßgeblich davon abhängig, wie oft ein *Backtracking* durchgeführt werden muss. Ein Ansatz zur Optimierung der Suche besteht daher darin, die Wahrscheinlichkeit für ein *Backtracking* zu senken.

Die Wahrscheinlichkeit für ein *Backtracking* kann reduziert werden, wenn die Liste der Lösungsvariablen geeignet vorsortiert wird, so dass diejenigen Lösungsvariablen am Beginn der Liste stehen, die zur größten Einschränkung des zu durchsuchenden Lösungsraums führen. Je stärker der Lösungsraum durch die Belegung einer Lösungsvariablen eingeschränkt wird, umso geringer wird die Wahrscheinlichkeit für ein späteres *Backtracking*. Falls ein *Backtracking* erforderlich wird, soll es zumindest möglichst früh beim Traversieren des Suchbaumes erfolgen.

Dazu wurde eine stabile Sortierung der Liste der Lösungsvariablen auf der Grundlage eines hierarchischen Sortierkriteriums vorgenommen. Dieses Kriterium stellt eine Ordnung in der Liste der Lösungsvariablen her, indem immer zwei Variablen miteinander verglichen werden. Dieser Vergleich beginnt zunächst mit dem obersten Kriterium in der Hierarchie und setzt bei festgestellter Gleichheit der Variablen mit dem Kriterium an zweitoberster Stelle fort. Dies wird solange fortgesetzt, bis ein Kriterium zur Festlegung einer Reihenfolge der beiden Variablen führt oder keine weiteren Kriterien mehr zum Vergleich zur Verfügung stehen. Mit Hilfe dieses Kriteriums wird die Liste der Lösungsvariablen *absteigend* sortiert, so dass die Variable mit der höchsten Priorität am Anfang steht.

Eine Analyse von Praxisbeispielen ergab, dass die folgende Hierarchie von Kriterien zu einer Sortierung der Lösungsvariablen führt, mit der die Wahrscheinlichkeit für ein *Backtracking* reduziert und die Lösungssuche beschleunigt wird.

1. **Reduzierung des Lösungsraums** - Eine Variable ist „*größer*" als eine andere Variable, wenn ihre Festlegung auf einen Wert zur größeren Einschränkung des Lösungsraums für die verbleibenden Lösungsvariablen führt. Die Reduktion wird dazu *prozentual* bestimmt und grobgranular auf vier Quartile (0% - 24%, 25%- 49%, 50% - 74%, 75% - 100%) aufgeteilt.

2. **Anzahl von exklusiv benötigten Adaptern** - Eine Variable ist „*größer*" als eine andere Variable, wenn die zugehörige Anwendung mehr exklusive Adapter benötigt.

3. **Anzahl von gemeinsam genutzten Adaptern** - Eine Variable ist „*größer*" als eine andere Variable, wenn die zugehörige Anwendung mehr gemeinsam genutzte Adapter benötigt.

4. **Bedarf nach ROM Kapazität** - Eine Variable ist „*größer*" als eine andere Variable, wenn die zugehörige Anwendung mehr ROM-Speicher benötigt.

5. **Bedarf nach RAM Kapazität** - Eine Variable ist „*größer*" als eine andere Variable, wenn die zugehörige Anwendung mehr RAM-Speicher benötigt.

6. **Kritikalitätsstufe** - Eine Variable ist „*größer*" als eine andere Variable, wenn der zugehörigen Anwendung eine höhere Kritikalitätsstufe zugewiesen wurde.

7. **Bedarf nach Rechenleistung auf einem Prozessor** - Eine Variable ist „*größer*" als eine andere Variable, wenn die zugehörige Anwendung mehr Rechenzeit auf einem Prozessorkern benötigt.

Diese Sortierung ist mit zusätzlichem Rechenaufwand verbunden. Dies wird insbesondere beim ersten Kriterium deutlich, da hier *alle* Lösungsvariablen testweise mit einem zufälligen Wert des verbliebenen Wertebereiches belegt werden müssen, um die resultierende Reduzierung des Lösungsraums zu bestimmen. Aus diesem Grund wird die Sortierung der Liste der Lösungsvariablen lediglich *einmal* vor dem Beginn der Lösungssuche vorgenommen. Die Analyse mit Praxisbeispielen zeigt, dass der zusätzliche Rechenaufwand für die Sortierung der Liste durch eine Verkürzung der Laufzeit für die Lösungssuche mehr als aufgewogen wird.

## 5.4.2. Strategie 2: Heterogene Lösungen

Der Ansatz, den *gesamten* Lösungsraum zu durchsuchen, um *alle* Lösungen für eine räumliche Platzierung zu finden, ist nicht immer sinnvoll möglich. Dies gilt insbesondere dann, wenn die Lösungsmenge sehr viele Lösungen enthält. Die Suche nach allen Lösungen kann in diesem Fall sehr viel Rechenzeit und Speicherplatz erfordern. Zudem werden in der Praxis meist nicht *alle* Lösungen benötigt. Aus diesem Grund wird muss der Anwender auch eine *maximale* Anzahl an zu suchenden Lösungen spezifizieren können. Ist diese Obergrenze erreicht, wird die Suche nach weiteren Lösungen abgebrochen.

Bei Lösungsmengen mit sehr vielen Lösungen erhält der Anwender allerdings lediglich eine Teilmenge der tatsächlichen Lösungsmenge. Unter Berücksichtigung des bisher eingeführten Verfahrens zur Lösungssuche (*Labeling*) ist dabei allerdings fraglich, inwiefern diese Teilmenge eine „repräsentative" Auswahl aus der gesamten Lösungsmenge darstellt. Typischerweise findet beim *Labeling* einer Lösungsvariable eine schrittweise Iteration durch den verbliebenen Wertebereich statt. Auf diese Weise wird sichergestellt, dass der gesamte Lösungsraum *systematisch* durchsucht wird. Dies ist jedoch nur dann der Fall, wenn auch nach *allen* Lösungen gesucht wird. Bei einem Abbruch der Lösungssuche nach einer definierten Anzahl an Lösungen, führt diese Form des *Labelings* zu keiner repräsentativen Lösungsmenge. Die gefundenen Lösungen unterscheiden sich meist nur marginal. Dies ist für die Praxis wenig nützlich, da dem Anwender des Verfahrens auf diese Weise oft wichtige Platzierungsalternativen vorenthalten werden.

Zur Verbesserung des Verfahrens wird das klassische *Labeling* daher durch ein *zufälliges Labeling* ersetzt. Als festzulegender Wert einer Lösungsvariablen wird nicht länger der kleinste der verbliebenen Werte im Wertebereich verwendet. Der Wert wird stattdessen *zufällig* aus dem verbleibenden Wertebereich ausgewählt. Dies führt dazu, dass die gefundenen Platzierungen mit höherer Wahrscheinlichkeit *unterschiedlich* ausfallen. Durch diese stochastische Auswahl von Lösungen wird mit größerer Wahrscheinlichkeit eine repräsentativere Teilmenge des gesamten Lösungsraums erzielt.

Allerdings ist ein derartiges Vorgehen auch mit zwei Nachteilen verbunden, die bei der Implementierung gesondert beachtet werden müssen. Zunächst ist es nun möglich, dass als Folge der zufälligen Wertbelegungen identische Platzierungen *mehrfach* gefunden werden. Bevor die generierten Ergebnisse in die Lösungsmenge übernommen werden, müssen diese daher noch zusätzlich auf Unterschiedlichkeit zu den bisher gefunden Lösungen geprüft werden. Ein weiterer Nachteil liegt darin, dass die Fragen nach dem Fortschritt der Suche und der Existenz weiterer Lösungen im Lösungsraum – im Vergleich zur systematischen Lösungssuche – nicht mehr unmittelbar beantwortet werden können.

## 5.5. Bewertung von räumlichen Platzierungen

Das Ergebnis der Synthese ist eine Menge von korrekten räumlichen Platzierungen. Jede dieser Platzierungen aus der Ergebnisliste erfüllt alle gestellten Anforderungen. Obwohl sich die einzelnen Platzierungen dahingehend nicht unterscheiden, führen sie trotzdem zu jeweils unterschiedlichen Architekturen mit unterschiedlich ausgeprägten Qualitätseigenschaften. Beispielsweise können sich die Architekturen hinsichtlich der Effizienz der Ressourcennutzung oder des zusätzlich notwendigen Entwicklungsaufwands zur Integration der Applikationen mit unterschiedlichen Kritikalitätsstufen auf einem Prozessor unterscheiden.

Die Aufgabe des Anwenders besteht nun darin, aus dieser Ergebnisliste *eine* Platzierung auszuwählen, die zu einer Systemarchitektur mit möglichst optimal ausgeprägten Qualitätseigenschaften führt. Da die dabei zu durchsuchende Ergebnisliste von räumlichen Platzierungen auch bereits bei einfachen Systemen eine Vielzahl von Alternativen beinhaltet, ist eine manuelle Suche oft sehr aufwändig. Zur Beschleunigung des Entwicklungsprozesses ist daher auch eine weitgehende Automatisierung dieses Auswahlprozesses notwendig.

Die Auswahl einer *optimalen* Systemarchitektur ist meist das Resultat einer Abwägung der spezifischen Vor- und Nachteile einer Vielzahl sich gegenseitig beeinflussender Faktoren. Dazu gehören beispielsweise eher *technischen* Faktoren, wie der zu leistende Entwicklungs- und Wartungsaufwand, die Effizienz der Ressourcennutzung und die damit verbundenen Kosten der Hardwarekomponenten, aber auch die *weichen* Faktoren, wie Branchentrends und die Erfahrungen und die Expertise der eingesetzten Mitarbeiter. Die Effektivität und Effizienz der Suche nach einer optimalen Platzierung ist stark vom Erfahrungswissen des Anwenders abhängig und oft nur bedingt formalisierbar. Daher ist eine *vollautomatische* Suche nach einer optimalen räumlichen Platzierung in der Praxis nur bedingt möglich.

Stattdessen muss die technische Unterstützung bei der Auswahl einer optimalen Platzierung das Wissen und die Erfahrung der Fachexperten bestmöglich nutzen, jedoch gleichzeitig auch genügend Möglichkeiten zur manuellen Einflussnahme bieten. Für den Einsatz in der Praxis ist daher ein *semi-automatisches* Auswahlverfahren sinnvoll. Die bisher noch unsortierte Ergebnisliste für den Systementwickler wird bei diesem Vorgehen automatisch geeignet vorsortiert.

Die Aufgabe der Auswahl einer „optimalen" Platzierung obliegt jedoch weiterhin dem Anwender. Dieses zweigeteilte Vorgehen stellt nach einer ersten Evaluation in der Praxis einen viel versprechenden Kompromiss zwischen Automatisierung und manueller Einflussnahme dar.

### 5.5.1. Einführung eines Sortierkriteriums

Die automatische Sortierung der Ergebnisliste erfolgt auf der Grundlage eines *Sortierkriteriums*, das eine Ordnung zwischen den räumlichen Platzierungen herstellt. Dazu wird jede räumliche Platzierung in der Ergebnisliste automatisch mit Hilfe von verschiedenen Metriken bewertet. Ihr wird als Ergebnis ein Zahlenwert zugewiesen: der *Score*. Dieser beschreibt den „Optimalitätsgrad" einer Lösung im Vergleich zu den anderen Lösungen aus der Ergebnisliste. Je höher der Score einer Platzierung ausfällt, umso *besser* ist diese Platzierung für die Realisierung des zu entwickelnden Systems geeignet.

Mathematisch kann der Score auch als eine Funktion *score* beschrieben werden, die jeder Platzierung $d$ aus der Ergebnisliste der erstellten Platzierungen $D$ eine nicht negative, reelle Zahl zuordnet. Damit gilt:

$$\text{score} : D \to \mathbb{R}^{\geq 0} \tag{5.5.1}$$

Der Score einer Platzierung ergibt sich aus einer gewichteten Summe von normierten Metriken. Die Metriken bewerten jeweils verschiedene Aspekte einer Platzierung hinsichtlich der gewünschten Qualitätseigenschaften. Mit Hilfe der Gewichte kann ein unterschiedlicher Einfluss der einzelnen Metriken auf den Score spezifiziert werden. Die konkreten Gewichte und die verwendete Auswahl an Metriken sind stark vom vorliegenden System und den Randbedingungen bei der Entwicklung abhängig. Daher wird die konkrete Auswahl an Metriken und deren Gewichtung vom Anwender auf der Grundlage seiner Erfahrung und seines Fachwissens vorgenommen. Diese Kombination wird in dieser Arbeit als formalisiertes *Optimalitätskriterium* der räumlichen Platzierungen verwendet.

## 5.5.2. Bewertung von Qualitätseigenschaften

Eine einzelne Metrik $m$ aus der Menge aller Metriken $M$ des verwendeten Optimalitätskriteriums kann als Funktion beschrieben werden, die einer räumlichen Platzierung $d$ aus der Menge aller Platzierungen in der Ergebnisliste $D$ eine nicht negative, reelle Zahl zuordnet. Es gilt:

$$m : D \to \mathbb{R}^{\geq 0} \tag{5.5.2}$$

Eine Metrik wird meist mit einer konkreten Qualitätseigenschaft einer räumlichen Platzierung assoziiert. Der Wert der Metrik beschreibt, wie gut oder schlecht die korrespondierende Qualitätseigenschaft durch die untersuchte Platzierung erfüllt wird. In Unterabschnitt 5.5.4 werden verschiedene Beispiele für Metriken im Detail vorgestellt.

In einem Score werden verschiedene Metriken miteinander verknüpft. Dazu müssen diese zuvor noch auf Werte aus dem Intervall $[0, 1]$ *normiert* werden. Ohne Normierung würden Metriken mit einem großen Zahlenwert bei der Bildung der gewichteten Summe einen höheren Einfluss auf den Score ausüben als Metriken mit einem geringeren Zahlenwert. Diese Normierung wird wie folgt durchgeführt.

Sei $x_d^m = m(d)$ das (nicht-normierte) Ergebnis der Metrik $m$ für die Platzierung $d \in D$ aus der Ergebnisliste. Darüber hinaus sei $x_{min}^m$ das Minimum der Funktionswerte von $m$ für alle Platzierungen aus der Ergebnisliste, so dass gilt:

$$x_{min}^m = \min\left\{ m(d) \mid d \in D \right\} \tag{5.5.3}$$

Analog enthält $x_{max}^m$ das Maximum der Funktionswerte von $m$:

$$x_{max}^m = \max\left\{ m(d) \mid d \in D \right\} \tag{5.5.4}$$

Damit kann der normierte Wert $\overline{x}_d^m \in [0, 1]$ wie folgt bestimmt werden:

$$\overline{x}_d^m = \frac{x_d^m - x_{min}^m}{x_{max}^m - x_{min}^m} \tag{5.5.5}$$

Zuvor ist selbstverständlich zu prüfen, ob $x_{max}^m = x_{min}^m$ ist. In diesem Fall sind die Funktionswerte der Metrik $m$ für alle Platzierungen identisch. Daher liefert die Metrik $m$ keinen Beitrag für die Sortierung der Ergebnisse, so dass der normierte Wert $\overline{x}_d^m$ für diese Metrik in der gewichteten Summe auf Null gesetzt werden kann.

Je nach Art der normierten Metrik kann entweder der Wert *Null* oder der Wert *Eins* als „bestmöglich" bewertet werden. Zur Vereinheitlichung der Bewertung, werden die Werte von Metriken, bei denen die Null als bestmöglicher Wert angesehen wird, zusätzlich *invertiert*. Auf diese Weise wird bei allen Metriken der Wert *Eins* als „bestmöglich" angesehen. Für einen normierten Wert $\overline{x}_d^m$ ergibt sich der invertierter Wert $\overline{x}_d^m{}'$ gemäß $\overline{x}_d^m{}' = 1 - \overline{x}_d^m$.

Oft liefern nicht alle eingesetzten Metriken den gleichen „Beitrag" für die Erfüllung der Qualitätseigenschaften einer räumlichen Platzierung. Daher wollen die Anwender des Verfahrens den verschiedenen Aspekten einer Platzierung meist auch eine unterschiedliche Bedeutung geben. Dazu können die normierten Metriken mit Hilfe von zusätzlichen Faktoren – den *Gewichten* – ihren Beitrag zum Score steigern. Ein Gewicht $w_m$ für die Metrik $m$ ist eine nicht negative, reelle Zahl, so dass gilt: $w_m \in \mathbb{R}^{\geq 0}$. Je höher der Zahlenwert, umso höher ist auch die Gewichtung der Metrik im Score.

### 5.5.3. Berechnung eines „Scores"

Die Berechnung eines Scores für eine Platzierung $d$ aus der Ergebnisliste $D$ erfordert die Definition eines formalisierten Optimalitätskriteriums. Dieses besteht – wie oben beschrieben – aus einer Menge $M$ von Metriken und der Menge $W$ an zugeordneten Gewichten. Für jede Metrik $m \in M$ existiert genau ein zugeordnetes Gewicht $w_m \in W$. Die Berechnung des Scores erfolgt mit Hilfe einer gewichteten Summe von normierten und falls notwendig auch invertierten Funktionswerten der Metriken $m \in M$:

$$\text{score}(d) = \sum_{m \in M} w_m \cdot \overline{x}_d^m \qquad (5.5.6)$$

Auf der Grundlage dieser Scores kann die Ergebnisliste sortiert werden, so dass dem Anwender die räumliche Platzierung mit dem höchsten Score als erstes präsentiert wird. Der Anwender kann nun wesentlich schneller „optimale" Lösungen identifizieren und für die Weiterverarbeitung auswählen.

Abschließend muss festgehalten werden, dass der mit der oben beschriebenen Bildungsvorschrift berechnete *Score* lediglich für die Bildung einer Ordnung innerhalb einer Ergebnisliste verwendet werden kann. Der erreichte Score einer Platzierung ist als Folge der Normierung immer in Relation zu den anderen Platzierungen der gleichen Ergebnisliste zu sehen. Daher hat der alleinige Vergleich der Scores zweier Platzierungen aus jeweils *unterschiedlichen* Ergebnislisten keine Aussagekraft über deren Optimalität.

## 5.5.4. Beispiele für Metriken

In diesem Abschnitt werden drei Metriken zur Bewertung einer räumlichen Platzierung von Softwarekomponenten in funktionssicheren eingebetteten Systemen vorgestellt. Die vorgestellten Metriken adressieren jeweils unterschiedliche Qualitätseigenschaften.

### Effiziente Nutzung der Ressourcen

Wie bereits in Unterabschnitt 4.3.3 beschrieben, kommen bei der Realisierung von funktionssicheren Systemen meist Hardwarekomponenten mit unterschiedlicher Güte (*Design Assurance Level*) zum Einsatz. Hochwertigere Hardwarekomponenten sind in der Regel mit höheren Kosten für die Beschaffung verbunden.

Bei der Synthese einer räumlichen Platzierung wird bisher lediglich sichergestellt, dass jede Softwarekomponente auf eine Hardwarekomponente platziert wird, deren Design Assurance Level mindestens den Anforderungen der Kritikalitätsstufe der Softwarekomponente entspricht. Es ist dabei jedoch möglich, dass eine Softwarekomponente mit geringer Kritikalität auf einer Hardwarekomponente mit dem höchsten *Design Assurance Level* platziert wird.

Ohne Beachtung von weiteren Randbedingungen, die eine derartige Platzierung erforderlich machen könnten, ist eine räumliche Platzierung bezüglich der Nutzung der verfügbaren Ressourcen genau dann optimal, wenn die gebotene Qualität der Hardwarekomponenten genau den Anforderungen der Kritikalität der Applikationen entspricht. In diesem Fall gilt: $DAL_H = DAL_S$ (siehe Unterabschnitt 4.3.3). Eine Metrik, die eine Platzierung hinsichtlich dieses konkreten Aspektes bewertet, kann zu einer effizienteren Ressourcennutzung beitragen.

Ein Ansatz zur Realisierung einer derartigen Metrik besteht darin, die Kritikalität jeder Softwarekomponente mit dem *Design Assurance Level* ihrer zugeordneten Hardwarekomponente in der Platzierung vergleichen und dabei die Anzahl des Diskrepanzen ($DAL_H > DAL_S$) zählen. Je höher der Funktionswert dieser Metrik ist, desto mehr Diskrepanzen sind bei der Platzierung aufgetreten. Der „bestmögliche" Wert dieser Metrik ist Null. Daher muss diese Metrik für die Berechnung des Scores noch zusätzlich invertiert werden.

### Reduktion der Wahrscheinlichkeit für Integrationsfehler

Der notwendige Aufwand für die Entwicklung eines eingebetteten Systems ist nicht allein von der Funktionskomplexität der Softwarekomponenten abhängig. Häufig führt auch eine organisatorische Komplexität zu einer Steigerung des Entwicklungsaufwands.

Eine hohe organisatorische Komplexität ist beispielsweise dann gegeben, wenn die Softwarekomponenten von vielen Teams aus unterschiedlichen Organisationen auf dem System integriert werden müssen. Die Aufwand für die notwendigen Abstimmungen zwischen allen Teams bezüglich der Nutzung der verfügbaren Ressourcen kann die Entwicklung spürbar verlangsamen.

Eine räumliche Platzierung kann mit einer Metrik hinsichtlich dieses Aspektes bewertet werden. Die Grundlage für die Bestimmung der organisatorischen Komplexität ist bereits in den Eingabedaten (siehe Abschnitt 5.2) vorgesehen. Jeder Softwarekomponenten kann ein *Hersteller* zugeordnet werden. Mit diesem Wissen kann für jedes *Board* in der Hardwarearchitektur bestimmt werden, wie viele unterschiedliche

Hersteller ihre Softwarekomponenten auf diesem *Board* integrieren müssten.

Als Metrik für die organisatorische Komplexität einer räumlichen Platzierung kann der Mittelwert oder das Maximum dieser Werte von allen *Boards* verwendet werden. Je höher der Wert dieser Metrik ausfällt, umso größer ist auch organisatorische Komplexität dieser Platzierung. Da eine geringere Komplexität als „besser" bewertet wird, ist diese Metrik ebenfalls zu invertieren.

**Erweiterbarkeit gewährleisten**

Räumliche Platzierungen können sich auch darin unterscheiden, wie viel „Raum" sie für zukünftige Erweiterungen des Systems lassen. Müssen beispielsweise im Zuge einer Weiterentwicklung eines Systems zusätzliche Softwarekomponenten hinzugefügt werden, kann im ungünstigsten Fall eine vollständige Neuberechnung einer räumlichen Platzierung notwendig werden.

Im besten Fall sind die Softwarekomponenten bereits so platziert, dass die ungenutzten Ressourcen möglichst „zusammenhängen", so dass die die neuen Softwarekomponenten die bisher ungenutzten Ressourcen verwenden können. Dieser Aspekt kann mit Hilfe einer Metrik adressiert werden, bei der beispielsweise die bisher ungenutzte Rechenkapazität aller Prozessoren analysiert und das Maximum dieser Werte als Funktionswert verwenden wird. Je höher dieser Wert ausfällt, um so mehr „zusammenhängende" freie Ressourcen bietet diese Platzierung zur Nutzung für zukünftige Erweiterungen. Auf diese Weise werden Platzierungen bevorzugt, die zu einer stark heterogenen Auslastung der Prozessoren führen.

Neben dem Aspekt der Erweiterbarkeit, kann diese Metrik auch dazu verwendet werden, überflüssige Hardwarekomponenten zu identifizieren. Falls die Lösungsmenge eine Platzierung enthält, bei der ein Prozessor von *keiner* Softwarekomponente belegt wird, so kann dieser Prozessor und das entsprechende *Board* eventuell aus der Hardwarearchitektur entfernt werden, um die Materialkosten zu senken.

## 5.6. Zusammenfassung des Kapitels

In diesem Kapitel wird ein neues und im Rahmen dieser Arbeit entwickeltes Verfahren zur automatisierten Konstruktion einer räumlichen Platzierung von Softwarekomponenten und ihren Kontrollflüssen auf die Kerne der Prozessoren vorgestellt. Dazu werden zunächst die benötigten Eingabedaten und die Struktur der Ausgabedaten erläutert. Die Konstruktion einer Platzierung erfolgt unter Zuhilfenahme der Constraint Programmierung. Dazu werden die Anforderungen an eine korrekte räumliche Platzierung zunächst als *Constraint Satisfaction Problem* modelliert. Darüber hinaus werden zwei Strategien vorgestellt, mit denen die Suche nach korrekten Platzierungen bei komplexen Systeme optimiert werden kann. Sie basieren auf einer geeigneten Sortierung der Lösungsvariablen und auf der Verwendung von stochastischen Wertbelegungen.

Zum Abschluss wird Bewertungsverfahren für die erstellten Platzierungen vorgestellt. Es beruht auf der Anwendung von gewichteten und normierten Metriken mit denen für jede Platzierung ein *Score* berechnet wird. Dieser Score bildet die Grundlage für eine Sortierung der Platzierungen in der Lösungsmenge. Mit der Sortierung der Ergebnisse wird die manuelle Auswahl einer Platzierung für den Anwender erleichtert.

# 6. Automatisierung der zeitlichen Platzierung

Nach der Beschreibung eines Verfahrens zur automatisierten räumlichen Platzierung befasst sich dieses Kapitel mit einem ähnlichen Ansatz zur automatisierten Platzierung von Softwarekomponenten in der *zeitlichen* Dimension. Im Vorgehensmodell aus Abschnitt 4.4 erfolgt sie nach der *räumlichen Platzierung* und der *Timing Analyse*.

## 6.1. Aufgabenstellung und Lösungsansatz

### Problemstellung

Das Verfahren muss die automatisierte Synthese *korrekter* Platzierungen von Softwarekomponenten in der zeitlichen Dimension ermöglichen. Jede Platzierung muss alle spezifizierten Anforderungen und auch die grundlegenden Korrektheitskriterien zur Gewährleistung der Funktionssicherheit des Systems aus Abschnitt 4.3 erfüllen. Im Mittelpunkt dieses Kapitels steht die Berücksichtigung der Echtzeitanforderungen aller Kontrollflüsse sowie die Koordination der Zugriffe auf gemeinsam genutzte Adapter.

### Lösungsansatz

Analog zur Vorgehensweise bei der räumlichen Platzierung wird auch die zeitliche Platzierung von Softwarekomponenten als *Constraint Satisfaction Problem* modelliert und mit Hilfe der *Constraint Programmierung* gelöst. Im Gegensatz zur räumlichen Platzierung wird in diesem Entwicklungsschritt allerdings auf eine zusätzliche Optimierung und Bewertung der Platzierung verzichtet. Für die Fallbeispiele in Kapitel 7 ist die Suche nach *einer* korrekten zeitlichen Platzierung ausreichend, um die prinzipielle Realisierbarkeit der verwendeten räumlichen Platzierung nachzuweisen.

## 6.2. Eingabe- und Ausgabedaten

Die grundlegenden Ein- und Ausgabedaten lassen sich bereits aus der Beschreibung des Vorgehensmodells in Abbildung 4.2 im Abschnitt 4.4 entnehmen. In diesem Abschnitt werden die Daten im Detail vorgestellt, um den Ausgangspunkt für die Modellierung des zeitlichen Platzierungsproblems als *Constraint Satisfaction Problem* im folgenden Abschnitt 6.3 zu erläutern.

### 6.2.1. Eingabedaten

Die notwendigen Eingabedaten für die Konstruktion einer zeitlichen Platzierung bauen auf den bereits definierten Eingabedaten einer räumlichen Platzierung auf (siehe Unterabschnitt 5.2.1). Daher finden sich die grundlegenden Spezifikationsbereiche der räumlichen Platzierung auch hier wieder:

1. die *Hardwarearchitektur* (Aufbau und Ressourcenangebote),

2. die *Softwarekomponenten* (Aufbau und Echtzeitanforderungen) und

3. die *Relationen* zwischen den Softwarekomponenten und Kontrollflüssen.

Die Darstellung des Vorgehensmodells in Abbildung 4.2 zeigt, dass darüber hinaus noch weitere Angaben benötigt werden. Dies betrifft die Ergebnisse aus den vorhergehenden Entwicklungsschritten im Vorgehensmodell: der *räumlichen Platzierung* und der *Timing Analyse*. Für die Konstruktion einer zeitlichen Platzierung ist es notwendig, dass bereits für jeden Kontrollfluss einer Softwarekomponente bekannt ist, auf welchem Prozessorkern dieser ausgeführt werden soll und welche zusätzlichen Geräte der Kontrollfluss verwendet. Darüber

hinaus muss für jeden Kontrollfluss einer Softwarekomponente eine
Abschätzung seiner maximalen Ausführungszeit (*Worst Case Execution Time*) vorliegen. Diese Angaben werden benötigt, um die vorliegende Architektur und die Anforderungen der Softwarekomponenten
und Kontrollflüsse hinreichend detailliert zu modellieren, so dass eine
zeitliche Ausführungsreihenfolge (*Schedule*) konstruiert werden kann.

## Hardwarearchitektur des Systems

**Tabelle 6.1.:** Spezifikation der Eigenschaften der Hardwarearchitektur
Ein Stern (*) kennzeichnet optionale Bestandteile.

| Architektur-Ebene | Spezifikationen | Typ | Verwendung |
|---|---|---|---|
| *Cabinet** | Name | Text | Identifikation |
| | Boxen | Liste | Topologie |
| *Box** | Name | Text | Identifikation |
| | Boards | Liste | Topologie |
| *Board* | Name | Text | Identifikation |
| | Gemeinsame Adapter | Liste | Topologie |
| | Prozessoren | Liste | Topologie |
| *Prozessor* | Name | Text | Identifikation |
| | Kerne | Liste | Topologie |
| *Kern* | Name | Text | Identifikation |
| *Gemeinsame Adapter** | Name | Text | Identifikation |
| | Anzahl, Kapazität | Zahl | Topologie |
| *(Global)* | Change Delay (*Wechselzeit*) | Zahl | Echtzeitanforderung |

Die notwendigen und optionalen Eingabedaten zur Beschreibung
der Hardwarearchitektur sind in der Tabelle 6.1 dargestellt. Analog zur
räumlichen Platzierung enthalten die Eingabedaten für die zeitliche
Platzierung ebenfalls eine Beschreibung des topologischen Aufbaus
der Ressourcen der Hardwarearchitektur in Form eines Baumes. Die

verschiedenen Attribute der Hardwarekomponenten, wie sie bei der räumlichen Platzierung für die Erfüllung der Zuverlässigkeitsanforderungen benötigt wurden, sind hier jedoch nicht mehr notwendig. Stattdessen wird nur noch die Angabe benötigt, welche Prozessorkerne im betrachteten System vorhanden sind.

Die zeitliche Platzierung tangiert jedoch nicht nur die Ausführungsreihenfolge der Kontrollflüsse auf den Prozessorkernen, sondern erfordert auch die Koordination der Zugriffe auf *gemeinsam genutzte* Adapter. Bei der Konstruktion einer zeitlichen Platzierung muss sichergestellt werden, dass die gemeinsam genutzten Adapter durch die Ausführung der Kontrollflüsse nicht überlastet werden und sich daraus nicht deterministische Wartezeiten beim Zugriff ergeben. Neben den Prozessorkernen müssen daher auch die gemeinsam genutzten Adapter spezifiziert werden.

Die Entscheidung, welche der verfügbaren Adapter exklusiv oder gemeinsam genutzt werden, wurde bereits bei der räumlichen Platzierung getroffen. *Exklusiv* genutzte Adapter müssen bei der zeitlichen Platzierung *nicht* mehr betrachtet werden. Da sie ausschließlich von *einem* Kontrollfluss verwendet werden, ist keine explizite Koordination des Zugriffs durch eine zeitliche Platzierung mehr erforderlich.

Neben den notwendigen Angaben zur Topologie der Systemarchitektur muss auch das *Change Delay* (deutsch: Wechselzeit) spezifiziert werden. Diese Angabe beschreibt die Zeitdauer, die der Prozessorkern benötigt, um einen Kontextwechsel durchzuführen. Sie ist vom eingesetzten Betriebssystem, aber auch von der Leistung der Hardwarekomponenten abhängig. Zur Vereinfachung der Modellierung wird ein global einheitliches *Change Delay* für *alle* Prozessoren des Systems angenommen.

### Softwarekomponenten

Im Vergleich zur räumlichen Platzierung rücken die *Softwarekomponenten* stärker in den Hintergrund. Im Vordergrund stehen stattdessen ihre *Kontrollflüsse*. Sie stellen die zu platzierenden „Atome" dar. Jeder Kontrollfluss wurde bei der räumlichen Platzierung bereits einem

Prozessorkern zugeordnet. Neben dieser Zuordnung werden weitere Angaben benötigt, um die Anforderungen an die Ausführung der Kontrollflüsse zu spezifizieren. Diese Spezifikationen sind in Tabelle 6.2 aufgeführt.

Analog zu den Hardwarekomponenten wird zunächst ein eindeutiger Name für die Identifikation jedes Kontrollflusses benötigt. Weiterhin muss auch der zugeordnete Prozessorkern jedes Kontrollflusses angegeben werden. Falls ein Kontrollfluss auch gemeinsam genutzte Adapter verwendet, so müssen diese Adapter ebenfalls in die Spezifikationen aufgenommen werden. Darüber hinaus kann auch eine *Kapazität* eines gemeinsam genutzten Adapters angegeben werden, um beispielsweise die Verwendung von mehr als einer „Instanz" dieses Adapters modellieren zu können.

In Anbetracht des typischen Einsatzes funktionssicherer eingebetteter Systeme als Regelungs- und Steuerrechner werden die zu platzierenden Kontrollflüsse als grundsätzlich *periodisch* angenommen. Neben der Länge der Ausführungszeit eines Kontrollflusses, die im Rahmen der Timing Analyse konservativ abgeschätzt wurde, muss auch die Periodendauer angegeben werden. Sie spezifiziert den zeitlichen Abstand der Startpunkte von zwei aufeinander folgenden Ausführungsinstanzen eines Kontrollflusses. Der Beginn der ersten Ausführungsinstanz ist daher entscheidend für die Festlegung der absoluten Startpunkte aller weiteren Ausführungsinstanzen. Der Zeitraum, in dem die erste Ausführungsinstanz beginnen muss, kann durch die Angabe eines absoluten Zeitintervalls festgelegt werden.

Diese Modellierungstiefe ist für streng periodische Kontrollflüsse ausreichend. Die Praxis zeigt jedoch, dass oft effizientere zeitliche Platzierungen konstruiert werden können, wenn für den Beginn der Ausführungsinstanzen (mit Ausnahme der ersten Ausführungsinstanz) ein zusätzlicher *Jitter* erlaubt wird. In diesem Fall kann die Ausführung eines Kontrollflusses etwas eher oder später eingeplant werden. In Abbildung 6.1 ist dieser Sachverhalt am Beispiel der dritten Ausführungsinstanz illustriert.

Darüber hinaus soll sich die erste Ausführungsinstanz in ihrem Zeitverhalten oft auch von den späteren Instanzen unterscheiden können,

**Tabelle 6.2.:** Spezifikation der Anforderungen eines Kontrollflusses
Ein Stern (*) kennzeichnet optionale Bestandteile.

| Eigenschaft | Typ | Beschreibung |
| --- | --- | --- |
| *Name* | Text | Identifikation |
| *Prozessorkern* | Text | Name des Kerns |
| *Adapter* | Text, Zahl | Name und Anzahl der |
| (Name, Kapazität)* | | „Einheiten" eines Adapters |
| *Ausführungszeit* | Zeitdauer | Maximale Ausführungsdauer |
| *Periodendauer* | Zeitdauer | Länge der Periode |
| *1. Ausführung* | | |
| spätester Start* | Zeitpunkt | Spätester Zeitpunkt für den Beginn der *ersten* Ausführungsinstanz |
| spätestes Ende* | Zeitpunkt | Spätester Zeitpunkt für das Ende der *ersten* Ausführungsinstanz |
| zusätzl. Ausführungszeit* | Zeitdauer | Zusätzliche Verlängerung der Ausführungszeit der ersten Ausführungsinstanz |
| *Jitter** (Early, Late) | Zeitdauer, Zeitdauer | Erlaubter Jitter in jeder Ausführungsinstanz (relativ zum Start) |
| *Max. Anzahl von Slices** | Zahl | Maximale Anzahl an „Teilstücken" (*Slice*) einer Ausführungsinstanz als Folge einer geplanten Unterbrechung bei der Ausführung |
| *Min. Länge einer Slice** | Zahl | Minimaler Länge eines „Teilstücks" (*Slice*) einer Ausführungsinstanz als Folge einer geplanten Unterbrechung bei der Ausführung |

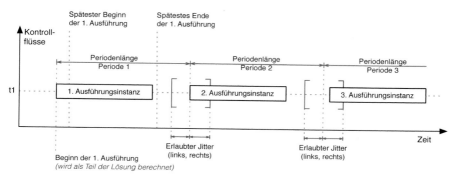

**Abbildung 6.1.:** Ausführung periodischer Kontrollflüsse und Jitter

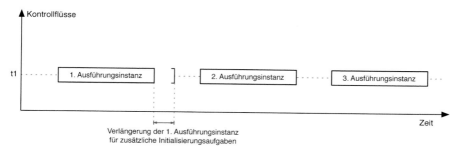

**Abbildung 6.2.:** Zusätzliche Ausführungszeit für die Initialisierung

da am Anfang beispielsweise zusätzliche Initialisierungen für den Cache oder andere Geräte durchgeführt werden müssen. Aus diesem Grund kann auch eine Verlängerung der regulären Ausführungszeit für die erste Ausführungsinstanz spezifiziert werden (siehe Abbildung 6.2).

Die Ausführung eines Kontrollflusses kann bei der Erstellung einer zeitlichen Platzierung auch *geplant* unterbrochen werden. Dies kann erforderlich sein, um einem anderen Kontrollfluss mit höherer Priorität oder strenger Periodizität (ohne Jitter) die Ausführung zu ermöglichen.

Durch diese Unterbrechung zerfällt die Ausführungsinstanz eines Kontrollflusses in mehrere *Slices* (deutsch: Scheiben). Die Summe der Laufzeiten aller Slices innerhalb einer Ausführungsinstanz muss dabei immer der spezifizierten maximalen Laufzeit des Kontrollflusses

(*Worst Case Execution Time*) entsprechen.

Diese Zerlegung einer Ausführungsinstanz in Slices kann gezielt beeinflusst werden. Dazu kann zunächst die maximale Anzahl an Slices spezifiziert werden, in die eine Ausführungsinstanz höchstens zerteilt werden darf. Darüber hinaus kann auch eine minimale Ausführungsdauer der einzelnen Slices definiert werden. Dieser Sachverhalt ist in Abbildung 6.3 noch einmal graphisch zusammengefasst.

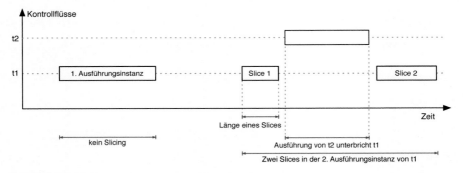

**Abbildung 6.3.:** Zerlegung einer Ausführungsinstanz in Slices

## Relationen

Häufig können die einzelnen Kontrollflüsse nicht in *beliebiger* Reihenfolge ausgeführt werden, da die Steuer- und Regelungsaufgaben eine klare Reihenfolge in der Abarbeitung einzelner Aufgaben vorschreiben. Daher können auch Beziehungen zwischen Kontrollflüssen angegeben werden, mit denen eine konkrete Ausführungsreihenfolge erzwungen wird.

In Tabelle 6.3 wird gezeigt, wie diese Spezifikation mit Hilfe von Relationen zwischen Kontrollflüssen modelliert werden können. Eine bestimmte Ausführungsreihenfolge wird immer paarweise für jeweils zwei Kontrollflüsse definiert. Die Spezifikation bezieht sich entweder auf den Beginn oder das Ende der Ausführungsinstanzen beider Kontrollflüsse. Mit Hilfe einer Relation wird die Ausführungsinstanz $i$ von

**Tabelle 6.3.:** Spezifikation einer Ausführungsreihenfolge

| Spezifikation | Bedeutung |
|---|---|
| *[Beginn | Ende]* von *[Kontrollfluss 1]* **liegt vor** *[Beginn | Ende]* von *[Kontrollfluss 2]* im **Mindestabstand** von *[Zeitdauer]* | Der Beginn (das Ende) von Kontrollfluss 1 muss vor dem Beginn (dem Ende) von Kontrollfluss 2 liegen. Optional kann ein zeitlicher Mindestabstand zwischen diesen beiden Zeitpunkten definiert werden. |

Kontrollfluss 1 in Beziehung zur Ausführungsinstanz $i$ von Kontrollfluss 2 gesetzt. Zeitliche Platzierungen können allerdings nur dann generiert werden, wenn die Kontrollflüsse einer Relation die gleiche Periodenlänge besitzen.

## Scheduling Domains

Ein weiterer Unterschied zwischen der räumlichen und zeitlichen Platzierung besteht darin, dass bei der zeitlichen Platzierung nicht immer alle *Boards* und alle Prozessoren *auf einmal* betrachtet werden müssen. Es ist stattdessen möglich, das Gesamtsystem in einzelne *Scheduling Domains* zu unterteilen und jeden dieser Bereiche einzeln und unabhängig von den anderen zu betrachten.

Eine *Scheduling Domain* beschreibt eine Teilmenge der Hardware- und Softwarearchitektur, die hinsichtlich der bei der zeitlichen Platzierung zu beachtenden Ressourcen und Anforderungen *abgeschlossen* ist. Der Begriff *Scheduling Domain* entstammt ursprünglich aus dem Bereich der Planungsverfahren in Betriebssystemen und beschreibt eine Gruppe von Prozessoren in einem Multiprozessorsystem zwischen denen ein Lastausgleich vorgenommen wird (siehe [BP05, LTOT09]).

Eine *abgeschlossene Scheduling Domain* einer zeitlichen Platzierung kann wie folgt konstruiert werden. Initial enthält sie *einen* Prozessorkern sowie *alle* Kontrollflüsse, die bei der räumlichen Platzierung auf die bereits enthaltenen Kerne platziert wurden. Falls einer dieser Kontrollflüsse in einer Relation (siehe Abschnitt 6.2.1) zu einem anderen Kontrollfluss steht, so muss dieser ebenfalls in die *Scheduling Domain* aufgenommen werden. Falls dieser Kontrollfluss auf einen noch nicht bereits in der Hülle enthaltenen Prozessorkern platziert wurde, müssen dieser Kern und die darauf enthaltenen Kontrollflüsse ebenfalls zur *Scheduling Domain* hinzugefügt werden. Anschließend wird erneut geprüft, ob aufgrund von Relationen neue Kontrollflüsse oder auch neue Prozessorkerne in die Domain aufgenommen werden müssen. Nun werden die gemeinsam genutzten Adapter von allen in der Hülle enthaltenen Kontrollflüssen ebenfalls in die *Scheduling Domain* aufgenommen. Analog zu den Prozessorkernen, müssen nun allerdings auch alle Kontrollflüsse, die sich einen dieser Adapter teilen, ebenfalls zur *Scheduling Domain* hinzugefügt werden. Als Konsequenz neu hinzugefügter Kontrollflüsse müssen erneut alle Relationen untersucht und eventuell weitere Kontrollflüsse, weitere Prozessorkerne oder weitere Adapter ergänzt werden. Dieses Vorgehen muss daher so oft wiederholt werden, bis der *Scheduling Domain* keine neuen Kontrollflüsse, Prozessorkerne und Adapter mehr hinzugefügt werden müssen.

Mit Hilfe einer Zerlegung der Systemarchitektur in verschiedene Scheduling Domains kann die zu verarbeitende Problemgröße der zeitlichen Platzierung signifikant reduziert werden. Die Realisierung einer automatisierten Zerlegung ist jedoch kein Bestandteil der vorliegenden Arbeit.

### 6.2.2. Ausgabedaten

Als Ausgabe generiert dieses Verfahren entweder *genau eine* zeitliche Platzierung oder alternativ die Aussage für den Endanwender, dass keine zeitliche Platzierung innerhalb des gegebenen Zeitintervalls für die Suche gefunden werden konnte. Ein einzelnes Ergebnis beinhaltet die zeitliche Platzierung aller Kontrollflüsse in der betrachteten *Scheduling Domain* sowie zusätzliche Informationen über die daraus resultierende Auslastung der Prozessorkerne und Adapter.

Wenn ein Ergebnis konstruiert werden konnte, dann ist dies im Rahmen der *Validierung* (siehe Vorgehensmodell in Abbildung 4.2) mit Hilfe eines gesonderten Verfahrens auf bisher unentdeckte Fehler zu überprüfen. Sofern in diesem Schritt keine Fehler gefunden werden, kann die zeitliche Platzierung zur Konfiguration eines Echtzeitbetriebssystems oder eines Hypervisors verwendet werden.

Wenn keine zeitliche Platzierung innerhalb der vorgegebenen Zeitschranke für die Suche konstruiert werden konnte, dann ergeben sich für den Anwender zwei Alternativen. Zunächst kann er probieren, die Suche im Lösungsraum zu intensivieren, indem er die gesetzte Zeitschranke für die Suche verlängert. Wird allerdings auch dann keine Lösung gefunden, muss die zugrunde liegende räumliche Platzierung modifiziert werden.

## 6.3. Synthese von zeitlichen Platzierungen

Analog zum Vorgehen bei der räumlichen Platzierung wird auch das zeitliche Platzierungsproblem als *Constraint Satisfaction Problem* modelliert. Gültige Lösungen können mit einem *Constraintlöser* automatisiert ermittelt werden. Der im Rahmen dieser Arbeit entwickelte Modellierungsansatz wird in den folgenden Unterabschnitten im Detail vorgestellt.

### 6.3.1. Grundlegende Modellierung des Systems

Wie bereits bei der Vorstellung der Eingabedaten erwähnt, stehen bei der zeitlichen Platzierung die Kontrollflüsse und Prozessorkerne im Vordergrund. Zunächst wird die Modellierung eines *nicht periodischen* und *nicht unterbrechbaren* Kontrollflusses vorgestellt. Anschließend werden verschiedene Erweiterungen dieser grundlegenden Modellierung dargelegt, mit denen die Anforderungen an die zeitliche Platzierung der Kontrollflüsse umgesetzt werden können.

Kontrollflüsse werden mit Hilfe einer eigenen Datenstruktur modelliert, die eine Kombination von drei *Variablen* und einem *Constraint* darstellt. In Anlehnung an die Terminologie der bestehenden Arbeiten im Bereich der Planungsverfahren und Constraint Programmierung [BCR14, S. 170] wird diese **Datenstruktur** in der vorliegenden

Arbeit auch als „*Task*" bezeichnet. Ein nicht periodischer und nicht unterbrechbarer Kontrollfluss $p$ wird damit durch einen „*Task*" $\tau_p$ repräsentiert. Dieser besteht aus den folgenden drei Variablen:

- $\tau_p^{start}$ – der Startzeitpunkt des Kontrollflusses,

- $\tau_p^{ende}$ – der Zeitpunkt, an dem der Kontrollfluss seine Arbeit beendet,

- $\tau_p^{dauer}$ – die Ausführungsdauer des Kontrollflusses

und dem folgenden zusätzlichen Constraint:

$$\tau_p^{start} + \tau_p^{dauer} = \tau_p^{ende} \qquad (6.3.1)$$

Dem Modellierungsansatz liegt ein diskretes Zeitmodell zugrunde. Dieses Zeitmodell wird auf die natürlichen Zahlen abgebildet. Für eine zeitliche Platzierung wird ein beschränktes Zeitintervall $[0, max]$ betrachtet, wobei $max$ der späteste Zeitpunkt ist, an dem ein Kontrollfluss seine Arbeit beenden kann. Dieses Intervall stellt zugleich auch den initialen Wertebereich für $\tau_p^{start}$ und $\tau_p^{ende}$ dar. Die Ausführungsdauer $\tau_p^{dauer}$ ist bereits festgelegt und ergibt sich aus den Eingabedaten.

Die Prozessorkerne im System sind die zentralen Ressourcen, auf denen die Kontrollflüsse zur Ausführung gebracht werden. Jeder Kontrollfluss kann auf genau einem Kern ausgeführt werden. Der gleichzeitige Zugriff auf einen Adapter durch mehrere Kontrollflüsse wird zunächst vernachlässigt. Jeder Prozessorkern wird durch *ein Disjunctive*-Constraint [BCR14, S. 1068] repräsentiert. Für eine Menge von *Tasks* stellt dieses Constraint sicher, dass sich die Ausführungszeiten der *Tasks* nicht überlappen und ein Kern zu jedem Zeitpunkt von höchstens einem *Task* belegt wird. Sobald alle *Tasks* der betrachteten *Scheduling Domain* erstellt und die *Disjunctive*-Constraints für jeden Prozessorkern generiert wurden, besteht die Konstruktion einer zeitlichen Platzierung in der zielgerichteten Suche nach einer gültigen Belegung für die Variablen der Startzeiten aller *Tasks*.

Diese grundlegende Modellierung erlaubt bereits die Konstruktion einer überlappungsfreien zeitlichen Platzierung von nicht periodischen und nicht unterbrechbaren Kontrollflüssen auf den Prozessorkernen des Systems. In den folgenden Abschnitten wird die Mächtigkeit und Komplexität dieses Ansatzes schrittweise erweitert, um den skizzierten Funktionsumfang der Konstruktion einer zeitlichen Platzierung zu realisieren.

## 6.3.2. Periodische Kontrollflüsse

Die bisher vorgestellte Modellierung wird nun zunächst um die *periodische* Ausführung der Kontrollflüsse erweitert. Anschließend wird die Realisierung des zu tolerierenden *Jitter* beim Beginn der Ausführung sowie die Verlängerung der ersten Ausführungsinstanz für einmalige Initialisierungsaufgaben beschrieben.

### Betrachtung einer Hyperperiode

Die Einführung von periodischen Kontrollflüssen scheint zunächst eine grundlegende Änderung der Modellierung zu erfordern, da die Ausführung periodischer Kontrollflüsse beliebig oft erfolgen kann. Der Zeitraum, der bei der zeitlichen Platzierung betrachtet wird, besitzt daher keine zeitliche „Grenze". Deshalb kann die Modellierung einer zeitlichen Platzierung für periodische Kontrollflüsse zunächst nicht unmittelbar auf die Betrachtung eines beschränkten Zeitintervalls $[0, max]$ abgebildet werden.

Allerdings ist es bei streng periodischen Kontrollflüssen möglich, die *Hyperperiode* als Grundlage für das Zeitintervall zu verwenden. Sie wird im Folgenden als $p_{hyp}$ bezeichnet und entspricht dem kleinsten gemeinsamen Vielfachen der Periodenlängen aller betrachteten Kontrollflüsse. Mit Hilfe dieser Definition wird sichergestellt, dass alle Kontrollflüsse während des Verlaufs einer Hyperperiode zumindest einmal und entsprechend ihrer Periodendauer ausgeführt werden können. Durch die wiederholte Ausführung des Ablaufplans einer Hyperperiode kann eine unendlich lange Ausführungssequenz von periodischen Kontrollflüssen realisiert werden. Die Konstruktion einer zeitlichen Platzierung wird daher auf das Zeitintervall $[0, p_{hyp}]$ beschränkt.

Ein möglicher Nachteil dieses Ansatz ist allerdings mit der besonderen Behandlung der ersten Ausführungsinstanz verbunden. Wie bei den Eingabedaten beschrieben, kann die Länge der ersten Ausführungsinstanz verlängert werden, um einmalige Initialisierungsaufgaben, zum Beispiel *Cache Warmup*, zu berücksichtigen. Diese Aufgaben werden in der Praxis im Regelfall nur *einmal* nach dem Start des Systems durchgeführt. Die wiederholte Ausführung des Ablaufplans einer Hyperperiode führt jedoch dazu, dass diese zusätzliche Ausführungszeit unnötigerweise *mehrfach* reserviert wird. Dies resultiert in einer (leicht) ineffizienten Ressourcenauslastung, da die betroffenen Kontrollflüsse bei der wiederholten Ausführung des Ablaufplans die zusätzlich reservierte Rechenzeit nicht mehr benötigen.

Dieser Nachteil kann mit Hilfe einer weiteren zeitliche Platzierung *ohne* zusätzliche Initialisierungszeit kompensiert werden. Zur Laufzeit des Systems muss dann zunächst der Ablaufplan der ersten zeitlichen Platzierung (mit zusätzlicher Initialisierungszeit) ausgeführt werden. Nach dem Ablauf der ersten Hyperperiode wird im Anschluss nur noch der Ablaufplan für die zweite zeitliche Platzierung (ohne zusätzliche Initialisierungszeit) ausgeführt.

## Realisierung der Periodizität

Mit Hilfe der nun bekannten Länge der Hyperperiode kann für jeden Kontrollfluss bestimmt werden, wie viele Ausführungsinstanzen während des Verlaufs einer Hyperperiode eingeplant werden müssen. Für einen Kontrollfluss mit dem Index $p$ wird die Anzahl der Ausführungsinstanzen $c_p$ wie folgt bestimmt:

$$c_p = \frac{p_{hyp}}{\tau_p^{dauer}} \qquad (6.3.2)$$

Zur Realisierung der periodischen Ausführung des betrachteten Kontrollflusses $p$ wird nun jede Ausführungsinstanz als eigener *Task* modelliert. Damit müssen für den Kontrollfluss $p$ genau $c_p$-viele *Tasks* erstellt werden. Zur Unterscheidung werden diese *Tasks* wie folgt notiert: $\tau_p^i$ beschreibt einen *Task*, der die Ausführungsinstanz mit dem Index $i$ des Kontrollflusses $t_p$ modelliert. Für den Index $i$ gilt: $i \in \{0, \ldots, c_p - 1\}$. Bei diesen *Tasks* werden zunächst die Variablen, die dessen Start, Laufzeit und Ende beschreiben, auf einen möglichst kleinen Wertebereich eingeschränkt.

Für eine Instanz $i$ bedeutet dies konkret:

$$\tau_p^{i,dauer} \equiv \tau_p^{dauer} \tag{6.3.3}$$

$$\tau_p^{i,start} \in \left[ 0, p_{hyp} - \tau_p^{i,dauer} \right] \tag{6.3.4}$$

$$\tau_p^{i,ende} \in [\tau_p^{i,dauer}, p_{hyp}] \tag{6.3.5}$$

Falls die erste Ausführungsinstanz gemäß der Eingabedaten um $t_{init}$ verlängert werden soll, wird dessen Ausführungsdauer $\tau_p^{0,dauer}$ nicht auf $\tau_p^{dauer}$ sondern stattdessen auf den Wert $\tau_p^{dauer} + t_{init}$ gesetzt. Anschließend werden alle *Tasks* dem *Disjunctive*-Constraint ihres zugewiesenen Prozessorkerns hinzugefügt, so dass eine überlappungsfreie Belegung der Start- und Ende-Variablen sichergestellt ist.

Bevor im nächsten Schritt die *periodische* Ausführung des Kontrollflusses durch weitere Constraints erzwungen wird, muss die Variable für die Start- und Ende-Zeit der ersten Ausführungsinstanz noch entsprechend den Vorgaben aus den Eingabedaten eingeschränkt werden. Konkret bedeutet dies, dass die erste Ausführungsinstanz nicht später als zum geforderten Zeitpunkt $\hat{t}_{start}$ beginnen darf. Gleichzeitig darf die erste Ausführungsinstanz auch nicht später als zum geforderten Zeitpunkt $\hat{t}_{ende}$ beendet werden. Diese Anforderung wird durch die folgenden zwei Constraints für die erste Ausführungsinstanz des betrachteten Kontrollflusses $p$ erreicht:

$$\tau_p^{0,start} \leq \hat{t}_{start} \tag{6.3.6}$$

$$\tau_p^{0,ende} \leq \hat{t}_{ende} \tag{6.3.7}$$

Nach der Einschränkung der ersten Ausführungsinstanz wird nun die periodische Ausführung des Kontrollflusses realisiert. Dazu wird für die Start-Variablen jeder weiteren Ausführungsinstanz ($\tau_p^{i,start}$) ein fester zeitlicher Abstand in Höhe eines Vielfachen der Periodendauer gefordert. Für einen Kontrollfluss $p$ beschreibt $p_p$ die mit der Eingabe übergebene Periodendauer. Zur Modellierung einer periodischen Ausführung wird nun für jede Ausführungsinstanz $i$ des Kontrollflusses $p$ mit $i \in \{1, \ldots, c_p - 1\}$ das folgende Constraint hinzugefügt:

$$\tau_p^{0,start} + i \cdot p_p = \tau_p^{i,start} \qquad (6.3.8)$$

Dieses Constraint erzwingt, dass die Summe aus dem Startzeitpunkt der ersten Ausführungsinstanz und dem $n-1$-fachen der Periodendauer dem Startzeitpunkt der $n$-ten Ausführungsinstanz entspricht. Dabei gilt $n \in \{2, 3, \ldots, c_p\}$.

**Ermöglichen von Jitter in jeder Ausführungsinstanz**

Im vorigen Abschnitt wurde eine *feste* periodische Ausführung eines Kontrollflusses modelliert. Diese Starrheit einer zeitlichen Platzierung wird in der Praxis oft nicht benötigt. Zudem wird der Lösungsraum bei dieser Modellierung unnötig stark eingeschränkt. Aus diesem Grund kann in den Eingabedaten auch ein *tolerierter Jitter* für den Beginn der Ausführungsinstanzen jedes Kontrollflusses definiert werden.

Bisher hat die Festlegung eines Startzeitpunktes für die erste Ausführung eines Kontrollflusses auch implizit die Startzeitpunkte für die folgenden Ausführungsinstanzen *exakt* fixiert. Nun wird die bisher vorgestellte Modellierung dahingehend erweitert, dass die Startzeitpunkte der folgenden Ausführungsinstanzen (Indizes $i \in \{1, \ldots, c_p - 1\}$) nicht exakt im Abstand einer Periodenlänge erfolgen müssen, sondern jeweils innerhalb eines spezifizierten Jitters schwanken dürfen.

Der tolerierte Jitter für einen Kontrollfluss $p$ wird in den Eingabedaten durch die Werte $j_p^{early}$ und $j_p^{late}$ festgelegt. Diese Werte beschreiben relativ zum bisher fixierten Startzeitpunkt einer Ausführungsinstanz den *frühesten* und *spätesten* Startzeitpunkt. Konkret bedeutet dies, dass die Startzeit für die Ausführungsinstanz mit dem Index $i$ innerhalb des folgenden Intervalls liegen muss:

$$\left[ \tau_p^{0,start} + i \cdot p_p - j_p^{early}, \quad \tau_p^{0,start} + i \cdot p_p + j_p^{late} \right] \qquad (6.3.9)$$

Die Beschränkungen dieses Intervalls werden nun mit Hilfe von Constraints für die Variablen der Startzeiten der *Tasks* formuliert. Dazu muss die Einschränkung der *Obergrenze* des Intervalls der Startzeit für alle Ausführungsinstanzen $i$ mit $i \in \{1, \ldots, c_p - 1\}$ wie folgt spezifiziert werden:

$$\tau_p^{i,start} \leq \tau_p^{0,start} + i \cdot p_p + j_p^{late} \qquad (6.3.10)$$

$$\Longleftrightarrow \quad \tau_p^{i,start} - i \cdot p_p - j_p^{late} \leq \tau_p^{0,start} \qquad (6.3.11)$$

Analog wird die auch *Untergrenze* des Intervalls der Startzeit für alle Ausführungsinstanzen $i$ mit $i \in \{1, \ldots, c_p - 1\}$ eingeschränkt:

$$\tau_p^{0,start} + i \cdot p_p - j_p^{early} \leq \tau_p^{i,start} \qquad (6.3.12)$$

## 6.3.3. Geplante Unterbrechungen

Der bisher vorgestellte Modellierungsansatz basiert auf nicht unterbrechbaren Kontrollflüssen. Dies ist für viele Anwendungsfälle in der Praxis nicht ausreichend, um die Prozessorkerne eines Systems effizient auszunutzen. Ein Kontrollfluss muss bei seiner Ausführung auch *geplant* unterbrochen werden können, um die periodische Ausführung eines anderen Kontrollflusses zu ermöglichen. Dazu wird die Modellierung in diesem Abschnitt um eine Zerlegung einer Ausführungsinstanz in einzelne *Slices* (deutsch: Scheiben) erweitert. Wie bei der Vorstellung der Eingabedaten in Unterabschnitt 6.2.1 beschrieben wurde, kann diese Zerlegung durch den Anwender gezielt gesteuert werden, indem er die maximale Anzahl der Slices einer Ausführungsinstanz ($\hat{s}_p$) und deren minimale Ausführungszeit ($dauer_{min}$) vorgibt. Im Folgenden wird gezeigt, wie die Modellierung einer Ausführungsinstanz angepasst werden muss, um diese Funktionalität zu realisieren.

Die Grundlage dieser Erweiterung bildet die Betrachtung eines periodischen Kontrollflusses $p$. Eine Ausführungsinstanz $i$ dieses Kontrollflusses wird durch den *Task* $\tau_p^i$ repräsentiert. Die notwendigen Constraints zur Einschränkung der Startzeit dieses *Tasks* – $\tau_p^{i,start}$ – wurden bereits im vorhergehenden Unterabschnitt vorgestellt. Die Ausführungsdauer – $\tau_p^{i,dauer}$ – wurde bereits mit Hilfe der Eingabedaten eingeschränkt.

Zur Realisierung geplanter Unterbrechungen wird der betrachtete *Task* $\tau_p^i$ nun in einzelne Slices zerlegt, wobei jede Slice erneut durch einen *Task* repräsentiert wird. Mit Hilfe der Eingabedaten ist die maximale Anzahl an Slices jedes Kontrollflusses $\hat{s}_p \in \mathbb{N}_{>0}$ bekannt. In jeder Ausführungsinstanz $i$ wird der bisher modellierte *Task* $\tau_p^i$ in die maximale Anzahl an Slices ($\hat{s}_p$) zerlegt. Es entsteht die folgende Menge von *Tasks* für die Ausführungsinstanz $i$ des Kontrollflusses $p$:

$$\left\{ \tau_p^{i,0}, \dots, \tau_p^{i,\hat{s}_p-1} \right\} \tag{6.3.13}$$

Bei der ersten Slice ($\tau_p^{i,0}$) der betrachteten Ausführungsinstanz wird als Variable für die Startzeit die bereits eingeschränkte Anfangszeit des ursprünglichen *Tasks* (ohne Slices) $\tau_p^i$ verwendet. Es gilt:

$$\tau_p^{i,0,start} = \tau_p^{i,start} \tag{6.3.14}$$

Analog wird bei der letzten Slice ($\tau_p^{i,\hat{s}_p-1}$) die bereits eingeschränkte Endezeit des ursprünglichen *Tasks* (ohne Slices) $\tau_p^i$ übernommen. Es gilt:

$$\tau_p^{i,\hat{s}_p-1,ende} = \tau_p^{i,ende} \tag{6.3.15}$$

Die Variablen der Start- und Endezeiten der übrigen Slices werden zunächst mit dem Wertebereich $[0, p_{hyp}]$ initialisiert. Die Wertebereiche dieser Variablen werden später indirekt noch stärker eingeschränkt.

Anschließend wird bei jeder Slice $s$ mit $s \in \{0, \dots, \hat{s}_p - 1\}$ der Wertebereich für die Variable, die die Ausführungsdauer enthält, auf das folgende Intervall eingeschränkt:

$$\tau_p^{i,s,dauer} \in \left[ dauer_{min}, \tau_p^{i,dauer} - (\hat{s}_p - 1) \cdot dauer_{min} \right] \tag{6.3.16}$$

Darüber hinaus wird nun für jede Ausführungsinstanz ein weiteres Constraint benötigt. Dieses muss sicherstellen, dass die Summe der Ausführungszeiten aller Slices in einer betrachteten Ausführungsinstanz $i$ genauso groß ist, wie die Ausführungsdauer des repräsentierten Kontrollflusses:

$$\sum_{j=0}^{\hat{s}_p-1} \tau_p^{i,j,dauer} = \tau_p^{i,dauer} \qquad (6.3.17)$$

Zum Abschluss muss die Reihenfolge *aller* Slices in allen Ausführungsinstanzen erzwungen werden. Dazu werden die Slices aller Ausführungsinstanzen eines Kontrollflusses eindeutig durchnummeriert. Jede Slice erhält einen eindeutigen Index $x$, der sich aus der Ausführungsinstanz $i$, der maximalen Slice-Anzahl $\hat{s}_p$ und des Slice-Indexes $s$ wie folgt ergibt: $x = i \cdot \hat{s}_p + s$. Damit gilt:

$$\tau_p^{i,s} = \tau_p^{(i\cdot\hat{s}_p+s)} = \tau_p^{(x)} \qquad (6.3.18)$$

Die Definition der Reihenfolge erfolgt nun paarweise zwischen „benachbarten" Slices. Sei dazu $s_{ges}$ die Gesamtanzahl aller Slices eines Kontrollflusses in allen seinen Ausführungsinstanzen. Für jeden Index $x \in \{0, 1, \ldots, s_{ges} - 2\}$ wird nun das folgende Constraint generiert, um die Reihenfolge der Slices zu erzwingen:

$$\tau_p^{(x),ende} \leq \tau_p^{(x+1),start} \qquad (6.3.19)$$

## 6.3.4. Wechselzeiten

Wechselzeiten beschreiben eine zusätzliche Zeitdauer, die vom Betriebssystem benötigt wird, um einen Kontextwechsel zu realisieren. Diese Dauer ist vom verwendeten Betriebssystem und der eingesetzten Hardware abhängig. Sie wird in diesem Verfahren als global einheitlicher Wert im Rahmen der Eingabedaten übergeben und im Folgenden als $D_{change}$ mit $D_{change} \in \mathbb{N}$ bezeichnet. Kontextwechsel erfordern Rechenzeit auf einem Prozessorkern und müssen daher *zusätzlich* zur

Ausführungsdauer eines Kontrollflusses bei der zeitlichen Platzierung berücksichtigt werden.

Im vorigen Abschnitt wurde die geplante Zerlegung einer Ausführungsinstanz eines Kontrollflusses in Slices beschrieben. Slices stellen bisher die *atomaren* Elemente für die zeitliche Platzierung dar. Aus diesem Grund muss die Semantik einer Wechselzeit im Kontext von Slices beschrieben werden. Grundsätzlich gilt, dass die spezifizierte Wechselzeit auch zwischen Slices zu beachten ist. Allerdings existiert hier eine wichtige Ausnahme. Zwischen benachbarten und unmittelbar aufeinander folgenden Slices der *gleichen Ausführungsinstanz* eines Kontrollflusses, kann die Wechselzeit auch ignoriert werden, da das Betriebssystem in diesem Fall keinen aufwändigen Kontextwechsel durchführen muss.

Als Folge der notwendigen Beachtung dieser Ausnahme stößt die bisherige Modellierung jedoch an ihre Grenzen. Der bisherige Ansatz, bei dem jeder Prozessorkern durch ein einzelnes, globales *Disjunctive*-Constraint modelliert wird, ist nicht länger tragfähig. Nun ist die Länge der Zeitspanne, in der der Prozessorkern durch eine Slice belegt wird, variabel und davon abhängig, ob eine Wechselzeit beachtet werden muss oder nicht. Bei der Verwendung von *einem Disjunctive*-Constraint für *alle* Slices lässt sich jedoch die Ausführungsdauer einer Slice – und ihre Verlängerung um die geforderte Wechselzeit – nicht in Abhängigkeit von der Positionierung und Reihenfolge anderer Slices spezifizieren.

Die Semantik eines *globalen Disjunctive*-Constraints für *alle* Slices lässt sich allerdings auch mit anderen Mitteln realisieren. So wird eine identische Einschränkung für den Lösungsraum erzielt, wenn für alle (ungeordneten) Slice-Paare jeweils ein eigenes *Disjunctive*-Constraint erstellt wird. Für eine Menge von $n$ zu platzierenden Slices werden damit allerdings $\binom{n}{2} = \frac{n \cdot (n-1)}{2}$ *Disjunctive*-Constraints benötigt. Der Vorteil dieser alternativen Realisierung liegt allerdings darin, dass die Zeitdauer, die eine der Slices einen Prozessorkern belegt, in Abhängigkeit einer anderen Slice im gleichen „Paar" spezifiziert werden kann. Die höhere Flexibilität dieses Ansatzes wird im Folgenden dazu benutzt, um die Constraints zur Realisierung der variablen Wechselzeiten zwischen Slices zu generieren.

Die Realisierung von *variablen* Wechselzeiten besteht aus zwei Schritten. Im ersten Schritt werden zunächst alle (ungeordneten) Slice-Paare von jeweils *unterschiedlichen* Kontrollflüssen in allen Ausführungsinstanzen betrachtet. Die Slices aus allen diesen Paaren werden nun dahingehend analysiert, ob hinsichtlich der anderen Slice im gleichen Paar eine Wechselzeit beachtet werden muss.

Es wird deutlich, dass gemäß der beschriebenen Semantik der Wechselzeiten, bei *jeder* Slice aus einem dieser Paare die Wechselzeit beachtet werden muss. Ein Ignorieren der Wechselzeit ist bei diesen Slice-Paaren nicht möglich. Daher werden die Slices aus diesen Paaren zu einem eigenen *Disjunctive*-Constraint pro Slice-Paar hinzugefügt. Bei jeder Slice aus dem betrachteten Paar ergibt sich die Dauer der Belegung des Prozessorkerns – genauer gesagt: die Belegung des *Disjunctive*-Constraints – aus der Summe der Ausführungsdauer der Slice ($\tau_p^{i,s,dauer}$) und der global festgelegten Wechselzeit $D_{change}$.

Im zweiten Schritt werden alle Slices von allen Ausführungsinstanzen jedes Kontrollflusses einzeln betrachtet. Als wichtige Voraussetzung wurden alle Slices eines Kontrollflusses $p$ im vorigen Abschnitt bereits eindeutig indiziert ($\tau_p^{(x)}$ mit $x \in \{0, \ldots, c_p \cdot \hat{s}_p - 1\}$) und die notwendigen Constraints zum Erzwingen einer Reihenfolge von benachbarten Slices konstruiert. Für alle ungeordneten Paare von „benachbarten" Slices $\{\tau_p^{(x)}, \tau_p^{(y)}\}$ aus der Menge aller Slices des Kontrollflusses $p$ bei denen gilt $y = x + 1$ werden nun die folgenden Constraints generiert.

Wenn die Slices des Paares $\{\tau_p^{(x)}, \tau_p^{(y)}\}$ *nicht* zur gleichen Ausführungsinstanz gehören, dann wird zwischen ihnen mindestens ein Abstand in Höhe der globalen Wechselzeit $D_{change}$ gefordert. Andernfalls wird zusätzlich zum zeitlichen Mindestabstand in Höhe der Wechselzeit $D_{change}$ auch ein zeitlicher Abstand von 0 Zeiteinheiten ermöglicht. Konkret wird dies durch das folgende Constraint für jedes dieser Paare wie folgt ausgedrückt:

$$\tau_p^{(x),ende} + D = \tau_p^{(y),start} \tag{6.3.20}$$

Dabei ist $D$ eine Variable, deren Wertebereich zunächst den prinzipiell erlaubten zeitlichen Abstand zwischen $\tau_p^{(x)}$ und $\tau_p^{(y)}$ beschreibt. Deren Wertebereich umfasst daher initial das Intervall $[D_{change}, p_{hyp}]$. Dies sind alle gültigen zeitlichen Abstände zwischen dem Ende von $\tau_p^{(x)}$ und dem Anfang von $\tau_p^{(y)}$. Falls die beiden betrachteten Slices allerdings zur *gleichen* Ausführungsinstanz gehören und damit

$$x \mod \hat{s}_p \neq \hat{s}_p - 1 \qquad (6.3.21)$$

gilt, wird der Wertebereich der Variablen $D$ zusätzlich um den diskreten Wert 0 erweitert. Der Wertebereich der Variablen $D$ umfasst damit das vereinigte Intervall $[0,0] \cup [D_{change}, p_{hyp}]$. Auf diese Weise wird sichergestellt, dass bei zwei unmittelbar aufeinander folgenden Slices des gleichen Kontrollflusses von der gleichen Ausführungsinstanz entweder *keine* zusätzliche Rechenzeit für einen Kontextwechsel reserviert wird und beide Slices damit unmittelbar aufeinander folgen oder alternativ ein Mindestabstand zwischen diesen Slices in Höhe von $D_{change}$ eingehalten wird.

## 6.3.5. Relationen

Relationen werden bei der Eingabe immer zwischen zwei Kontrollflüssen definiert. Sie dienen dazu, die Ausführungsreihenfolge dieser Kontrollflüsse gezielt zu beeinflussen, um ein bestimmtes Zeitverhalten des Systems zu erreichen. Relationen können immer nur zwischen Kontrollflüssen mit der gleichen Periode spezifiziert werden. Darüber hinaus kann auch ein minimaler zeitlicher Abstand ($D_R \in \mathbb{N}$) zwischen den Referenzpunkten einer Relation – dem Beginn oder dem Ende einer Ausführungsinstanz – festgelegt werden.

Auf dieser Grundlage können die notwendigen Constraints zur Festlegung der Ausführungsreihenfolge für *jede* Ausführungsinstanz einzeln generiert werden. Für jede Relation und jede Ausführungsinstanz der beteiligten Kontrollflüsse werden die folgenden Schritte durchgeführt. Zunächst werden die *Referenzpunkte* – genauer gesagt: die Variablen der Referenzpunkte $var_1$ und $var_2$ – und der geforderte minimale Abstand $D_R$ ermittelt. Wird der Beginn eines Kontrollflusses referenziert, so ist dafür die „Start-Variable" des *Tasks* zu verwenden, der den *ersten* Slice der betrachteten Ausführungsinstanz repräsentiert. Wird dagegen die Beendigung eines Kontrollflusses referenziert, so ist die „Ende-Variable" des *Tasks* zu verwenden, der den *letzten* Slice der betrachteten Ausführungsinstanz repräsentiert. Anschließend wird für jede Ausführungsinstanz das folgende Constraint generiert:

$$var_1 + D_R \leq var_2 \qquad (6.3.22)$$

Zur Illustration dieser Vorgehensweise wird eine Beispielrelation betrachtet, die eine Beziehung zwischen dem Ende von Kontrollfluss $p$ und dem Beginn von Kontrollfluss $q$ herstellt. Beide Kontrollflüsse bestehen aus $s$ Slices, die jeweils durch eigene *Tasks* repräsentiert werden. Für eine Ausführungsinstanz $i$ werden nun die folgenden Referenzvariablen $var_1$ und $var_2$ ermittelt:

- $var_1 = \tau_p^{i,s-1,ende}$ – Variable, die die Ende-Zeit des letzten Slices von der $i$-ten Ausführungsinstanz von Kontrollfluss $p$ enthält

- $var_2 = \tau_q^{i,0,start}$ – Variable, die die Start-Zeit des ersten Slices von der $i$-ten Ausführungsinstanz von Kontrollfluss $q$ enthält

Mit dem folgenden Constraint für jede Ausführungsinstanz $i$ kann nun die geforderte Reihenfolge in der zeitlichen Platzierung erzwungen werden:

$$\tau_p^{i,s-1,ende} + D_R \leq \tau_q^{i,0,start} \qquad (6.3.23)$$

## 6.3.6. Belegung von Adaptern

Bei der Vorstellung der Eingabedaten wurde bereits erwähnt, dass die von mehreren Kontrollflüssen gemeinsam verwendeten Adapter ebenfalls bei der zeitlichen Platzierung zu berücksichtigen sind. Dieses Verfahren beruht auf der Annahme, dass ein Adapter durch einen Kontrollfluss belegt wird, sobald dieser Kontrollfluss auf einem Prozessorkern ausgeführt wird. Ein Adapter besitzt eine Kapazität und kann daher auch mehr als eine „*Einheit*" zur Verfügung stellen. Für einen Adapter mit dem Index $r$ wird die Anzahl seiner „Einheiten" durch die Eingabedaten festgelegt und im Folgenden durch $u_r^{angebot}$ beschrieben. Analog kann auch ein Kontrollfluss mehr als eine „*Einheit*" eines Adapters bei seiner Ausführung belegen. Der Anzahl der Einheiten des Adapters mit dem Index $r$, die bei der Ausführung des Kontrollflusses $t$ belegt werden, wird ebenfalls in den Eingabedaten erfasst und wird durch $u_t^{r,bedarf}$ referenziert. Die Angebote und Bedarfe werden auf natürliche Zahlen abgebildet, so dass gilt: $u_r^{angebot} \in \mathbb{N}$ und $u_t^{r,bedarf} \in \mathbb{N}$.

Zur Modellierung dieser Anforderungen durch Constraints wird zunächst für jeden Adapter ein *Cumulative*-Constraint [BCR14, S. 908] erzeugt. Dieses Constraint wird mit einer Kapazitätsobergrenze in Höhe von $u_r^{angebot}$ spezifiziert. Im nächsten Schritt werden dem *Cumulative*-Constraint *alle* Slices von allen Kontrollflüssen hinzugefügt, die den betrachteten Adapter belegen. Bei jeder dieser Slices wird der Ressourcenbedarf des entsprechenden Kontrollflusses ($u_t^{r,bedarf}$) verwendet. Diese Schritte werden für alle Adapter in der Scheduling Domaine durchgeführt.

## 6.4. Zusammenfassung des Kapitels

In diesem Kapitel wird ein neuer Ansatz zur automatisierten zeitlichen Platzierung von Kontrollflüssen vorgestellt. Zur Beschleunigung der Lösungssuche in Anbetracht der hohen Komplexität des Lösungsraum werden zunächst *Scheduling Domains* eingeführt. Sie stellen eine unabhängige Teilmenge des Gesamtsystems dar und ermöglichen zugleich eine unabhängige Bearbeitung.

Die Konstruktion der zeitlichen Platzierung erfolgt mit Hilfe der Constraint Programmierung. Dazu werden die Anforderungen an eine zeitliche Platzierung als *Constraint Satisfaction Problem* formalisiert. Die Modellierung basiert auf einem diskreten Zeitmodell und beschränkt sich auf die Betrachtung einer *Hyperperiode*. Eine Optimierung der zeitlichen Platzierung erfolgt nicht. Stattdessen wird die Existenz *einer* gültigen zeitlichen Platzierung als ausreichender Nachweis für die *prinzipielle* Realisierbarkeit der zugrunde liegenden räumlichen Platzierung verwendet.

# 7. Fallbeispiele

Zur Demonstration der Realisierbarkeit der in Kapitel 5 und in Kapitel 6 vorgestellten Platzierungsverfahren für Softwarekomponenten wurde im Rahmen dieser Arbeit das Werkzeug „*Architecture Synthesis for Safety Critical Systems - ASSIST*" [Hil14] entwickelt (siehe Anhang A). In diesem Kapitel werden die entwickelten Verfahren mit Hilfe dieses Werkzeugs anhand von zwei konkreten Fallbeispielen für funktionssichere eingebettete Systeme aus der Luft- und Raumfahrt demonstriert. Die betrachteten Fallbeispiele sind hinsichtlich ihres Aufbaus, ihrer Komplexität und des Umfangs der zu berücksichtigen Anforderungen an *reale Systeme* von Industrieunternehmen aus der Luft- und Raumfahrt angelehnt. Die Ausarbeitung dieser Fallbeispiele erfolgte im Rahmen der Forschungsprojektes SPES 2020 und wurde durch den Autor dieser Arbeit maßgeblich durchgeführt.

Zunächst werden für jedes Fallbeispiel die relevanten Kontextinformationen, die Anforderungen an die Funktionssicherheit sowie die spezifischen Optimierungsziele vorgestellt. Anschließend wird gezeigt, wie diese Randbedingungen mit Hilfe des Werkzeugs *ASSIST* spezifiziert und für die automatisierte Platzierung der Softwarekomponenten verwendet werden können.

## 7.1. Fallbeispiel 1: Flugleitsystem

### 7.1.1. Trends in der Avionik

Die elektronischen Systeme an *Board* eines Flugzeugs werden als Avionik (englisch: *Aviation Electronics*) bezeichnet. Mittlerweile werden immer mehr Funktionen der Avionik mit Hilfe von Software realisiert. Daher steigt die Komplexität dieser Systeme kontinuierlich an.

Das Flugleitsystem (*Flight Control System*) ist ein zentraler Teil der Avionik. In der Architektur eines Flugleitsystems wird zunehmend auf den Einsatz von mechanischen und hydraulischen Komponenten verzichtet. Stattdessen wird die Ansteuerung der Steuerflächen eines Flugzeugs mittlerweile durch vernetzte Computersysteme realisiert („*Fly-by-Wire*"). Diese elektronischen Systeme erreichen mittlerweile eine so hohe Zuverlässigkeit, dass auch bei den „Backup"-Systemen auf mechanische und hydraulische Komponenten verzichtet werden kann („*Full Fly-By-Wire*"). Durch diesen Verzicht wird das Eigengewicht eines Flugzeugs gesenkt, so dass dessen Transportvolumen gesteigert und der relative Ausstoß von Kohlenstoffdioxid reduziert werden kann.

## 7.1.2. Aufgaben und Bedeutung eines Flugleitsystems

In der aktuellen Generation ziviler Flugzeuge wird die Ansteuerung und kontinuierliche Überwachung der primären und sekundären Steuerflächen durch das *Flugleitsystem* realisiert. Dessen Aufgaben sind *sicherheitskritisch*, da eine Fehlsteuerung oder der Ausfall der Steuerung mit hoher Wahrscheinlichkeit eine sichere Landung des Flugzeugs verhindern. Zur Gewährleistung dieser Funktionalität besteht ein modernes Flugleitsystem aus etwa 20 bis 100 miteinander vernetzten eingebetteten Systemen. Die Zuordnung der logischen (Teil-) Funktionen eines Flugleitsystems auf die einzelnen eingebetteten Systeme erfolgt derzeit noch weitgehend manuell mit Hilfe von Expertenwissen oder auf der Basis von Erfahrungen aus Vorgängerprojekten.

Zur Gewährleistung einer hohen Zuverlässigkeit des Systems, basiert dessen Architektur auf *technischen* und *natürlichen* Redundanzen. Für die Realisierung einer *technischen* Redundanz ist jede Steuerfläche mit zwei oder drei Aktuatoren ausgestattet, die zueinander in einer *Aktiv-Aktiv-* oder *Aktiv-Passiv*-Redundanzbeziehung stehen. Die *natürliche* Redundanz resultiert daher, dass einige Flächen hinsichtlich ihrer Steuerfunktion redundant sind und daher einen Ausfall kompensieren können. Beispielsweise kann der Ausfall der *Elevator*-Steuerung mit Hilfe der Triebwerksleistung, den *Flaps* und der Trimmung kompensiert werden.

Neben der Steuerung der Aktuatoren überwachen zusätzliche Computersysteme die Einhaltung der *Flight Control Laws* und unterbinden damit die Umsetzung von Steuerbefehlen des Piloten, die zu kritischen und aerodynamisch instabilen Zuständen des Flugzeugs führen können. Dazu zählt beispielsweise der Schutz vor einem Strömungsabriss. Diese Systeme übernehmen auch die Aufgabe der Synchronisation in der Ansteuerung der verschiedenen Steuerflächen. Sie ist erforderlich, um die aerodynamische Stabilität des Flugzeugs herzustellen und so den Komfort der Passagiere während des Fluges zu steigern.

### 7.1.3. Optimierungsziele

Die Entwicklung der Hardware- und Softwarearchitektur eines Flugleitsystems wird primär durch das Ziel vorangetrieben, die Kosten zu senken. Hierbei muss zwischen den Entwicklungs-, Material- und Betriebskosten unterschieden werden. Die Reduktion der Materialkosten eines Flugleitsystems kann erreicht werden, indem die Anzahl der benötigten technischen Geräte (*Cabinets*, *Boxes*, *Boards*) reduziert wird. Das führt auch zu einer Senkung der Betriebskosten, da eine geringere Anzahl an Geräten zu einer Reduktion des Flugzeugeigengewichts sowie des Platz- und Energiebedarfs des Systems führt. Ein solches Vorgehen wird auch als *Space, Weight and Power (SWaP)* Reduzierung bezeichnet. Jedes eingesparte Kilogramm Gewicht führt bei einem zivilen Verkehrsflugzeug der aktuellen Generation zu einer Reduzierung der benötigten Treibstoffmenge in Höhe von etwa USD 3000 pro Jahr [The11].

Neben der SWaP Reduzierung ist auch die Reduktion der Entwicklungskosten ein wesentlicher Treiber für die Gestaltung der Systemarchitektur. Dieses Ziel wird bei der Entwicklung adressiert, indem die einzelnen Software- und Hardwarekomponenten möglichst wiederverwendbar gestaltet werden. Ein signifikanter Anteil des Entwicklungsaufwands entfällt jedoch auch auf die Zertifizierung und die dafür notwendigen Vorbereitungen. Daher wird die Architekturentwicklung auch stark durch das Ziel beeinflusst, die Risiken und den Aufwand einer Zertifizierung des Systems zu minimieren. Dies führt jedoch dazu, dass Architekturen mit stärker isolierten Hardwarekomponenten gegenüber Architekturen mit einer gemeinsam genutzten Hardwareplattform bevorzugt werden. Ein solches Ziel steht im Konflikt mit der SWaP Reduktion, da eine Multifunktionsintegration zu komplexeren Architekturen führt und damit den Zertifizierungsaufwand und das Entwicklungsrisiko signifikant erhöht. Die Optimierung der Architektur muss daher einen Ausgleich zwischen diesen konfligierenden Entwicklungszielen herstellen.

### 7.1.4. Räumliche Platzierung

Die Darstellung der Systemarchitektur des betrachteten Flugleitsystems erfolgt in verkürzter und stark vereinfachter Form, um die relevanten Aspekte für die *räumliche* Platzierung besser demonstrieren zu können. Dazu basiert das Beispiel auf den folgenden Annahmen:

1. Softwarekomponenten können prinzipiell auf den von der Hardwarearchitektur bereitgestellten Ressourcen *beliebig* miteinander kombiniert werden, sofern sie dabei keine *explizit* spezifizierten Zuverlässigkeitsanforderungen verletzten oder die Ressourcenkapazitäten überschreiten.

2. Für die Erfüllung einer Redundanzanforderung ist es ausreichend, wenn die Redundanz (*Dislokalität*) bis einschließlich der Ebene der *Boards* erreicht wird.

3. Analog muss die *Dissimilarität* einer Platzierung ebenfalls bis einschließlich der Ebene der *Boards* realisiert werden.

Ansonsten wird – wie in Abschnitt 5.3 beschrieben – das Vorliegen einer *dislokalen* Platzierung auf der Grundlage der *Identität* der Zielressourcen und das Vorliegen einer *dissimilaren* Platzierung im Wesentlichen anhand eines Vergleichs der Hersteller- und Typ-Attribute der Zielressourcen entschieden.

## Hardwarearchitektur

Zur Realisierung dieser sicherheitskritischen Funktionen wird eine mehrstufige und räumlich verteilte Hardwarearchitektur verwendet (siehe Abschnitt 2.1). Ein Flugzeug enthält typischerweise mehrere *Cabinets*, die aus Gründen der Zuverlässigkeit räumlich im Flugzeug verteilt sind. Jede *Box* eines *Cabinets* realisiert mindestens eine logische (Teil-) Funktion der gesamten Flugsteuerung und bildet mit anderen *Boxen* eine Redundanzgruppe, um die Zuverlässigkeit zu gewährleisten.

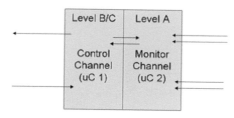

dissimilar, not redundant

**Abbildung 7.1.:** Realisierung einer Actuator Control Electronic als „*Control Channel - Monitor Channel*" Architektur

Quelle: Liebherr Aerospace Lindenberg - mit Genehmigung

Bei der Realisierung der einzelnen *Boxen* (auch *Actuator Control Electronic* genannt) wird auf eine sogenannte „*Control Channel - Monitor Channel*" Architektur [Yeh04, S. 214; SS00, S. 12–5] gemäß Abbildung 7.1 zurückgegriffen. Dieses Vorgehen erleichtert einerseits die Entwicklung und Zertifizierung der einzelnen Funktionen eines Flugleitsystems, da der *Control Channel* lediglich mit den Anforderungen der Kritikalitätsstufe *DAL B* beziehungsweise *DAL C* konfrontiert ist. Dafür muss der *Monitor Channel* gemäß der höchsten Kritikalitätsstufe *DAL A* entwickelt werden. Allerdings ist dessen Funktionsumfang und Komplexität geringer. Ein signifikanter Nachteil dieser Architektur besteht darin, dass jede *Box* aus mindestens zwei *Boards* bestehen muss, um die Integrität und Unabhängigkeit der beiden Kanäle zu gewährleisten.

Jede *Box* beinhaltet mehrere *Boards*, auf denen sich die Prozessoren
zur Ausführung der Softwarekomponenten befinden. Die Prozessoren
sind meist mit weniger als 250 MHz getaktet, um eine passive Kühlung
zu ermöglichen. Aktuell werden hier beispielsweise Freescale MPC 5554
Prozessoren mit Taktraten zwischen 80 MHz und 132 MHz eingesetzt.
Für eine Weiterentwicklung des Systems werden gegenwärtig auch
Mehrkernprozessoren, wie der Freescale MPC5643L, untersucht.

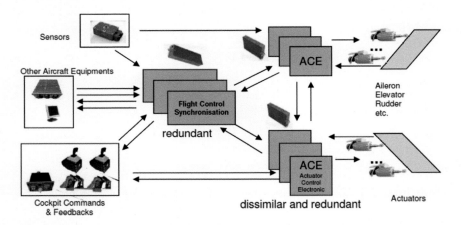

**Abbildung 7.2.:** Schematischer Aufbau eines Flugleitsystems
Quelle: Liebherr Aerospace Lindenberg - mit Genehmigung

Die Abbildung 7.2 beschreibt schematisch den grundlegenden Auf-
bau eines *„Full Fly-By-Wire"* Flugleitsystems. Für ein derartiges
System ist in Tabelle 7.1 eine Übersicht zur Anzahl der benötigten
*Boxen* und *Boards* dargestellt.

Die Gestaltung der Architektur wird nicht primär durch den Bedarf
nach einer hohen Rechenleistung getrieben. Stattdessen sind es hier viel
mehr die Anforderungen zur Zuverlässigkeit und zur Gewährleistung
der funktionalen Sicherheit, die zu redundanten Ressourcen und einer
hohen Diversifizierung in der Auswahl der Hardwarekomponenten
führen. Insbesondere der Schutz vor Ausfällen mit einer gemeinsamen Ursache (*Common Cause* Fehler) und die Forderung nach der

**Tabelle 7.1.:** *Boxes* und *Boards* eines Flugleitsystems
Quelle: Liebherr Aerospace Lindenberg - mit Genehmigung

| Funktion der Flugsteuerung | Anzahl an *Boxes* (ACE) | Anzahl an *Boards* |
|---|---|---|
| Rudder | 3 | 6 |
| Aileron | 4 | 8 |
| Elevator | 4 | 8 |
| Flight Spoiler | 4 | 8 |
| Ground Spoiler /Airbrake | 4 | 8 |
| Flaps | 4 | 8 |
| Slats | 4 | 8 |
| Horizontal Stabilizer | 4 | 8 |
| Flight Control Synchronisation | 3 | 6 |
| **Gesamt** | **34** | **68** |

gegenseitigen „Unabhängigkeit" kritischer Komponenten bedingen die Auswahl heterogener *Boards* und *Prozessoren*.

Die in diesem Fallbeispiel verwendete Hardwarearchitektur ist an den Aufbau realer Flugleitsysteme angelehnt. Zur Steigerung der Übersichtlichkeit wurde der Umfang der verfügbaren Ressourcen reduziert. Für die Ausführung der bereits beschriebenen Softwarekomponenten stehen zwei *Cabinets* zur Verfügung. In Abbildung 7.3 und Abbildung 7.4 ist die Ausstattung dieser *Cabinets* dargestellt.

Diese Angaben müssen als Eingabedaten für das Softwarewerkzeug formuliert werden. Die notwendigen Spezifikationen sind in Abbildung 7.5 dargestellt. Es wird deutlich, wie der Einsatz einer textuellen Spezifikationssprache mit einer formal definierten Syntax und Semantik die Problembeschreibung erleichtert. Die Eingabedaten können nahezu unmittelbar aus den obigen Angaben übernommen werden.

Lediglich bei der Angabe der Kapazität eines Prozessorkerns müssen zusätzliche Festlegungen getroffen werden. In diesem Fallbeispiel wird ein mit 132 MHz getakteter *Freescale MPC5554* Prozessor als *Referenz* verwendet. Dessen Rechenleistung entspricht einer Kapazität von

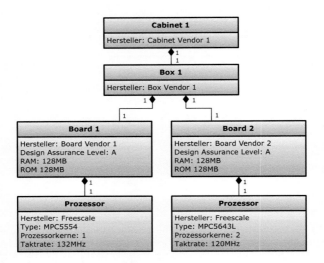

**Abbildung 7.3.:** Ausstattung und Eigenschaften von „Cabinet 1"

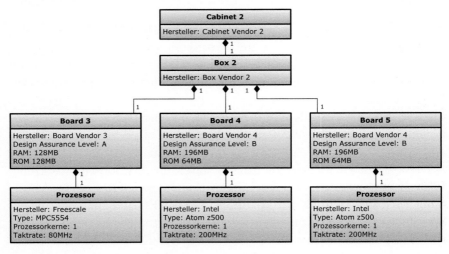

**Abbildung 7.4.:** Ausstattung und Eigenschaften von „Cabinet 2"

100%. Damit wird den beiden mit 120 MHz getakteten Prozessorkernen des *Freescale MPC5643L* Prozessors jeweils eine Kapazität von 91% zugeordnet. Analog erhält der 80 MHz *Freescale MPC5554* Prozessor eine Kapazität von 61% und der *Intel Atom z500* Prozessor mit 200 MHz Taktrate eine Kapazität von 152%.

Bei dieser Modellierung wird vereinfachend angenommen, dass die Rechenkapazität eines Prozessors im Wesentlichen von seiner Taktrate abhängt. Unterschiede in den Prozessorarchitekturen, die sich auf die zur Verfügung gestellte Rechenleistung auswirken, werden an dieser Stelle vernachlässigt.

Diese Vorgehensweise ist deshalb gerechtfertigt, weil die spezifizierten Rechenkapazitäten keine Auswirkungen auf die Korrektheit der *räumlichen* Platzierung haben. Sie werden lediglich als Heuristik zur Reduzierung der Anzahl von Iterationen zwischen der räumlichen und zeitlichen Platzierung verwendet (siehe Abschnitt 5.2.1). Die *fehlerhafte* Angabe einer gebotenen oder erforderlichen Rechenkapazität kann lediglich dazu führen, dass nicht alle korrekten Lösungen gefunden werden. Erst die *zeitliche* Platzierung im nächsten Schritt des Entwicklungsvorgehens stellt sicher, dass die „Kapazität" eines Prozessorkerns nicht überlastet wird.

**Softwarearchitektur**

Der grundlegende Aufbau der Softwarearchitektur wurde bereits in Abschnitt 2.2 vorgestellt. Die Steuerung jedes Aktuators wird mit Hilfe einer Regelschleife realisiert. Sie basiert auf periodisch gestarteten Kontrollflüssen, die zusammen als *Softwarekomponente* eine konkrete (Teil-) Funktion des Flugleitsystems realisieren. Jeder Softwarekomponente werden im Rahmen der *Preliminary System Safety Analyse (PSSA)* zusätzliche Eigenschaften und Anforderungen zugeordnet, die sich implizit auch auf die Ressourcenanforderungen ihrer Kontrollflüsse auswirken. Dazu zählen beispielsweise harte Echtzeitanforderungen oder auch die Festlegung einer Kritikalitätsstufe. Die Reihenfolge der Abarbeitung einzelner Kontrollflüsse wird zum Zeitpunkt der Entwicklung mit Hilfe eines statischen Schedules festgelegt.

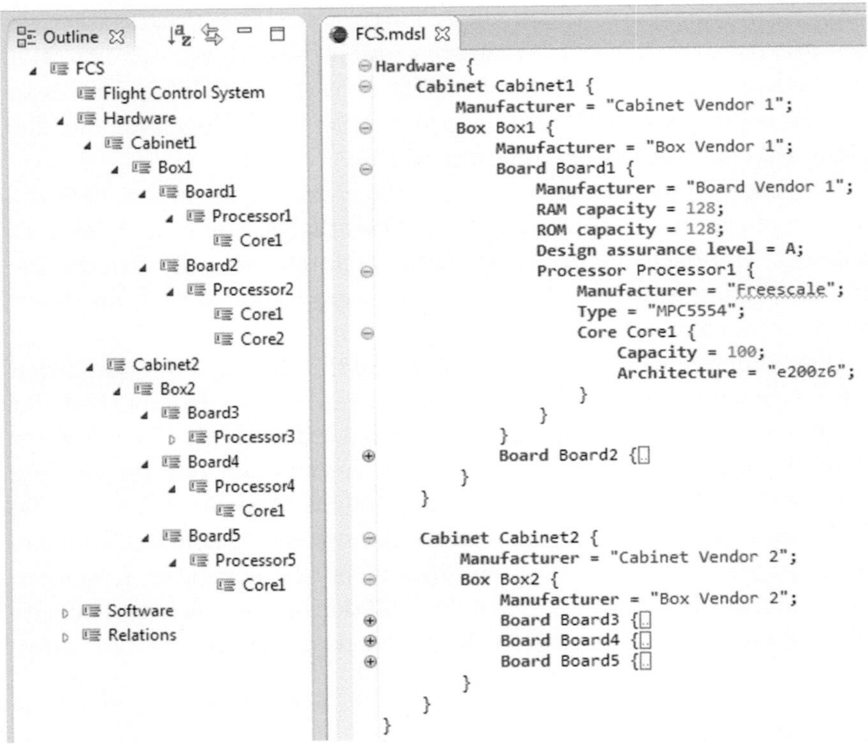

**Abbildung 7.5.:** Modellierung der Hardwarearchitektur

Softwarekomponenten können untereinander in einer Dissimilaritäts-
oder Dislokalitätsbeziehung stehen, um eine hohe Zuverlässigkeit zu
gewährleisten. Die Anforderungen, die sich aus dieser Beziehung zwischen Softwarekomponenten ergeben, vererben sich auf die enthaltenen
Kontrollflüsse.

In diesem Fallbeispiel wird nur eine Teilmenge des typischen Funk-
tionsumfangs eines Flugleitsystems betrachtet. In Tabelle 7.3 sind die
hier betrachteten Funktionen dargestellt. Jede Funktion wird durch
verschiedene Softwarekomponenten realisiert. Für die *Rudder-* und
*Elevator*-Funktionen wird auf das bereits angesprochene Architektur-

**Tabelle 7.2.:** Ressourcenanforderungen und Kritikalitätsstufen

| Applikation | Prozessorauslastung (%) | RAM (MB) | ROM (MB) | DAL |
|---|---|---|---|---|
| *Rudder1Ctr* | 35 | 32 | 4 | B |
| *Rudder1Mon* | 25 | 8 | 1 | A |
| *Rudder2Ctr* | 35 | 32 | 4 | B |
| *Rudder2Mon* | 25 | 8 | 1 | A |
| *Elevator1Ctr* | 30 | 24 | 6 | B |
| *Elevator1Mon* | 10 | 12 | 2 | A |
| *Elevator2Ctr* | 30 | 24 | 6 | B |
| *Elevator2Mon* | 10 | 12 | 2 | A |
| *FCSyn1* | 40 | 64 | 32 | B |
| *FCSyn2* | 40 | 64 | 32 | B |
| *FCSyn3* | 40 | 64 | 32 | B |

**Tabelle 7.3.:** Zuverlässigkeitsanforderungen der Systemfunktionen

| Systemfunktion | Redundanzart | Anzahl der Replikate |
|---|---|---|
| *Rudder* | dissimilar (+ dislokal) | 2 |
| *Elevator* | dissimilar (+ dislokal) | 2 |
| *FCSyn* | dislokal | 3 |

konzept „*Control Channel - Monitor Channel*" zurückgegriffen. Damit besteht jede dieser Funktionen aus jeweils einer Softwarekomponente für die *Controller*-Komponente und einer Softwarekomponente für die *Monitor*-Komponente.

Im Gegensatz zu den *Rudder*- und *Elevator*-Funktionen arbeitet die Funktion *FlightControlSynchronisation* (FCSyn) nicht direkt mit den Steuerflächen, sondern stellt lediglich eine synchrone Ansteuerung der verschiedenen Steuerflächen sicher. Daher wird die FCS-Funktion auch nicht auf der Basis der „*Control Channel - Monitor Channel*"Architektur entwickelt, sondern als „einfache" Softwarekomponente mit hoher Redundanz realisiert.

Diese Softwarekomponenten müssen entsprechend der Redundanzanforderungen in der Tabelle 7.3 „repliziert" werden. Damit enthält die Softwarearchitektur dieses Fallbeispiels bereits *elf* zu platzierenden Softwarekomponenten. Zur weiteren Vereinfachung dieses Fallbeispiels bestehen alle Softwarekomponenten jeweils nur aus einem einzelnen Kontrollfluss.

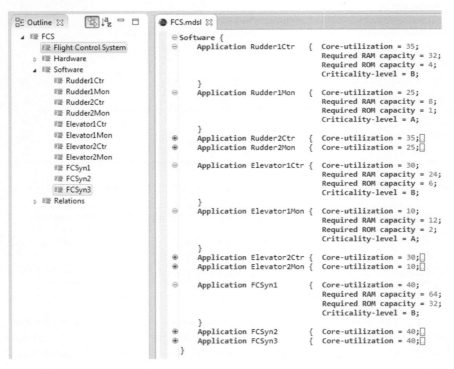

**Abbildung 7.6.:** Modellierung der Softwarearchitektur

Als Ergebnis einer für das Fallbeispiel bereits durchgeführten PSSA wurde diesen Softwarekomponenten auch jeweils ein *Design Assurance Level* zugeordnet. Auf der Basis von Erfahrungen aus vergleichbaren Vorprojekten konnte jeder Softwarekomponente auch bereits die durch sie zu erwartende Auslastung auf dem Referenzprozessor grob abgeschätzt werden. Analog wurde auch der Bedarf an Arbeitsspeicher

($RAM$) und Festspeicher ($ROM$) für jede dieser Softwarekomponenten abgeschätzt. Diese Angaben zum Ressourcenbedarf sind in Tabelle 7.2 enthalten. Die daraus resultierenden Eingabedaten für das Software-werkzeug $ASSIST$ sind in Abbildung 7.6 dargestellt.

Die räumliche Platzierung der einzelnen Softwarekomponenten unterliegt verschiedenen Anforderungen, die in Tabelle 7.3 enthalten sind. Zunächst müssen alle Softwarekomponenten einer *Controller - Monitor* Beziehung (*Rudder-* und *Elevator*-Funktionen) auf jeweils zueinander dissimilare Hardwarekomponenten platziert werden. Dazu muss jeweils eine *Dissimilaritätsbeziehung* spezifiziert werden.

```
● FCS.mdsl ⋈

  ⊖ Relations {
      /* Dissimilarität */
      Rudder1Ctr, Rudder1Mon dissimilar up to board;
      Rudder2Ctr, Rudder2Mon dissimilar up to board;

      Elevator1Ctr, Elevator1Mon dissimilar up to board;
      Elevator2Ctr, Elevator2Mon dissimilar up to board;

      /* Redundanz */
      Rudder1Ctr, Rudder2Ctr, Rudder1Mon, Rudder2Mon dislocal up to board;
      Elevator1Ctr, Elevator2Ctr, Elevator1Mon, Elevator2Mon dislocal up to board;
      FCSyn1, FCSyn2, FCSyn3 dislocal up to board;

      /* Performance Requirements */
      Rudder1Ctr, Rudder1Mon on same box;
      Rudder2Ctr, Rudder2Mon on same box;

      Elevator1Ctr, Elevator1Mon on same box;
      Elevator2Ctr, Elevator2Mon on same box;
  }
```

**Abbildung 7.7.:** Modellierung der Relationen

Zur Sicherstellung der geforderten Redundanzen müssen zusätzlich auch *Dislokalitätsbeziehungen* zwischen allen Softwarekomponenten einer Systemfunktion definiert werden. Die letzte gemeinsame Hardwareebene der Softwarekomponenten einer Dislokalitäts- oder Dissimilaritätsrelation wurde bereits im Rahmen der Vorbetrachtungen zu diesem Fallbeispiel auf die *Box*-Ebene festgelegt. Die Eingabedaten zur Spezifikation dieser Beziehungen sind in Abbildung 7.7 dargestellt.

Neben den Zuverlässigkeitsrelationen werden für das Fallbeispiel auch *Entfernungsrelationen* benötigt, um die technischen Randbedingungen für die „ *Control Channel - Monitor Channel*" Architektur abzubilden. Bei diesem Architekturkonzept muss die *Monitor*-Softwarekomponente auf die gleiche *Box* der zu überwachenden *Controller*-Softwarekomponente platziert werden. Dies ist die Voraussetzung dafür, dass die Steuersignale der *Controller*-Softwarekomponente kontinuierlich durch die *Monitor*-Softwarekomponente überwacht werden können. Aus diesem Grund werden für alle Paare von *Controller*- und *Monitor*-Softwarekomponenten die in Abbildung 7.7 dargestellten Entfernungsrelationen spezifiziert.

## Synthese, Bewertung und Optimierung der räumlichen Platzierung

Das im Rahmen dieser Arbeit entwickelte Werkzeug *ASSIST* generiert auf einem regulären Desktop-Computer innerhalb weniger Sekunden für diese Eingabedaten eine Lösungsmenge mit 1000 unterschiedlichen Platzierungen. Für dieses Fallbeispiel wurde die maximale Lösungsanzahl auf den Wert 1000 festgelegt. Es wurden daher nicht *alle* Lösungen dieses Platzierungsproblems gesucht.

Aufgrund der hohen Anzahl können nicht alle Lösungen einzeln analysiert und manuell hinsichtlich eines Optimalitätskriteriums bewertet werden. Diese Aufgabe wird ebenfalls durch das entwickelte Werkzeug automatisiert.

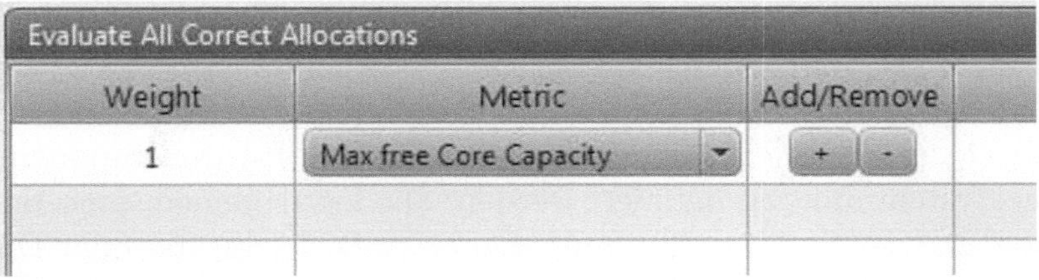

**Abbildung 7.8.:** Auswahl einer Metrik zur Bewertung der Ergebnisse

Das Optimierungsziel dieses Fallbeispiels liegt darin, die Anzahl der benötigten *Boards* so weit wie möglich zu reduzieren. Zur Bewertung der konstruierten Platzierungen hinsichtlich der Erfüllung des Optimierungsziels wird eine Metrik verwendet, die einer Platzierung einen umso höheren *Score* zuordnet, je mehr Kerne, Prozessoren und *Boards* ungenutzt bleiben. Sie wird zur Sortierung der Ergebnisliste angewendet (siehe Abbildung 7.8). Die Platzierungen mit dem höchsten *Score*, also den meisten ungenutzten Ressourcen, stehen dann am Anfang der Ergebnisliste.

**Tabelle 7.4.:** Ergebnis der räumlichen Platzierung

| Komponente | Cabinet | Box | Board | Prozessor | Core |
|---|---|---|---|---|---|
| *Rudder1Ctr* | Cabinet 1 | Box 1 | Board 2 | Prozessor 2 | Core 1 |
| *Rudder1Mon* | Cabinet 1 | Box 1 | Board 1 | Prozessor 1 | Core 1 |
| *Rudder2Ctr* | Cabinet 2 | Box 2 | Board 4 | Prozessor 4 | Core 1 |
| *Rudder2Mon* | Cabinet 2 | Box 2 | Board 3 | Prozessor 3 | Core 1 |
| *Elevator1Ctr* | Cabinet 1 | Box 1 | Board 1 | Prozessor 1 | Core 1 |
| *Elevator1Mon* | Cabinet 1 | Box 1 | Board 2 | Prozessor 2 | Core 2 |
| *Elevator2Ctr* | Cabinet 2 | Box 2 | Board 4 | Prozessor 4 | Core 1 |
| *Elevator2Mon* | Cabinet 2 | Box 2 | Board 3 | Prozessor 3 | Core 1 |
| *FCSyn1* | Cabinet 2 | Box 2 | Board 4 | Prozessor 4 | Core 1 |
| *FCSyn2* | Cabinet 1 | Box 1 | Board 2 | Prozessor 2 | Core 1 |
| *FCSyn3* | Cabinet 1 | Box 1 | Board 1 | Prozessor 1 | Core 1 |

Die automatische Bewertung und Sortierung der Ergebnisliste zeigt, dass es 80 räumliche Platzierungen gibt, bei denen entweder „Board 4" oder „Board 5" vollständig ungenutzt bleiben. Eines dieser *Boards* könnte damit aus der Systemarchitektur entfernt werden, um die Anzahl der benötigten Geräte zu reduzieren. In Tabelle 7.4 ist ein Ergebnis einer räumlichen Platzierung, bei der das „Board 5" ungenutzt bleibt, dargestellt. Diese Platzierung wird im folgenden Abschnitt für die Synthese einer zeitlichen Platzierung verwendet.

## 7.1.5.  Zeitliche Platzierung

Im Anschluss an die Auswahl einer räumlichen Platzierung, erfolgt nun
gemäß des hier entwickelten Vorgehensmodells (siehe Abbildung 4.2)
die Durchführung einer *Timing Analyse*. In diesem Entwicklungsschritt
wird die maximale Ausführungszeit jedes Kontrollflusses auf seinem
zugewiesenen Prozessorkern ermittelt (siehe Abschnitt 4.4.2). Die
Ergebnisse einer *Timing Analyse* sind eine wesentliche Voraussetzung
für den nun folgenden Entwicklungsschritt der *zeitlichen Platzierung*
aller Softwarekomponenten. Die erfolgreiche Konstruktion einer zeitlichen Platzierung stellt die prinzipielle Realisierbarkeit der räumlichen
Platzierung sicher und kann auch unmittelbar zur Konfiguration der
eingesetzten Echtzeitbetriebssysteme verwendet werden.

In den folgenden Unterabschnitten werden die *fiktiven* Echtzeitanforderungen an die Softwarekomponenten für das vorliegende Fallbeispiel
vorgestellt. Die hier skizzierte Arbeitsweise der Softwarekomponenten
weicht von der Arbeitsweise realer Flugleitsysteme ab. Die Darstellung konstruierten zeitlichen Platzierung bildet den Abschluss der
Beschreibung dieses Fallbeispiels.

### Grundlegendes

Das vorliegende Fallbeispiel kann aufgrund seiner räumlichen Platzierung und den damit assoziierten Echtzeitanforderungen nicht in
verschiedene *Scheduling Domains* unterteilt werden. Der Verlauf von
Zeit wird im Modell in der Granularität einer Mikrosekunde ($\mu s$)
abgebildet. Eine Zeiteinheit im Modell entspricht daher einer Mikrosekunde ($1\mu s$). Die benötigte Zeit für einen Kontextwechsel zwischen
verschiedenen Kontrollflüssen (beziehungsweise ihren *Slices*) wird für
das vorliegende System auf den Wert $7\mu s$ festgelegt.

### Hardwarearchitektur

Die Angaben zum Aufbau der Hardwarearchitektur können unmittelbar aus den Eingabedaten der räumlichen Platzierung übernommen
werden. Allerdings werden nur die verfügbaren Prozessorkerne und

die Struktur der zugrunde liegenden Hardwarearchitektur benötigt.
Die Informationen zur Leistungsfähigkeit der verschiedenen Prozessoren und ihrer spezifischen Echtzeiteigenschaften sind bereits implizit
in der Angabe der maximalen Ausführungszeit eines Kontrollflusses
enthalten. In Abbildung 7.9 sind die erforderlichen Eingabedaten für
das Werkzeug *ASSIST* dargestellt.

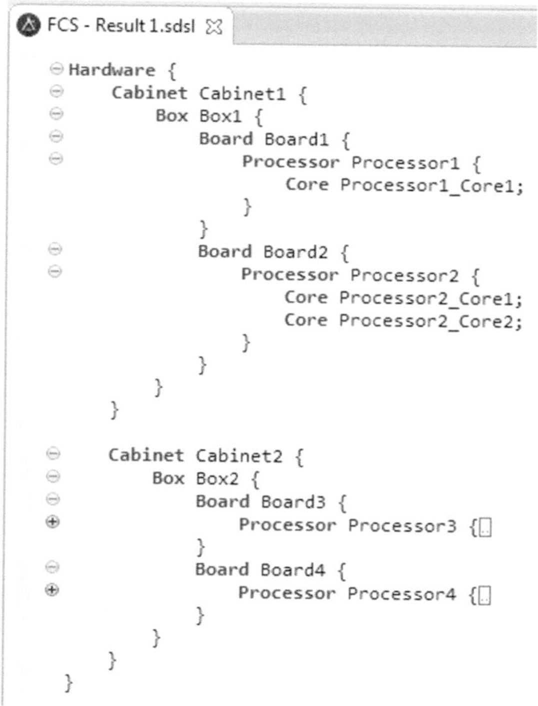

```
 FCS - Result 1.sdsl  ⊠

 Hardware {
     Cabinet Cabinet1 {
         Box Box1 {
             Board Board1 {
                 Processor Processor1 {
                     Core Processor1_Core1;
                 }
             }
             Board Board2 {
                 Processor Processor2 {
                     Core Processor2_Core1;
                     Core Processor2_Core2;
                 }
             }
         }
     }

     Cabinet Cabinet2 {
         Box Box2 {
             Board Board3 {
                 Processor Processor3 {
             }
             Board Board4 {
                 Processor Processor4 {
             }
         }
     }
 }
```

**Abbildung 7.9.:** Modellierung der Hardwarearchitektur

## Softwarekomponenten

In Tabelle 7.5 sind die Echtzeitanforderungen und maximalen Ausführungszeiten (*WCET*) aller betrachteten Kontrollflüsse dargestellt. Die
*Controller*-Kontrollflüsse und ihre zugehörigen *Monitor*-Kontrollflüsse

**Tabelle 7.5.:** Anforderungen an die zeitliche Platzierung

| Kontroll-fluss | WCET | Periode | Max. Slices | Min. Slice-Länge | Initiali-sierung |
|---|---|---|---|---|---|
| *Rudder1Ctr* | 90 | 300 | 3 | 10 | - |
| *Rudder1Mon* | 90 | 300 | 3 | 10 | - |
| *Rudder2Ctr* | 90 | 300 | 3 | 10 | - |
| *Rudder2Mon* | 90 | 300 | 3 | 10 | - |
| *Elevator1Ctr* | 50 | 400 | 3 | 10 | - |
| *Elevator1Mon* | 50 | 400 | 3 | 10 | - |
| *Elevator2Ctr* | 50 | 400 | 3 | 10 | - |
| *Elevator2Mon* | 50 | 400 | 3 | 10 | - |
| *FCSyn1* | 30 | 100 | - | - | +30 |
| *FCSyn2* | 30 | 100 | - | - | +30 |
| *FCSyn3* | 30 | 100 | - | - | +30 |

sind in ihren Anforderungen identisch. Im Gegensatz dazu unterscheiden sich die Anforderungen der *Rudder*- und *Elevator*-Kontrollflüsse. Das *Rudder* wird im Vergleich zum *Elevator* mit einer leicht höheren Frequenz – also einer geringeren Periodendauer – gesteuert und überwacht. Gleichzeitig wird auch angenommen, dass die Steuerungskomplexität des *Rudders* höher ist und daher mehr Rechenzeit benötigt. Alle *Controller*- und *Monitor*-Kontrollflüsse können geplant unterbrochen werden. Allerdings dürfen pro Ausführungsinstanz höchstens drei *Slices* entstehen. Es wird zudem gefordert, dass jede Slice mindestens $10\mu s$ Prozessorzeit erhält.

Die Aufgabe der Kontrollflüsse *FCSyn1*, *FCSyn2* und *FCSyn3* liegt in der Synchronisation der Ansteuerung der Steuerflächen. Ihre Echtzeitanforderungen sind identisch. Im Vergleich zu den anderen Kontrollflüssen werden sie jedoch mit einer wesentlich höheren Frequenz ausgeführt, um den Abgleich zwischen den verschiedenen Steuerungen zu realisieren. Allerdings ist ihre Ausführungszeit kürzer und es wird auch keine geplante Unterbrechung erlaubt. Die erste Ausführungsinstanz dieser Kontrollflüsse muss um $30\mu s$ verlängert werden, da einmalige Initialisierungsaufgaben (das Befüllen eines Zwischenspeichers mit Kalibrierungsinformationen) durchgeführt werden. Darüber hinaus wird bei allen Kontrollflüssen eine strenge Periodizität gefordert. Ein zusätzlicher Jitter für den Beginn der Ausführung aller Kontrollflüsse wird nicht erlaubt. Die resultierenden Eingabedaten sind in Abbildung 7.10 dargestellt.

```
🅐 FCS - Result 1.sdsl ⊠
  ⊖ Software {
  ⊖    Thread Rudder1Ctr {
            Duration = 90;
            Location = Core=Processor2_Core1;
            Period = 300;
            Period_Method = fixed;
            Number_of_slices = 3;
            Minimal_slice_duration = 10;
         }

  ⊖    Thread Rudder1Mon {
            Duration = 90;
            Location = Core=Processor1_Core1;
            Period = 300;
            Period_Method = fixed;
            Number_of_slices = 3;
            Minimal_slice_duration = 10;
         }

  ⊕    Thread Rudder2Ctr {▯
  ⊕    Thread Rudder2Mon {▯
  ⊕    Thread Elevator1Ctr {▯
  ⊕    Thread Elevator1Mon {▯
  ⊕    Thread Elevator2Ctr {▯
  ⊕    Thread Elevator2Mon {▯

  ⊖    Thread FCSyn1 {
            Duration = 30;
            Location = Core=Processor4_Core1;
            Period = 100;
            Period_Method = fixed;
            Initialization = 30;
         }

  ⊕    Thread FCSyn2 {▯
  ⊕    Thread FCSyn3 {▯

       }
```

**Abbildung 7.10.:** Spezifikationen der Echtzeitanforderungen

## Relationen

Die Relationen in den Eingabedaten werden dazu verwendet, eine bestimmte Ausführungsreihenfolge zwischen den Kontrollflüssen zu erzwingen. Eine feste Reihenfolge wird beispielsweise zwischen allen *Controller-* und *Monitor*-Kontrollflüssen benötigt. Da die ermittelten Steuerbefehle des *Controllers* immer über den zugehörigen *Monitor* zu den Aktuatoren geführt werden, darf ein *Monitor*-Kontrollfluss niemals *vor* dem zugehörigen *Controller*-Kontrollfluss gestartet werden. Andernfalls könnten die generierten Steuerbefehle des *Controllers* möglicherweise nicht mehr zeitnah im *Monitor* überprüft und an die Steuerflächen weitergeleitet werden.

Diese Anforderungen werden im Fallbeispiel wie folgt realisiert. Es wird gefordert, dass der Beginn (beziehungsweise das Ende) eines *Controller*-Kontrollflusses immer vor dem Beginn (beziehungsweise dem Ende) des zugehörigen *Monitor*-Kontrollflusses liegen muss.

```
FCS - Result 1.sdsl ⊠
⊖Relations {
      /* Monitor must start after Controller */
      Start(Elevator1Ctr) before Start(Elevator1Mon) delay (0);
      End(Elevator1Ctr) before End(Elevator1Mon) delay(0);

      Start(Elevator2Ctr) before Start(Elevator2Mon) delay (0);
      End(Elevator2Ctr) before End(Elevator2Mon) delay(0);

      /* Monitor must start after Controller */
      Start(Rudder1Ctr) before Start(Rudder1Mon) delay(0);
      End(Rudder1Ctr) before End(Rudder1Mon) delay(0);

      Start(Rudder2Ctr) before Start(Rudder2Mon) delay(0);
      End(Rudder2Ctr) before End(Rudder2Mon) delay(0);

      /* FCSyn1, FCSyn2, FCSyn3 must run at the same time */
      Start(FCSyn1) before Start(FCSyn2) delay(0);
      Start(FCSyn2) before Start(FCSyn3) delay(0);
      End(FCSyn3) before End(FCSyn2) delay(0);
      End(FCSyn2) before End(FCSyn1) delay(0);
}
```

**Abbildung 7.11.:** Spezifikation der Ausführungsreihenfolge

Für die Kontrollflüsse, die die Synchronisation der Steuerung übernehmen, wird im Gegensatz dazu eine *gleichzeitige* Ausführung aller drei Kontrollflüsse gefordert. Diese Anforderung kann mit den bisherigen Sprachmitteln der Eingabedaten für die räumliche Platzierung ebenfalls ausgedrückt werden. Dazu wird zunächst der Beginn der Ausführung der Kontrollflüsse eingeschränkt:

$$FCSyn_1^{start} \leq FCSyn_2^{start} \leq FCSyn_3^{start} \qquad (7.1.1)$$

Gleichzeitig wird auch das Ende der Ausführung eingeschränkt:

$$FCSyn_3^{ende} \leq FCSyn_2^{ende} \leq FCSyn_1^{ende} \qquad (7.1.2)$$

Da alle drei Kontrollflüsse die gleiche Ausführungszeit besitzen und in ihrer Ausführung nicht unterbrochen werden dürfen, wird durch die Spezifikation dieser Randbedingungen indirekt die gleichzeitige Ausführung dieser drei Kontrollflüsse erzwungen. In Abbildung 7.11 sind die notwendigen Eingabedaten für die Spezifikation dieser Relationen zwischen den verschiedenen Kontrollflüssen noch einmal dargestellt.

**Synthese der zeitlichen Platzierung**

Das Ergebnis der zeitlichen Platzierung aller Kontrollflüsse wurde innerhalb weniger Sekunden auf einem regulären Desktop-Computer ermittelt. Dieses Ergebnis erfüllt alle vorgenannten Anforderungen und ist in Abbildung 7.12 als Gantt-Diagramm dargestellt. Im Rahmen der Synthese wurde automatisch das Zeitintervall $[0, 1200\mu s]$ auf der horizontalen Achse als zu betrachtende *Hyperperiode* für die zeitliche Platzierung ermittelt. In der vertikalen Achse sind die vier Prozessoren mit ihren insgesamt fünf Prozessorkernen dargestellt. Auf jedem dieser Kerne sind die Ausführungsinstanzen jedes zugeordneten Kontrollflusses als farbiger Balken eingetragen. Zur leichteren Unterscheidung sind alle Ausführungsinstanzen eines Kontrollflusses in einer eigenen Farbe gekennzeichnet. Geplante Unterbrechungen bei der Ausführung eines Kontrollflusses (*Slices*) werden durch rote Markierungen an den Enden der Ausführungsinstanzen kenntlich gemacht.

Die Lücken zwischen den einzelnen Ausführungsinstanzen belegen die Berücksichtigung der geforderten Zeiten für einen Kontextwechsel.

Bei unmittelbar aufeinander folgenden *Slices* der gleichen Ausführungsinstanz wurde auf diese zusätzliche Verzögerungszeit verzichtet. Auch
die verlängerte erste Ausführungsinstanz der *FCSyn*-Kontrollflüsse
und die korrekte Berücksichtigung der geforderten Relationen sind in
Abbildung 7.12 deutlich zu erkennen.

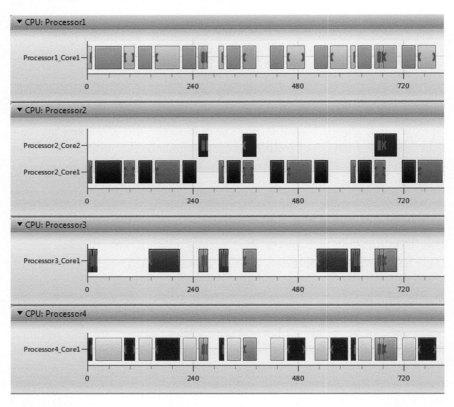

**Abbildung 7.12.:** Ergebnis der zeitlichen Platzierung (Teildarstellung)

# 7.2. Fallbeispiel 2: Steuersystem eines Raumfahrzeugs

## 7.2.1. Trends in der Raumfahrt

Raumfahrzeuge und Satelliten übernehmen zunehmend datenintensive Aufgaben. Zu solchen Aufgaben zählt beispielsweise das *High Speed Image Processing* oder auch die *Multi-modal Sensor Fusion*. Als Folge technischer Weiterentwicklungen steigt die nutzbare Auflösung der dabei eingesetzten Sensorik weiter an, so dass auch das zu verarbeitende Datenaufkommen kontinuierlich ansteigt. Mittlerweile wird deutlich, dass aufgrund des gestiegenen Datenaufkommens der Kommunikationskanal von den Raumfahrzeugen und Satelliten zu den Bodenstationen auf der Erde zunehmend zu einem Engpass wird [BHKP12]. Aufgrund der beschränkten Bandbreite, den langen Latenzen und des für die Kommunikation erforderlichen Energiebedarfs, ist es nicht mehr uneingeschränkt sinnvoll, die *gesamte* Steuerung des Systems sowie die vollständige Auswertung aller erfassten Rohdaten durch die Bodenstation vornehmen zu lassen. Die Rohdaten müssen stattdessen bereits auf dem Raumfahrzeug beziehungsweise dem Satelliten vorverarbeitet und aggregiert werden. Damit verfügen die aufbereiteten Daten über ein geringeres Volumen und können so schneller zur Bodenstation übermittelt werden.

Dieser Sachverhalt illustriert den derzeitigen Trend in der Raumfahrt, die Bindung des Raumfahrzeugs oder des Satelliten an eine Bodenstationen zu lockern und mehr *Autonomie im Systemverhalten* zu ermöglichen. Mehr Autonomie erfordert jedoch nicht nur mehr Rechenleistung, sondern gleichzeitig auch eine hohe Zuverlässigkeit und Fehlertoleranz in Anbetracht der rauen Einsatzumgebung. Bisher konnten diese datenintensiven Aufgaben mit Hilfe von speziellen Hardwaremodulen, zum Beispiel in Form von anwendungsspezifischen integrierten Schaltkreisen (ASIC), digitalen Signalprozessoren (DSPs) oder strahlungsgehärteten Field Programmable Gate Arrays (FPGAs), realisiert werden. Diese Technologien sind jedoch teuer, unflexibel und hinsichtlich der erreichbaren Funktionskomplexität beschränkt.

In Anbetracht der mittlerweile erforderlichen Funktionskomplexität lassen sich diese Aufgaben nur noch effizient mit Hilfe von softwarebasierten Systemen realisieren. Dieser Ansatz besitzt auch den Vorteil, dass die Funktionalität des Systems zur Laufzeit angepasst werden kann. So kann beispielsweise eine Aktualisierung der Steuerungssysteme vorgenommen werden, um Fehler zu beheben oder auch Anpassungen an ein neues Aufgabenprofil vorzunehmen.

## 7.2.2. Autonome Steuerungsmanöver von Raumfahrzeugen

Ein typisches Fallbeispiel für die beschriebene Klasse datenintensiver Anwendungen in Raumfahrzeugen und Satelliten ist die Durchführung von autonomen Navigations- und Steuerungsmanövern, insbesondere bei der Erkundung weit entfernter Planeten. Eine derartige Mission wird meist in mehrere Phasen unterteilt, wobei jede Phase durch einen spezifischen Satz an Softwarekomponenten mit eigenen Ressourcen- und Zuverlässigkeitsanforderungen realisiert werden muss. Beispielsweise unterscheiden sich die Softwarekomponenten in der *Reiseflug*-Phase deutlich von denen, die für die Phase des *Eintritts* in die Atmosphäre eines fremden Planeten benötigt werden. Aber auch innerhalb einzelner Phasen kann es wechselnde Ressourcen- und Zuverlässigkeitsanforderungen für die derzeit aktiven Softwarekomponenten geben. Die ökonomischen Randbedingungen und der Anstieg der Funktionskomplexität in der Software führen dazu, dass die Ressourcennutzung eines Raumfahrzeugs immer stärker für die aktuelle Aufgabe optimiert werden muss. Dieser Anspruch resultiert in der Definition einer steigenden Anzahl von unterschiedlichen *Betriebsmodi* eines Raumfahrzeugs. Für jeden Modus wird eine Optimierung der Platzierung der Software hinsichtlich der in diesem Modus vorliegenden Aufgaben vorgenommen.

In diesem Fallbeispiel wird die letzte Flugphase eines Raumfahrzeugs betrachtet. Diese Phase umfasst den Zeitraum vom Eintritt in die Atmosphäre (*Entry*), den Sinkflug (*Descent*) und die Landung (*Landing*). Sie wird daher auch als *EDL*-Phase bezeichnet. In dieser Phase führt der große Abstand zur Bodenstation zu besonders langen Latenzen in der Kommunikation. Gleichzeitig ist die tolerierbare Reaktionszeit bei der Übermittlung von Steuerkommandos für das komplexe Landemanöver sehr gering. Daher ist hier der Bedarf für eine weitgehend autonome Steuerung des Raumfahrzeugs gegeben.

Die erforderliche dynamische Rekonfiguration der Ressourcenzuteilung basiert auf einer angepassten Platzierung der Softwarekomponenten in den unterschiedlichen Abschnitten der *EDL*-Phase. Während der Entwicklung muss für jede dieser Sub-Phasen eine optimale Platzierung konstruiert werden. In Abhängigkeit von der aktuellen Sub-Phase kann dann zur Laufzeit des Systems zwischen den verschiedenen Platzierungen gewechselt werden. Beispielsweise können die verfügbaren Kerne eines Mehrkernprozessors zur Steigerung der Rechenleistung oder auch zur Steigerung der Redundanz und Erhöhung der Zuverlässigkeit verwendet werden. Dieser Ansatz verbindet die Vorteile einer statischen Ressourcenkonfiguration (leichter verifizierbar und deterministisch) mit der Flexibilität und Effizienz einer vollständig dynamischen Rekonfiguration. Er wird auch als „*Mode-based Partitioning*" bezeichnet [HK11a, S. 3].

Dieses Fallbeispiel betrachtet die Konstruktion von Platzierungen zur Realisierung eines „*Mode-based Partitionings*" für einen autonom arbeitenden Steuerrechner eines Raumfahrzeugs bei der *Entry*-Sub-Phase und der *Landing*-Sub-Phase. Die autonome Steuerung der Raumfahrzeugs basiert auf der Auswertung von *optischen* Sensordaten aus stereoskopischen Kameras am Raumfahrzeug. Diese Daten dienen dazu, eine Landezone auf dem Zielplaneten zu identifizieren und die erforderlichen Steuerkommandos zur Navigation zu generieren.

In der *Entry*-Sub-Phase ist das Raumfahrzeug noch vergleichsweise weit von seiner Landezone entfernt. Bei einer solchen Entfernung müssen die Kamerabilder zur Identifikation der Landezone mit einer hohen Auflösung verarbeitet werden. Dies steigert das zu verarbeitende Datenvolumen und den Bedarf nach Rechenleistung. Aufgrund der hohen Umgebungsstrahlung können transiente Fehler bei der Bildverarbeitung auftreten, die zu fehlerhaften Steuerkommandos führen. Allerdings sind diese Fehler in der Regel nicht kritisch, da die Entfernung zur Landezone in dieser Phase noch genügend Zeit für Kurskorrekturen bietet. Daraus resultiert, dass die verfügbaren Ressourcen eines Steuerrechners in diesem Modus zur Steigerung der Rechenleistung verwendet werden sollten.

In der *Landing*-Sub-Phase befindet sich das Raumfahrzeug bereits sehr nah an der geplanten Landezone. Aufgrund der geringeren Entfernung können die stereoskopischen Kameras mit einer geringeren Auflösung arbeiten, so dass das Datenvolumen reduziert wird. Allerdings sind fehlerhafte Steuerkommandos in dieser Phase wesentlich gravierender, weil der zeitliche Puffer für Kurskorrekturen wesentlich kürzer ist. Deshalb müssen die verfügbaren Ressourcen des Steuerrechners in dieser Sub-Phase zur Erhöhung der Zuverlässigkeit und frühzeitigen Fehlererkennung eingesetzt werden.

Die Entwicklung des Steuerrechners ist *nicht* im Rahmen dieser Arbeit erfolgt. Sie wurde stattdessen im Projekt „Multicore-Architektur zur Sensor-basierten Positionsverfolgung im Weltraum (MUSE)" [Fra13] durchgeführt. Die Projektergebnisse und insbesondere die Architektur des Steuerrechners werden in dieser Arbeit lediglich als Fallbeispiel verwendet. In den folgenden Abschnitten wird eine optimale Platzierung für die zwei ausgewählten Sub-Phasen einer Mission dieses Systems konstruiert.

### 7.2.3. Optimierungsziele

Die Entwicklung dieser Architektur wird primär durch den Bedarf nach *mehr Rechenleistung* getrieben. Gleichzeitig machen die harschen Bedingungen der Einsatzumgebung eine *hoch-zuverlässige* und *fehlertolerante Systemarchitektur* erforderlich. Eine Reduzierung der benötigten Geräte wird im Fallbeispiel *nicht* angestrebt, da die Architektur bereits die Minimalkonfiguration für ein redundantes System darstellt. Die Softwarekomponenten sollen stattdessen so platziert werden, dass eine homogene Auslastung der Prozessoren und damit auch eine homogene Wärmeentwicklung erzielt wird.

## 7.2.4. Räumliche Platzierung

### Hardwarearchitektur

Bei dem betrachteten Steuerrechner handelt sich um ein zweifach redundantes System mit zwei identischen Prozessorknoten. Die Architektur ist vollständig symmetrisch, so dass jeder Prozessorknoten mit allen Adaptern verbunden ist. Beim Ausfall eines Prozessorknotens kann der verbleibende Prozessorknoten die gesamte Funktionalität übernehmen. Die Architektur entspricht den geforderten Eigenschaften einer *1oo2D* Architektur [Int10d, Abschnitt B.3.2.2.4, S. 35]. In Abbildung 7.13 ist der schematische Aufbau der Systemarchitektur des Steuerrechners dargestellt. Ein realisierter Prototyp des Steuerrechners ist in Abbildung 7.14 abgebildet.

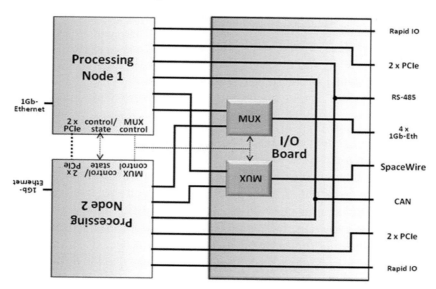

**Abbildung 7.13.:** Systemarchitektur des Steuerrechners
Quelle: Fraunhofer FOKUS - mit Genehmigung

Der Austausch von Daten zwischen den Prozessorknoten erfolgt über direkte PCI Express Verbindungen. Beide Prozessorknoten sind

**Abbildung 7.14.:** Prototyp des Steuerrechners
Quelle: Fraunhofer FOKUS - mit Genehmigung

auch über ein gemeinsam genutztes *I/O Board* miteinander verbunden. Dieses *Board* stellt die erforderliche Funktionalität zur Kommunikation mit den externen Sensoren sowie den anderen Sub-Systemen des Raumfahrzeugs bereit. An das *I/O Board* können vier konfigurierbare Hochleistungskameras zur Bilderkennung über Ethernet-Verbindungen angeschlossen werden. Bei jeder Kamera lassen sich die Brennweite und die Auflösung dynamisch anpassen.

Jeder Prozessorknoten enthält einen *Freescale QorIQ P4080* Mehrkernprozessor. Dieser Prozessor besteht aus acht homogenen Kernen der *e500mc* Architektur (32 bit Power Architektur). Er ist mit 1,5 GHz getaktet und bietet eine Rechenleistung von etwa 25 GIPS. Neben dem leistungsfähigen Prozessor besitzt jeder Knoten 4 GB DDR flüchtigen Speicher sowie 4 GB nichtflüchtigen Speicher. Darüber hinaus verfügt jeder Knoten auch über zwei *Ethernet*-Adapter zur

Kommunikation mit den zwei stereoskopischen Kameras sowie einen *Enhanced Local Bus*-Adapter für den Zugriff auf die *MUX* Komponente des *I/O Boards*. Die *MUX* Komponente ist ein FPGA Modul und überprüft die Gleichheit der redundant ermittelten Steuerkommandos. Aufgrund des symmetrischen Aufbaus dieses zweifach redundanten Systems wird das Fallbeispiel auf die Betrachtung der Architektur *eines* Prozessorknotens beschränkt.

Die räumliche Platzierung der Softwarekomponenten auf einem Prozessorknoten wird im Wesentlichen durch die verfügbare Rechenleistung auf den Prozessorkernen und die Geräteabhängigkeiten eingeschränkt. Die RAM- und ROM-Kapazitäten eines Knotens werden hier nicht betrachtet, da sie aufgrund ihrer Größe von jeweils 4 GB als in jedem Fall ausreichend für alle praxisrelevanten Platzierungen eingeschätzt werden. In Abbildung 7.15 sind die notwendigen Eingabedaten zur Beschreibung dieser Ressourcen dargestellt.

## Softwarekomponenten

Grundsätzlich besteht die Softwarearchitektur aus vier verschiedenen Softwarekomponenten, die zum Teil mehr als einen Kontrollfluss beinhalten oder auch mehrfach repliziert werden. In Abhängigkeit von den Anforderungen der betrachteten Sub-Phase, werden allerdings unterschiedliche *Konfigurationen* dieser Softwarekomponenten verwendet. Jede Konfiguration repräsentiert eine unterschiedliche Gewichtung von Zuverlässigkeit und Rechenleistung. Sie ist auf beiden Prozessorknoten identisch. Diese Gewichtung manifestiert sich sowohl in einer unterschiedlichen Anzahl als auch in einer unterschiedlichen Platzierung der Kontrollflüsse der Softwarekomponenten.

Die *Supervisor*-Komponente (SV) überwacht den Start und die Ausführung aller anderen Kontrollflüsse des Systems. Aus Gründen der Fehlertoleranz werden immer zwei Replikate dieser Komponente in jeder Konfiguration benötigt. Die beiden Replikate des *Supervisors* arbeiten in einer *Worker /Monitor* Arbeitsteilung zusammen (*SVWorker, SVMonitor*) und überwachen sich mit Hilfe einer *Heartbeat*-Verbindung gegenseitig.

```
Hardware {
    Board ProzessorKnotenA{
        Manufacturer = "Fraunhofer FOKUS";

        /* IO Adapters */
        Ethernet adapter = 2;              /* access to two cameras  */
        enhanced local bus adapter = 1; /* access to a voter        */

        /* Processor specification */
        Processor Processor1 {
            Manufacturer = "Freescale";
            Type = "QorIQ P4080";

            Core C1 { Capacity = 100; Architecture = "e500mc"; }
            Core C2 { Capacity = 100; Architecture = "e500mc"; }
            Core C3 { Capacity = 100; Architecture = "e500mc"; }
            Core C4 { Capacity = 100; Architecture = "e500mc"; }
            Core C5 { Capacity = 100; Architecture = "e500mc"; }
            Core C6 { Capacity = 100; Architecture = "e500mc"; }
            Core C7 { Capacity = 100; Architecture = "e500mc"; }
            Core C8 { Capacity = 100; Architecture = "e500mc"; }


        }
    }
}
```

**Abbildung 7.15.:** Modellierung der Ressourcen eines Knotens

Falls der *Monitor* feststellt, dass der *Worker* nicht mehr arbeitet, übernimmt der *Monitor* die *Worker*-Rolle und startet einen neuen *Monitor*. Falls der *Worker* feststellt, dass dessen *Monitor* nicht mehr korrekt arbeitet, startet dieser eine neuen *Monitor*. Die *SVWorker*-Komponente eines Prozessorknotens ist auch mit der *SVWorker*-Komponente des anderen Knotens im System verbunden. Auf diese Weise kann der aktive Prozessorknoten des Gesamtsystems bestimmt werden. Über diese Verbindung kann die *SVWorker*-Komponente auf dem *passiven* Knoten auch den Ausfall des *aktiven* Knotens diagnostizieren und daraufhin selbst die Rolle des *aktiven* Prozessorknotens übernehmen.

Die Softwarekomponente *MoonDetect* (*MD*) realisiert die rechenintensive Bildverarbeitung und Berechnung eines Steuervektors zum

Erreichen der Landezone. Die Grundlage dafür bilden die Daten der stereoskopischen Kameras, die über die *Cam Driver* Komponente (*CamDr*) bereitgestellt werden. Die *MoonDetect*-Komponente besteht aus mehreren Kontrollflüssen und kann zur Beschleunigung auch auf mehreren Kernen parallelisiert ausgeführt werden. Das Ergebnis ihrer Berechnungen wird *dreifach* redundant in ECC-geschützten Speicherbereichen abgelegt. Anschließend wird jedes dieser drei Ergebnisse einem unabhängigen *Plausibilitätstest* mit Hilfe der Softwarekomponente *PC* unterzogen. Dabei wird geprüft, ob die errechneten Werte in einem gültigen Bereich liegen.

Im nächsten Schritt werden diese Ergebnisse mit Hilfe der Softwarekomponente *ELBDr* über den *Enhanced Local Bus* an das FPGA Modul übergeben. Dort werden die einzelnen Ergebnisse miteinander verglichen und es wird eine Auswahl mit Hilfe einer Mehrheitsentscheidung getroffen. Das ausgewählte Ergebnis wird anschließend an die anderen Subsysteme an *Board* des Raumfahrzeugs übermittelt.

In diesem Fallbeispiel werden zwei verschiedene *Konfigurationen* der vorgestellten Softwarekomponenten verwendet. Die Konfiguration der *Entry*-Sub-Phase wird verstärkt zugunsten der verfügbaren Rechenleistung optimiert, wohingegen bei der *Landing*-Sub-Phase mehr Wert auf die Zuverlässigkeit gelegt wird. In Abbildung 7.16 sind die beiden Konfigurationen dargestellt. Die unterschiedliche Schwerpunktsetzung wird in der Abbildung 7.16 am Beispiel der *MoonDetect*-Komponenten deutlich. In der *Entry*-Sub-Phase wird nur eine *MoonDetect*-Komponente mit *acht* Kontrollflüssen verwendet. Für die *Landing*-Sub-Phase sind dagegen zwei redundante *MoonDetect*-Komponenten mit jeweils *vier* Kontrollflüssen vorgesehen. Als Folge dieser Redundanz werden für die Konfiguration der *Landing*-Sub-Phase auch zwei *CamDr*-Komponenten (*CamDr1, CamDr2*) zum Auslesen der Kamerabilder sowie zwei Gruppen mit jeweils drei *PC*-Komponenten zur Plausibilitätsprüfung benötigt (*PC1_A, PC1_B, PC1_C* und *PC2_A, PC2_B, PC2_C*).

In Tabelle 7.6 sind die Ressourcenanforderungen der Softwarekomponenten dargestellt. Es wird deutlich, dass die Bilderkennung (*MD*) im Verhältnis zu den übrigen Softwarekomponenten sehr viel Rechen-

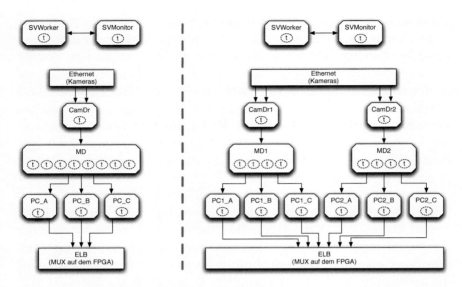

**Abbildung 7.16.:** Darstellung der Softwarekomponenten und ihres Datenaustausches in den Konfigurationen der Softwarearchitektur für die *Entry-* (*links*) und die *Landing*-Sub-Phase (*rechts*)

**Tabelle 7.6.:** Geräteabhängigkeiten der Softwarekomponenten

| Komponente | Rechenleistung | Ethernet Adapter | ELB Adapter |
|---|---|---|---|
| *Supervisor* | 3% | - | - |
| *MoonDetect* | 90% (pro Kontrollfluss) | - | - |
| *CamDr* | 4% | 2 (nicht exklusiv) | - |
| *PC* | 5% | - | 1 (nicht exklusiv) |

kapazität benötigt. Ferner erfordert die Softwarekomponente *CamDr* zwei *Ethernet*-Adapter, um die Bilder der Kameras auslesen zu können. Für die Softwarekomponenten zur Plausibilitätsprüfung (*PC*) wird dagegen ein *Enhanced Local Bus*-Adapter benötigt, um die Kommunikation zum FPGA-Baustein zu ermöglichen. Die Adapter werden von den Softwarekomponenten gemeinsam verwendet. Der gleichzeitige Zugriff wird allerdings erst mit der zeitlichen Platzierung unterbunden. Die benötigten Eingabedaten zur Spezifikation der beiden *Konfigurationen* für die unterschiedlichen Sub-Phasen der Mission sind in Abbildung 7.17 dargestellt.

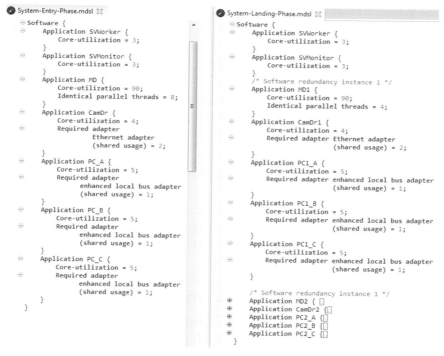

**Abbildung 7.17.:** Ressourcenanforderungen der Softwarekomponenten für die Sub-Phase *Entry* (*links*) und die Sub-Phase *Landing* (*rechts*)

Neben den Ressourcenanforderungen muss eine Platzierung für das betrachtete Steuersystem auch Zuverlässigkeitsanforderungen erfüllen. Die Softwarekomponenten müssen bestmöglich auf die verschiedene Prozessorkerne platziert werden, um die Auswirkungen bei einem Ausfall eines Prozessorkerns möglichst gering zu halten. Konkret bedeutet dies, dass die *Supervisor*-Komponenten sowie die *CamDr*-Komponenten auf verschiedene Kerne platziert werden müssen. Darüber hinaus müssen auch alle *PC*-Komponenten auf verschiedene Kerne platziert werden. Die notwendigen Eingabedaten für diese Anforderungen sind in Abbildung 7.18 dargestellt.

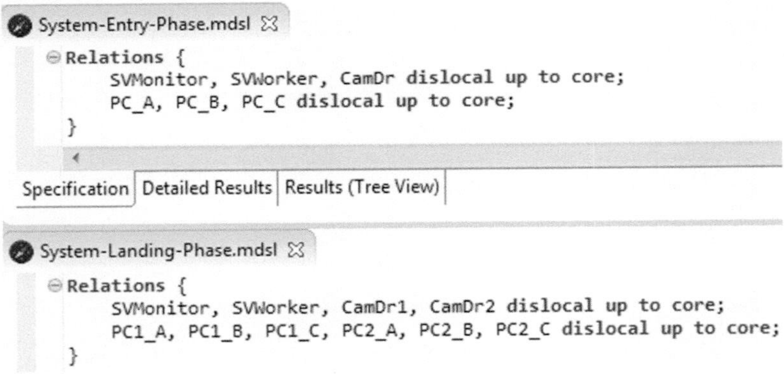

**Abbildung 7.18.:** Eingabedaten zur Spezifikation der Zuverlässigkeitsrelationen für die Sub-Phase *Entry* (*oben*) und für die Sub-Phase *Landing* (*unten*)

## Synthese, Bewertung und Optimierung der Ergebnisse

Innerhalb von wenigen Sekunden erstellt das Werkzeug *ASSIST* auf einem regulären Desktop-Computer für die vorgestellten Eingabedaten der beiden Sub-Phasen eine Menge von korrekten räumlichen Platzierungen. Die maximale Anzahl an Lösungen wurde auf den Wert 1000 gesetzt. Für beide Sub-Phasen erreicht die Suche diese Obergrenze. Daher werden nicht alle Lösungen dieses Platzierungsproblems gefunden. Allerdings wird mit Hilfe eines zufälligen

*Labelings* (siehe Abschnitt 5.4) sichergestellt, dass diese die gefundene Lösungsmenge einen weitgehend repräsentativen Ausschnitt des gesamten Lösungsraums darstellt.

Aus dieser umfangreichen Lösungsmenge werden nun automatisiert diejenigen Lösungen ausgewählt, die zu einer möglichst gleichmäßigen Auslastung des Prozessors eines Knotens führen. Die Gleichmäßigkeit der Auslastung des Prozessors wird auf der Grundlage der Auslastung aller enthaltenen Prozessorkerne bestimmt. Als Metrik wird die *Varianz* der prozentualen Auslastung aller Kerne verwendet. Je geringer die ermittelte Varianz, umso gleichmäßiger sind die einzelnen Kerne prozentual ausgelastet.

Diese Metrik ist im Werkzeug unter der Bezeichnung „*Uniform Core Load Distribution*" implementiert und durch den Anwender auswählbar. In Abbildung 7.19 ist dargestellt, wie diese Metrik zur Bewertung der Lösungsmenge im Software-Werkzeug ausgewählt wird und eine Sortierung der Platzierungen auf der Grundlage dieses Kriteriums ermöglicht. Gleichzeitig wird in Abbildung 7.19 auch die Verteilung der *Scores* aller gefundenen Platzierungen dargestellt. Es wird deutlich, dass etwa 16% der dargestellten Platzierungen den höchsten *Score* von 1.0 erreichen und damit zu einer möglichst homogenen Auslastung des Prozessors führen.

**Tabelle 7.7.:** Räumliche Platzierungen für zwei Sub-Phasen des Steuersystems

| Kern | Softwarekomponenten | |
|:---:|---|---|
| | Sub-Phase *Entry* | Sub-Phase *Landing* |
| $C_1$ | MD_0, SVWorker | MD1_0, PC1_A |
| $C_2$ | MD_1, SVMonitor | MD1_1, PC1_B, SVWorker |
| $C_3$ | MD_2, CamDr | MD1_2, PC1_C |
| $C_4$ | MD_3, PC_A | MD1_3, PC2_A, SVMonitor |
| $C_5$ | MD_4, PC_B | MD2_0, CamDr1 |
| $C_6$ | MD_5, PC_C | MD2_1, PC2_B |
| $C_7$ | MD_6 | MD2_2, PC2_C |
| $C_8$ | MD_7 | MD2_3, CamDr2 |

Auf der Grundlage dieser automatischen Bewertung wird für jede Sub-Phase eine optimale räumliche Platzierung ausgewählt. Die einzelnen Platzierungen sind in Tabelle 7.7 dargestellt. Sie bilden den Ausgangspunkt für die zeitliche Platzierung im nächsten Entwicklungsschritt.

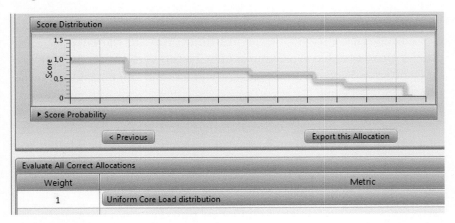

**Abbildung 7.19.:** Auswahl einer Metrik und Verteilung der „Scores"

## 7.2.5. Zeitliche Platzierung

Im Vorgehensmodell erfolgt nach der räumlichen Platzierung zunächst die Durchführung einer *Timing Analyse* für alle Softwarekomponenten (siehe Abbildung 4.2). Bei dieser Analyse wird für jede der beiden Konfigurationen die maximale Laufzeit jedes Kontrollflusses auf dem ihm zugewiesenen Prozessorkern ermittelt (siehe Abschnitt 4.4.2). Diese Laufzeiten werden zusätzlich zur räumlichen Platzierung für die zeitliche Platzierung der Softwarekomponenten in beiden Sub-Phasen des Systems benötigt.

### Grundlegendes

Da im vorliegenden Fallbeispiel nur ein Prozessorknoten mit einem Mehrkernprozessor betrachtet wird, kann keine weitere Unterteilung in *Scheduling Domains* vorgenommen werden. Weiterhin wird der Zeitverlauf im Modell in der Granularität einer Millisekunde ($ms$) abgebildet. Eine „Zeiteinheit" im Modell entspricht daher der Länge einer Millisekunde ($1ms$). Die benötigte Zeit für einen Kontextwechsel zwischen verschiedenen Kontrollflüssen (beziehungsweise ihren *Slices*) wird für das vorliegende System auf den Wert $2ms$ festgelegt.

## Hardwarearchitektur

Die Spezifikation der Hardwarearchitektur kann aus den Eingabedaten der räumlichen Platzierung übernommen werden. Allerdings werden die Angaben zur Rechenkapazität der Prozessorkerne nicht mehr benötigt. Stattdessen muss nur die Struktur der zugrunde liegenden Hardwarearchitektur und die darin enthaltenen Adapter spezifiziert werden. Die Informationen zur Leistungsfähigkeit der verschiedenen Prozessoren und ihrer spezifischen Echtzeiteigenschaften sind bereits implizit in der Angabe der maximalen Laufzeit eines Kontrollflusses enthalten. In Abbildung 7.20 sind die erforderlichen Eingabedaten für die Hardwarearchitektur *eines* Prozessorknotens dargestellt. Dieser Teil der Eingabedaten ist für beide Konfigurationen identisch.

## Softwarekomponenten

Alle Softwarekomponenten laufen mit der gleichen Periodendauer von $100ms$. Die Unterschiede in den ermittelten Laufzeiten der einzelnen Softwarekomponenten spiegeln die getroffenen Annahmen zur prozentualen Auslastung der Rechenkapazität eines Kerns bei der räumlichen Platzierung weitgehend wider. Die benötigten Adapter jeder Softwarekomponente wurden bereits in Tabelle 7.6 bei der *räumlichen* Platzierung vorgestellt. Die erneute Spezifikation der gemeinsamen Nutzung von Adaptern durch die *CamDr*- und *PC*-Softwarekomponenten erzwingt eine zeitliche Platzierung bei der eine Koordination der Zugriffe auf die gemeinsam genutzten Adapter realisiert wird. Zur Reduktion des Lösungsraums wird vereinfachend angenommen, dass die Kontrollflüsse *nicht* unterbrochen werden dürfen. Eine zusätzliche

```
Global {
    Change_Delay = 2;
}

Hardware {
    Board ProzessorKnotenA {

        I/O Adapter EthCtrl { shared units = 2; }
        I/O Adapter ELBCtrl { shared units = 1; }

        Processor Processor1 {
            Core Processor1_C1;
            Core Processor1_C2;
            Core Processor1_C3;
            Core Processor1_C4;
            Core Processor1_C5;
            Core Processor1_C6;
            Core Processor1_C7;
            Core Processor1_C8;
        }
    }
}
```

**Abbildung 7.20.:** Modellierung der Hardwarearchitektur

Verlängerung der ersten Ausführungsinstanz einer Applikation wird
nicht benötigt. In der Tabelle 7.8 sind die Anforderungen aller Softwarekomponenten an ihre zeitliche Platzierung noch einmal zusammengefasst dargestellt.

**Tabelle 7.8.:** Echtzeitanforderungen der Softwarekomponenten

| Softwarekomponente | Max. Laufzeit ($ms$) | Periodendauer ($ms$) |
|---|---|---|
| *Supervisor (SV)* | 3 | 100 |
| *MoonDetect (MD)* | 80 | 100 |
| (pro Kontrollfluss) | | |
| *CamDr* | 4 | 100 |
| *PlaubilityCheck (PC)* | 2 | 100 |

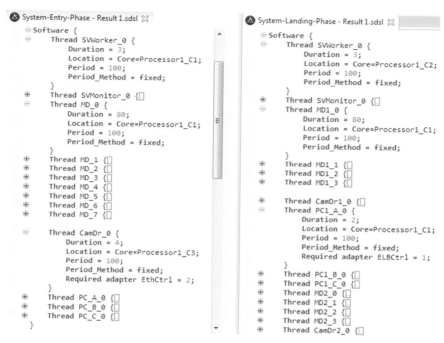

**Abbildung 7.21.:** Spezifikation der Echtzeitanforderungen der Software-komponenten für die Sub-Phase *Entry* (links) und die Sub-Phase *Landing* (rechts)

Ein Auszug aus den benötigen Eingabedaten zur Spezifikation dieser Echtzeitanforderungen ist in Abbildung 7.21 dargestellt. In dieser Abbildung sind die Spezifikationen der Softwarearchitektur beider Konfigurationen gegenüber gestellt.

**Relationen**

Die Relationen in den Eingabedaten werden dazu verwendet, eine bestimmte Ausführungsreihenfolge zwischen den Kontrollflüssen zu erzwingen. Der Ablauf im Steuersystem beginnt mit der Softwarekomponente *CamDr*, die eine Verbindung zu den stereoskopischen Kameras aufbaut und die aktuellen Bilder ausliest. Erst im Anschluss kann die

Applikation *MoonDetect* gestartet werden, um die Bildverarbeitung vorzunehmen und den neuen Steuerungsvektor zu berechnen. Nachdem diese Ergebnisse vorliegen, kann die Plausibilitätsprüfung durch die Softwarekomponente *PC* vorgenommen werden. Diese Reihenfolge orientiert sich an der Sequenz der Verarbeitungsschritte.

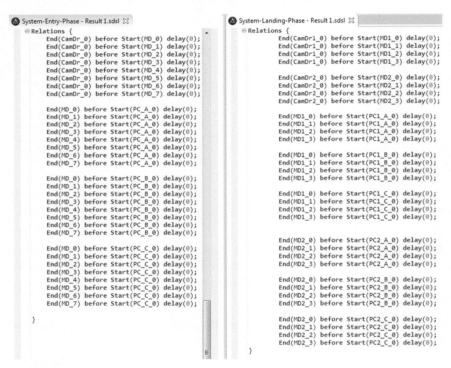

**Abbildung 7.22.:** Spezifikation der Ausführungsreihenfolge für die Sub-Phase *Entry* (links) und die Sub-Phase *Landing* (rechts)

In der Sub-Phase *Landing* werden zur Erhöhung der Zuverlässigkeit zwei voneinander *unabhängige* Datenflüsse realisiert. Aufgrund dieser Unabhängigkeit muss zwischen den Softwarekomponenten aus *unterschiedlichen* Datenflüssen *keine* Einschränkung der Reihenfolge erzwungen werden. In Abbildung 7.22 ist ein *Auszug* der benötigten

Eingabedaten zur Spezifikation dieser Ausführungsreihenfolge für
beide Sub-Phasen dargestellt. Da die zeitlichen Relationen im entwickelten Werkzeug *ASSIST* auf der Ebene der Kontrollflüsse definiert
werden müssen, sind die Eingaben vergleichsweise umfangreich.

**Synthese der zeitlichen Platzierung**

Ein Ergebnis für die zeitliche Platzierung in beiden Konfigurationen wurde innerhalb weniger Sekunden auf einem regulären Desktop-
Computer ermittelt. Die ermittelten Ergebnisse sind in Abbildung 7.23
für beide Sub-Phasen als Gantt-Diagramm dargestellt. Entsprechend
der gewählten Periodendauer aller Applikationen wurde hier automatisch das Zeitintervall $[0, 100ms]$ als zu betrachtende Hyperperiode
für die zeitliche Platzierung ermittelt.

In der Abbildung sind die acht Prozessorkerne des betrachteten
Prozessorknotens zu erkennen. Auf jedem dieser Kerne sind die Ausführungsinstanzen jedes zugeordneten Kontrollflusses zur leichteren Unterscheidung in einer eigenen Farbe gekennzeichnet. Die Lücken zwischen
den einzelnen Ausführungsinstanzen belegen die Berücksichtigung
der geforderten Zeiten für einen Kontextwechsel. Auch die geforderte
Reihenfolge in der Abarbeitung der Softwarekomponenten wurde bei
der Konstruktion berücksichtigt.

# 7.3. Zusammenfassung des Kapitels

In diesem Kapitel wird die Anwendung des entwickelten Verfahrens
am Beispiel von zwei komplexen eingebetteten Systemen mit hohen
Zuverlässigkeits- und Echtzeitanforderungen demonstriert. Das Fallbeispiel 1 befasst sich mit einem *Full Fly-By-Wire Flugleitsystem*
und setzt den Schwerpunkt auf die richtige Berücksichtigung von
Dislokalitäts- und Dissimilaritätsrelationen in mehrstufigen Hardwarearchitekturen. Die Optimierung der Platzierungen verfolgt in diesem
Fallbeispiel das Ziel, die Anzahl der benötigten Geräte zu reduzieren.

Im Fallbeispiel 2 wird ein *Steuersystem eines Raumfahrzeug* betrachtet. Der Schwerpunkt wird hier auf den richtigen Umgang mit

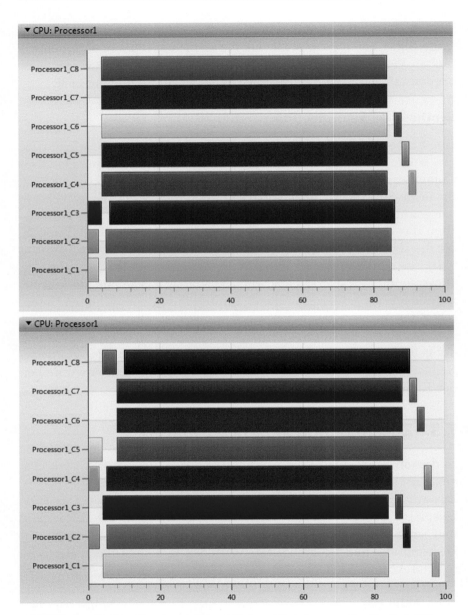

**Abbildung 7.23.:** Ergebnis der zeitlichen Platzierung für die Sub-Phase
*Entry* (oben) und für die Sub-Phase *Landing* (unten)

Geräteabhängigkeiten und mit mehreren Kontrollflüssen innerhalb einer Softwarekomponente gelegt. Ferner werden auch die Vorteile einer automatisierten Platzierung für eine dynamische Rekonfiguration der Ressourcenzuordnung demonstriert (*Mode-based Partitioning*). Als Optimierungskriterium wurde die Gleichverteilung der Auslastung der Prozessorkerne zugrunde gelegt.

Die Synthese der räumlichen und zeitlichen Platzierungen erfolgt in beiden Fallbeispielen mit Hilfe des im Rahmen dieser Arbeit entwickelten Werkzeugs *ASSIST*. Für die räumliche Dimension werden nicht alle Lösungen gesucht. Die Suche wird stattdessen nach Erreichen einer Obergrenze von 1000 Lösungen abgebrochen. Mit Hilfe eines zufälligen *Labelings* wird jedoch sichergestellt, dass die Lösungsmenge einen möglichst repräsentativen Ausschnitt der Gesamtmenge aller Lösungen darstellt. Bei der zeitlichen Platzierung genügt stattdessen *eine* korrekte Lösung, um die Realisierbarkeit der räumlichen Platzierung nachzuweisen.

# 8. Zusammenfassung und Ausblick

Das Ziel dieser Arbeit lag in der die Entwicklung eines Verfahren zur automatisierten Konstruktion, Bewertung und Optimierung einer Platzierung von Softwarekomponenten in funktionssicheren eingebetteten Systemen. Dieses Verfahren soll eine Steigerung der Funktionsdichte auf Mehrprozessorsystemen und Mehrkernprozessoren ohne Einschränkungen bei der Erfüllung der Anforderungen erzielen. Vor dem Hintergrund dieser Zielstellung werden im weiteren Verlauf dieses Kapitels die wesentlichen Ergebnisse dieser Arbeit zusammengefasst und bezüglich ihrer Stärken und Schwächen diskutiert. Den Abschluss dieses Kapitels bildet ein Ausblick, der offene Fragen und Anknüpfungspunkte für weiterführende Arbeiten betrachtet.

## 8.1. Ergebnisse

Die Ergebnisse dieser Arbeit untergliedern sich in einen *methodischen*, einen *konzeptuellen* und einen *praktischen Teil*. Im methodischen Teil wird ein Vorgehensmodell zur Platzierung von Softwarekomponenten entwickelt. Der konzeptuelle Teil beinhaltet die Analyse und die Formalisierung der Anforderungen einer Platzierung sowie die Abbildung des Platzierungsproblems auf ein generisches Constraint Satisfaction Problem, um dieses mit Hilfe eines *Constraint Solvers* automatisiert zu lösen. Dieses neue Verfahren wird im *praktischen Teil* als Softwarewerkzeug realisiert und anhand von zwei komplexen Fallbeispielen aus der Luft- und Raumfahrt demonstriert.

**Ein Vorgehensmodell zur Platzierung von Softwarekomponenten**

Das in dieser Arbeit entwickelte Vorgehensmodell beschreibt eine Reihenfolge von Entwicklungsschritten, die für die Konstruktion einer Platzierung notwendig sind. Es orientiert sich an den Anforderungen aus der realen Praxis und berücksichtigt den unterschiedlichen Detailgrad der zur Verfügung stehenden Informationen zu den Ressourcenanforderungen und -kapazitäten der Software- und die Hardwarearchitektur im Verlauf der Entwicklung. Es besteht aus den folgenden Entwicklungsschritten:

1. Konstruktion einer *räumlichen Platzierung*,

2. Analyse des *Zeitverhaltens*,

3. Konstruktion einer *zeitlichen Platzierung* und

4. *Validierung* der Platzierung.

Kern dieses Vorgehensmodells ist die Unterscheidung zwischen einer *räumlichen* und einer *zeitlichen* Platzierung von Softwarekomponenten sowie die schrittweise Präzisierung der erstellten Artefakte in den Entwicklungsschritten. Bei der *räumlichen Platzierung* werden die Softwarekomponenten zu den Prozessoren und Prozessorkernen sowie zu den Adaptern in der Hardwarearchitektur zugeordnet. Diese Zuordnung erfolgt in den frühen Entwicklungsphasen und berücksichtigt vor allem die Kompatibilität der Ressourcentypen und ihrer Kapazitäten sowie die Zuverlässigkeitsanforderungen der Softwarekomponenten. Eine Koordination der Zugriffe auf gemeinsam genutzte Ressourcen findet zu diesem Zeitpunkt noch nicht statt. Die räumliche Platzierung bildet die Grundlage für die *Analyse des Zeitverhaltens* der Softwarekomponenten im folgenden Entwicklungsschritt. Hierbei werden die hardwarespezifischen Laufzeiten der Kontrollflüsse einer Softwarekomponente bestimmt.

Auf der Grundlage einer räumlichen Platzierung und den Ergebnissen der Analyse des Zeitverhaltens wird im nächsten Schritt eine *zeitliche Platzierung* der Softwarekomponenten vorgenommen. Das Ziel der zeitlichen Platzierung liegt in der Erstellung eines Ablaufplans für die Kontrollflüsse aller Softwarekomponenten. Dieser Ablaufplan muss die Einhaltung der spezifizierten Echtzeitanforderungen (zum Beispiel Periodenlängen, Ausführungsdauern, Fristen, . . . ) berücksichtigen und zugleich auch die Koordination der Zugriffe auf alle gemeinsam genutzten Ressourcen vornehmen. Eine räumliche Platzierung ist erst dann *realisierbar*, wenn für sie ein Ablaufplan erstellt werden kann, der alle Anforderungen erfüllt. Wenn *kein* Ablaufplan konstruiert werden kann, dann muss entweder eine alternative räumliche Platzierung verwendet oder eine Modifikationen der Hardwarearchitektur vorgenommen werden.

Im letzten Entwicklungsschritt – der *Validierung* – wird die kombinierte räumliche und zeitliche Platzierung mit einem *dissimilaren* Verfahren auf bisher unentdeckte Fehler untersucht. Wenn bei dieser Analyse keine Fehler entdeckt werden, dann kann die Platzierung zur Konfiguration eines Echtzeitbetriebssystems verwendet werden.

## Formalisierung der Anforderungen an eine Platzierung

Als Voraussetzung für die automatisierte Platzierung wird ein formalisiertes *Korrektheitskriterium* entwickelt. Für den Einsatz im Rahmen der Entwicklung eines funktionssicheren eingebetteten Systems berücksichtigt dieses Kriterium die Aspekte *Echtzeitfähigkeit* und *Zuverlässigkeit*.

Zur Formalisierung der grundlegenden Anforderungen unter dem Aspekt *Echtzeitfähigkeit* wird der folgende Ansatz verwendet:

> Eine Platzierung von Softwarekomponenten ist unter dem Aspekt *Echtzeit* korrekt, wenn sich das Zeitverhalten jeder Softwarekomponente „in Isolation" nicht signifikant von ihrem Zeitverhalten bei einer Multifunktionsintegration unterscheidet.

Mit Hilfe der Arbeiten von B. Dutertre und V. Stavridou wird gezeigt, dass diese Bedingung genau dann erfüllt ist, wenn die zeitliche Platzierung die folgenden zwei Kriterien erfüllt:

1. Die *privaten* Ressourcen jeder Softwarekomponente müssen vor dem Zugriff durch andere Softwarekomponenten geschützt sein.

2. Die Zugriffe auf *gemeinsam genutzte* Ressourcen der Hardwarearchitektur müssen so koordiniert werden, dass jede Softwarekomponenten ausreichenden Zugang zu den von ihr benötigten gemeinsam genutzten Ressourcen des Systems bekommt.

Für die Entwicklung eines grundlegenden Korrektheitskriteriums einer Platzierung unter dem Aspekt der *Zuverlässigkeit* werden die Anforderungen der Industriestandards aus dem Bereich der Luft- und Raumfahrt als Grundlage genommen. Dem entsprechend muss das Gesamtsystem die folgenden normativen Vorgaben erfüllen:

1. Ein Fehlerzustand der Kategorie „katastrophal" ist extrem *unwahrscheinlich*.

2. Ein *einzelner* Ausfall darf nicht in einem Fehlerzustand dieser Kategorie resultieren.

Für die Korrektheit einer Platzierung bedeutet dies, dass die Kompatibilität zwischen den *Design Assurance Levels* der Hardwarekomponenten und den *Kritikalitätsstufen* der Softwarekomponenten hergestellt werden muss. Ferner müssen auch *Dislokalitäts-* und *Dissimilaritätsgruppen* bei der Konstruktion berücksichtigt werden, um die Unabhängigkeit kritischer Ressourcen gegenüber einzelnen Ausfällen zu gewährleisten.

## Modellierung der Platzierungsproblematik als Constraint Satisfaction Problem

Das **zentrale Ergebnis** dieser Arbeit besteht in der Modellierung der Anforderungen und Randbedingungen einer räumlichen und zeitlichen Platzierung von Softwarekomponenten als *Constraint Satisfaction Problem*. Sie bildet die Voraussetzung für die automatisierte Konstruktion von Lösungen. Zur Modellierung werden die Eigenschaften und

Kapazitäten der Ressourcen in der Hardwarearchitektur sowie die Ressourcenanforderungen der Softwarekomponenten auf verschiedene *Variablen* mit ganzzahligen Wertebereichen und eine Menge von *Randbedingungen* abgebildet. Mit Hilfe eines Constraintlösers können automatisiert *Belegungen* dieser Variablen gesucht werden, die keine der Randbedingungen verletzen. Jede gefundene Belegung stellt eine *Lösung* für die modellierte Platzierungsproblematik dar.

Bei der räumlichen Platzierung wird im Gegensatz zur zeitlichen Platzierung auch eine automatisierte Bewertung der Lösungen vorgenommen, um die Suche nach einer *optimalen* Platzierung für den Anwender zu erleichtern. Bei der *räumlichen* Platzierung wird deshalb eine Lösungsmenge mit vielen verschiedenen Lösungen erstellt. Für die *zeitliche* Platzierung genügt stattdessen *eine* Lösung, um die grundsätzliche Realisierbarkeit der zugrunde liegenden räumlichen Platzierung nachzuweisen.

Die Bewertung einer räumlichen Platzierung wird mit Hilfe von gewichteten Metriken durchgeführt, deren konkrete Auswahl und Gewichtung der Anwender vornimmt. Für drei wichtige Entwicklungsziele (*Effizienz in der Ressourcennutzung, Reduktion des Integrationsaufwands* und *Gewährleistung der Erweiterbarkeit*) werden konkrete Metriken vorgestellt, die eine Platzierung hinsichtlich der Erfüllung dieser Entwicklungsziele bewerten.

Als Ergebnis der Bewertung wird jeder Platzierung der Lösungsmenge eine Punktwertung (*Score*) zugeordnet, mit der die Güte dieser Platzierung im Vergleich zu den anderen Platzierungen aus der Lösungsmenge beschrieben wird. Dies ermöglicht eine Sortierung der Lösungsmenge und erleichtert die Auswahl einer „optimalen" Platzierung für den Anwender. Ein derartiges Vorgehen bietet die Möglichkeit zur direkten Einflussnahme des Anwenders auf das Ergebnis ohne die Korrektheit der ausgewählten Lösung zu gefährden.

Aufgrund der NP-Vollständigkeit der Platzierungsproblematik werden für den Einsatz dieses Verfahrens bei *komplexen* Systemen spezielle Heuristiken und Strategien zur Beschleunigung der Suche nach räumlichen Platzierungen entwickelt. Die Konstruktion von zeitlichen Platzierungen kann dagegen durch die Unterteilung des Systems in unabhängige *Scheduling Domains* und deren separate Bearbeitung erreicht werden.

## Demonstration des Verfahrens mit Hilfe von Fallbeispielen

Das entwickelte Verfahren zur automatisierten Platzierung von Softwarekomponenten wurde im Rahmen dieser Arbeit im Softwarewerkzeug *Architecture Synthesis for Safety-Critical Systems (ASSIST)* implementiert. Dieses Werkzeug verwendet die Funktionalität von *Eclipse, JavaFX* und *Xtext*, um die textuelle Spezifikation eines Platzierungsproblems mit Hilfe einer speziell für diese Arbeit entwickelten domänenspezifischen Sprache zu ermöglichen und die Ergebnisse in einer graphischen Benutzeroberfläche darzustellen. Das Werkzeug generiert aus den Eingabedaten automatisch Constraint Satisfaction Probleme für die räumliche und zeitliche Platzierung von Softwarekomponenten. Zur Lösung werden die generierten Constraint Satisfaction Probleme an den Constraintlöser *JaCoP* [KSrz] übergeben. Die Bewertung der Platzierungen wird außerhalb von *JaCoP* realisiert, um dem Anwender größere Flexibilität bei der Zusammenstellung der Metriken und der Bewertung der Platzierungen zu geben.

Die Anwendung des entwickelten Verfahrens und der Ablauf des damit verbundenen Entwicklungsvorgehens wird mit Hilfe des Werkzeugs *ASSIST* anhand von zwei eingebetteten Systemen mit hohen Zuverlässigkeits- und Echtzeitanforderungen demonstriert. Im *ersten Fallbeispiel* wird die Architektur eines Flugleitsystems betrachtet. Die besondere Herausforderung liegt dabei in der korrekten Platzierung der Softwarekomponenten auf einer mehrstufigen Hardwarearchitektur unter Beachtung vielfältiger Zuverlässigkeitsanforderungen und Sicherheitsbestimmungen.

Das *zweite Fallbeispiel* befasst sich mit der Architektur eines Steuersystems für Raumfahrzeuge. In diesem Beispiel liegt der Fokus auf der richtigen Behandlung von Softwarekomponenten, die aus mehr als einem Kontrollfluss bestehen und bei der Ausführung Zugang zu gemeinsam genutzten Adaptern benötigen. Darüber hinaus werden in diesem Fallbeispiel auch die Herausforderungen eines Systems mit verschiedenen Ressourcenkonfigurationen für unterschiedliche Betriebsmodi adressiert.

Für jedes Fallbeispiel werden die relevanten Anforderungen sowie die benötigten Eingabedaten für das Werkzeug *ASSIST* zur Beschreibung der Software- und Hardwarearchitektur des Systems und zur Spezifikation der zusätzlichen Randbedingungen vorgestellt. Auf dieser Grundlage können in beiden Fallbeispielen räumliche und zeitliche Platzierungen innerhalb weniger Sekunden auf einem regulären Desktop-Computer erstellt werden. Zur Bewertung der konstruierten Platzierungen werden die Entwicklungsziele jedes Fallbeispiels als Metrik formuliert und anschließend als Sortierkriterium verwendet.

## 8.2. Diskussion

Die Ergebnisse zeigen, dass die entwickelten Verfahren und Vorgehensmodelle eine automatisierte Platzierung von Softwarekomponenten erlauben. Sie berücksichtigen darüber hinaus die Echtzeit- und Zuverlässigkeitsanforderungen funktionssicherer eingebetteter Systeme und erlauben eine Optimierung der Platzierungen auf der Grundlage von nutzerdefinierten Kriterien. Das Ziel der vorliegenden Arbeit wurde damit erreicht. Im folgenden Abschnitt werden die möglichen Schwächen und Grenzen der entwickelten Ansätze diskutiert.

### Modellierung der Hardwarearchitektur

Die entwickelten Verfahren basieren auf einer vereinfachten Modellierung von Eigenschaften und Kapazitäten der Ressourcen in der Hardwarearchitektur. Es wird kein hardwareseitiges Multithreading der Prozessoren unterstützt und auch die Art der Speicherbelegung vernachlässigt technische Aspekte, wie beispielsweise Segmentierung und Fragmentierung. Zudem wird der Arbeitsspeicher einer Softwarekomponente bei der räumlichen Platzierung *permanent* und nicht erst bei der Planung ihrer Ausführung zugewiesen. Für eine größere Realitätsnähe des Modells müsste der Arbeitsspeicher stattdessen als gemeinsam genutzte Ressource modelliert und der Speicherzugriff im Rahmen der zeitlichen Platzierung koordiniert werden.

Auch der Zugriff einer Softwarekomponente auf die zusätzlichen Geräte und Adapter wird vereinfacht abgebildet. Während sich das Modell sehr stark an das klassische Zugriffsverfahren *Programmed Input/Output (PIO)* anlehnt, können weiterentwickelte und mittlerweile weit verbreitete Zugriffsarten auf diese Geräte, wie der Speicherdirektzugriff (*Direct Memory Access*), nicht dargestellt werden. Darüber hinaus berücksichtigt der Modellierungsansatz keine Kommunikationsnetzwerke zwischen den *Boards* eines Systems. Neben der Rechenzeit auf den Prozessoren ist auch die Bandbreite dieser Netzwerke in vielen Systemen ein zentraler Engpass und müsste bei der Platzierung ebenfalls berücksichtigt werden.

**Zuverlässigkeitsanforderungen für die räumliche Platzierung**

Für die Entwicklung des Platzierungsverfahrens werden Zuverlässigkeitsanforderungen aus den Standards der Luft- und Raumfahrt abgeleitet und formalisiert. Daher ist das Verfahren sehr eng an den Anforderungen aus der Luft- und Raumfahrt angelehnt, so dass die Besonderheiten funktionssicherer Systeme in anderen Bereichen, wie zum Beispiel der Automatisierungstechnik, nicht berücksichtigt werden. Mit der Beschränkung auf *katastrophale* Fehler in der Luft- und Raumfahrt werden zudem auch andere Fehlerklassen und die Auswirkungen ihrer Behandlung auf die Platzierung von Softwarekomponenten vernachlässigt.

Eine weitere Grenze dieses Verfahrens liegt in der festen Kopplung der Auswahl der Attribute zur Unterscheidung dissimilarer Ressourcen an das Lösungsverfahren. Das Kriterium, wonach zwei Ressourcen zueinander dissimilar sind, ist in der realen Praxis meist wesentlich komplexer und stark vom Kontext des Entwicklungsvorhabens abhängig. In vielen Fällen lässt es sich auch nicht auf eine einfache Auswahl von Attributen reduzieren. Das Verfahren müsste stattdessen die Definition eines Dissimilaritätskriteriums als Teil der *Eingabedaten* und in Form von *Wenn-Dann*-Regelsätzen ermöglichen.

## Echtzeitanforderungen für die zeitliche Platzierung

Grundsätzlich orientieren sich die betrachteten Echtzeitanforderungen des zeitlichen Platzierungsverfahrens an den Bedürfnissen der Anwender aus der realen Entwicklungspraxis. Diese Anforderungen können jedoch nur für *periodische* Kontrollflüsse formuliert werden. Aperiodische und sporadische Kontrollflüsse lassen sich nicht mit der vorgestellten Modellierung von Kontrollflüssen abbilden. Eine weitere Grenze des Modells liegt in der Definition einer global einheitlichen Zeitverzögerung für einen Kontextwechsel. Diese ist jedoch stark von den verwendeten Hardwarekomponenten abhängig und müsste deshalb für jeden Prozessor oder Prozessorkern *individuell* definiert und bei der Platzierung berücksichtigt werden.

Darüber hinaus setzt das zeitliche Platzierungsverfahren die Kenntnis einer maximalen Laufzeit für jeden Kontrollfluss (*Worst Case Execution Time*) voraus. Die derzeitigen Verfahren zur Analyse der maximalen Laufzeit eines Kontrollflusses geraten bei Mehrkernprozessoren mit komplexen Prozessorarchitekturen an ihre Grenzen. Es ist daher zu hinterfragen, ob die Konstruktion eines statischen Schedules auf der Grundlage von maximalen Laufzeiten der Kontrollflüsse einen probaten Ansatz zur zeitlichen Platzierung darstellt.

## Effizienz des Platzierungsverfahrens

Zur Beschleunigung der Lösungssuche bei komplexen Platzierungsproblemen werden in der Arbeit zwei Strategien entwickelt, deren grundlegender Ansatz in einer geeigneten Vorsortierung der Lösungsvariablen und einer stochastischen Wertbelegung dieser Variablen liegt. Dies erlaubt dem Anwender die Auswahl zwischen einer *systematischen* Wertbelegung im Sinne einer Tiefensuche oder einer *zufälligen* Belegung der Variablen. Auf der Grundlage einer Analyse weiterer Fallbeispiele und zusätzlichem Domänenwissen könnte die Wertbelegung der Variablen mit Hilfe von zusätzlichen Heuristiken noch stärker optimiert werden, so dass Äste im Suchbaum, die zu keiner Lösung führen, bereits frühzeitig vermieden werden. Gegenwärtig ist die Suche

im Lösungsraum auch noch nicht parallelisiert, obwohl die Problemstellung und der Lösungsansatz ein hohes Potential zur parallelen
Ausführung auf mehreren Prozessoren bieten.

Neben diesen technischen Ansatzpunkten für weitere Optimierun-
gen des entwickelten Verfahrens, gibt es auch konzeptuelle Aspekte,
die in dieser Arbeit *nicht* berücksichtigt wurden, aber im Idealfall
zu einer Steigerung der Effizienz beitragen könnten. Dies betrifft vor
allem die *Rückmeldung* von der zeitlichen zur räumlichen Platzierung. Wenn keine zeitliche Platzierung gefunden wurde, dann müsste
die Rückmeldung nicht nur den negativen Ausgang der zeitlichen
Platzierung, sondern auch weitere Informationen zu den überlasteten
Ressourcen und den betroffenen Kontrollflüssen enthalten, für die
keine zeitliche Platzierung vorgenommen werden konnte. Diese Zusatz-
informationen könnten anschließend bei der räumlichen Platzierung
entweder als zusätzliche Constraints des Platzierungsproblems oder
als Parameter zur gezielten Beeinflussung der Lösungssuche verwendet
werden, um die Effizienz des Verfahrens zu erhöhen.

## Realisierung als Softwarewerkzeug

Die Realisierung des automatisierten Platzierungsverfahrens im Softwarewerkzeug *ASSIST* ist ungeachtet der vorgenannten Grenzen
für die Demonstration der entwickelten Ansätze in dieser Arbeit
grundsätzlich geeignet. Verbesserungspotential des Softwarewerkzeugs
gibt es vor allem bei den Eingabedaten und der Auswahl des verwendeten Constraintlösers *JaCoP*.

Die Grammatik der textuellen Eingabesprache zeigt mögliche Nachteile bei der Definition von zeitlichen Relationen zwischen Kontrollflüssen. Diese Grenze wird im Fallbeispiel 2 dieser Arbeit besonders deutlich. Hier könnten die Eingabedaten wesentlich verkürzt
werden, wenn die Grammatik auch die Spezifikation zeitlicher Relationen zwischen Softwarekomponenten erlauben würde. Darüber
hinaus fehlt der Eingabesprache zur Spezifikation eines räumlichen
Platzierungsproblems auch die Möglichkeit zur *Gruppenbildung* von
Softwarekomponenten, mit deren Hilfe die Spezifikation von Zuverläs-

sigkeitsanforderungen komplexer Systeme ebenfalls verkürzt werden könnte.

In Anbetracht der existierenden Modellierungswerkzeuge für die Entwicklung funktionssicherer eingebetteter Systeme ist auch die Verwendung einer *textbasierten* Eingabesprache noch einmal kritisch zu hinterfragen. Bei den etablierten Werkzeugen hat sich die mittlerweile die *graphische* Modellierungssprache SysML [Obj12] als Standard zur Beschreibung einer Systemarchitektur durchgesetzt. Diese unterschiedlichen Formate der Eingabedaten erschweren die Einbindung des im Rahmen dieser Arbeit entwickelten Softwarewerkzeugs *ASSIST* in eine bestehende Werkzeugkette des Anwenders.

Neben den Eingabedaten bietet auch die im Rahmen dieser Arbeit getroffene Auswahl des Constraintlösers weiteres Optimierungspotential. Für diese Arbeit wurde der *Java*-basierte Constraintlöser *JaCoP* verwendet, um keinen Technologiebruch zum ebenfalls *Java*-basierten Werkzeug *ASSIST* zu erzeugen. Eine Analyse der Leistungsfähigkeit von *JaCoP* im Vergleich zu anderen Constraintlösern im Rahmen der *MiniZinc Challenge 2012* [NIC12] belegt jedoch, dass die Verwendung eines *C*-basierten Constraintlösers, wie beispielsweise *Generic Constraint Development Environment - GECODE*, zu einer signifikanten Beschleunigung der Lösungssuche führen kann.

## 8.3. Ausblick

Verschiedene Aspekte in dieser Arbeit sollten in darauf aufbauenden Forschungsvorhaben noch einmal aufgegriffen werden. Dies betrifft zunächst die vorgestellten Metriken zur Bewertung einer räumlichen Platzierung. Hier wäre es wünschenswert, weitere praxisrelevante Metriken zur Bewertung von Architekturen in das bestehende Portfolio aufzunehmen, mit denen weitere Architektureigenschaften, wie beispielsweise *„leichte Wartbarkeit"* und *„Erweiterbarkeit"*, formalisiert werden können. Zudem wäre auch die Berücksichtigung zusätzlicher Parameter wertvoll, die sich auf die räumliche und zeitliche Platzierung von Softwarekomponenten auswirken. Dies betrifft beispielsweise die Optimierung der elektrische Leistungsaufnahme des Gesamtsystems durch die gezielte Nutzung der Stromsparfunktionen moderner Prozesoren.

Darüber hinaus sollte auch die Beziehung zwischen der Konstruktion einer Platzierung und der Entwicklung von konfigurierbaren Produkten und Produktlinien im Detail untersucht werden. Aufgrund der hier häufig vorliegenden hohen Kombinatorik von ausleitbaren Produkten einer Produktlinie, kann eine automatische Platzierung signifikante Effizienzsteigerungen bei der Entwicklung bringen. Durch den Autor dieser Arbeit wurde dazu bereits ein erster Ansatz skizziert [GRHMW14], wie die automatische Platzierung von Softwarekomponenten einen Beitrag zur Steigerung der Effizienz im Kontext der Entwicklung einer Produktlinie leisten kann.

Im intensiven Dialog mit Vertretern aus der Luft- und Raumfahrtindustrie zum Thema dieser Arbeit wurde zudem deutlich, dass neben der Erweiterung des Einsatzbereiches einer Platzierung, auch eine begriffliche Erweiterung und Generalisierung in zukünftigen Arbeiten durchgeführt werden sollte. So wurde in dieser Arbeit lediglich die Platzierung von Softwarekomponenten auf Hardwarekomponenten unter speziellen Randbedingungen betrachtet. Viele der dabei erarbeiteten Konzepte, Ansätze und Vorgehensweisen lassen sich allerdings auch auf *andere* Platzierungen übertragen. Beispielsweise ist beim Entwurf eines Flugzeuges auch die optimale Platzierung der Hardwarekomponenten auf den zur Verfügung stehenden Bauraum eine wesentliche Herausforderung im Entwicklungsprozess. Für dieses Beispiel lassen sich die Korrektheitskritierien und Randbedingungen (zum Beispiel die verfügbaren elektrischen Anschlüsse, die maximalen Kabellängen für Datenbusse und die *Zonal Safety*) bereits mit den bisher vorgestellten Mitteln modellieren. Das vorgestellte Lösungsverfahren kann jedoch nicht unmittelbar auf diese Art von Platzierung übertragen werden und macht weitere Forschungsarbeiten erforderlich.

Ein weiterer Anknüpfungspunkt für weiterführende Forschungsarbeiten liegt in der automatisierten *Zerlegung* der „Systemfunktionen" in „Einzelfunktionen". Diese Einzelfunktionen werden im weiteren Entwicklungsvorgehen durch Softwarekomponenten realisiert und anschließend mit dem hier präsentierten Verfahren platziert. Eine der wesentlichen Herausforderungen bei der *Zerlegung* der Systemfunktionen besteht in der Suche nach dem optimalen „Umfang" der zerlegten Einzelfunktionen unter Berücksichtigung der Ressourcen in der Hardwarearchitektur. Wenn der Umfang einer Einzelfunktion zu „groß" gerät, dann ist die Platzierung der entsprechenden Softwarekomponente meist nicht mehr möglich, da die Ressourcen eines *Boards* nicht ausreichend, um hinreichende Rechenleistung und Zuverlässigkeit zu bieten.

Führt die Zerlegung andererseits zu sehr „kleinen" Einzelfunktionen, so ist deren Platzierung zunächst leichter – auch wenn die Komplexität des Platzierungsproblems ansteigt. Eine solche Softwarearchitektur ist jedoch mit einem höheren Entwicklungsaufwand verbunden und führt zu einer ineffizienteren Ressourcennutzung, da mehr Interaktionen zwischen den Softwarekomponenten und auch mehr Kontextwechsel notwendig werden. Deshalb müsste dieser Prozess der funktionalen Dekomposition mit der automatisierten Platzierung kombiniert werden. Dies könnte dazu beitragen, dass die Granularität der Einzelfunktionen hinsichtlich der Ressourcen in der Hardwarearchitektur optimiert und die Ressourceneffizienz gesteigert wird.

# A. ASSIST - Aufbau und Funktionalität

Zur Demonstration der Tragfähigkeit und der Praxistauglichkeit des entwickelten Verfahrens zur automatisierten Platzierung von Softwarekomponenten wurde dieser Ansatz auch prototypisch als Softwarewerkzeug *Architecture Synthesis for Safety Critical Systems – ASSIST* (siehe Abbildung A.1) implementiert. In diesem Abschnitt wird die Realisierung dieses Werkzeugs kurz vorgestellt.

### Modularer Aufbau mit der Eclipse 4 Rich Client Platform

Der Prototyp wurde in der Programmiersprache *Java* mit Hilfe der *Eclipse 4 Rich Client Platform (E4 RCP)* entwickelt. Bei dieser Platt-form handelt es sich um ein „Grundgerüst" zur Entwicklung von komplexen Desktop-Anwendungen. Die Plattform stellt dazu eine Vielzahl an grundlegenden Komponenten bereit, die auch in der weit verbreiteten Entwicklungsumgebung *Eclipse* verwendet werden.

Im Gegensatz zur *Eclipse 3 Rich Client Platform* wurde die Hand-habung in der Version 4 vereinfacht und der Entwicklungsaufwand reduziert. Die Struktur einer E4 RCP Anwendung wird nun nahezu vollständig durch ein Applikationsmodell beschrieben, deren Erschei-nungsbild zur Laufzeit mit Hilfe von Cascading Style Sheets (CSS) konfiguriert wird. Zur Auflösung von Abhängigkeiten zwischen den verwendeten Komponenten wird nun auf das modernere Konzept *De-pendency Injection* zurückgegriffen. Dies erhöht die Übersichtlichkeit des Quellcodes.

Der modulare Aufbau von E4 RCP Anwendungen mit Hilfe von Plugins beschleunigt die Entwicklung da Funktionalität aus bereits

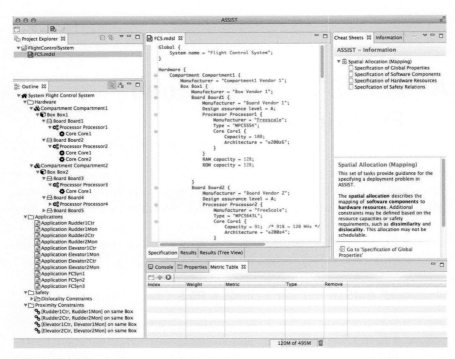

**Abbildung A.1.:** Das Hauptfenster des Softwarewerkzeugs ASSIST

existierenden Plugins einfach wiederverwendet werden kann. Dazu liefert die E4 Rich Client Platform bereits die in Abbildung A.2 dargestellte Funktionalität oberhalb der *Java Virtual Machine* mit. In dieser Abbildung sind auch die zusätzlich im Rahmen dieser Arbeit entwickelten Plugins zur Realisierung der Funktionalität von *ASSIST* enthalten.

Die technologische Basis für die Erweiterbarkeit der Plattform durch Plugins stellt die *OSGi*-Implementierung *Equinox* in Verbindung mit dem *Eclipse Modeling Framework (EMF)* dar. Beide tragen zu einer wesentlichen Vereinfachung der modellbasierten Entwicklung und Code-Generierung bei. Oberhalb dieser Schicht sind die notwendigen Komponenten und Dienste angesiedelt, die den zentralen Teil der

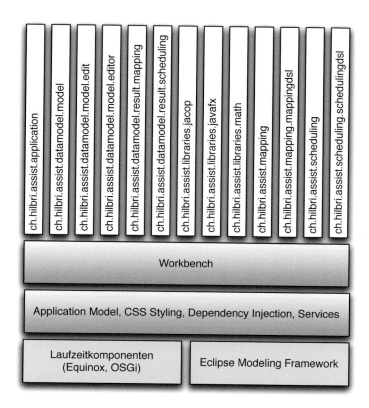

**Abbildung A.2.:** Der Aufbau des Softwarewerkzeugs ASSIST

Funktionalität der Infrastruktur der *Rich Client Platform* realisieren. In den höheren Abstraktionsschichten wurde die anwendungsspezifische Funktionalität als *Plugins* im Namensraum **ch.hilbri.assist** realisiert. Für die prototypische Entwicklung des Softwarewerkzeugs *ASSIST* bietet diese Technologie eine Reihe von Vorteilen:

- Unabhängigkeit vom verwendeten Betriebssystem

- Reduzierung des Entwicklungsaufwands für die graphische Oberfläche durch die Nutzung der bereits existierenden E4 RCP Komponenten

- Nutzung einer standardisierten Schnittstelle für Plugins, so dass zusätzliche Funktionalität (zum Beispiel eine Versionsverwaltung) mit geringem Aufwand wiederverwendet werden kann

- Kompatibilität mit bestehenden Entwicklungsumgebungen für eingebettete Echtzeitsysteme, wie beispielsweise die *Wind River Workbench* für *VxWorks*

### Textuelle Spezifikation eines Platzierungsproblems

Zur Erleichterung der Spezifikation eines Platzierungsproblems für den Anwender wurden im Rahmen dieser Arbeit zwei domänenspezifische Sprachen entwickelt, mit denen ein räumliches und ein zeitliches Platzierungsproblems *textuell* beschrieben werden kann (siehe Anhang B und Anhang C). Für den Anwender bietet dies den Vorteil der leichten Erlernbarkeit und der hohen Problemspezifität der Eingaben. Diese Form der deklarativen und zugleich formalen Beschreibung des vorliegenden Problems bildet eine wichtige „Brücke" zwischen dem Fachexperten und den spezialisierten Such- und Optimierungsstrategien in der Constraint Programmierung.

Auf der Grundlage der entwickelten Grammatiken für die Eingabesprachen, konnten die notwendigen Parser automatisch mit Hilfe des *Eclipse Xtext Frameworks* generiert werden. Mit Hilfe dieser Werkzeuge können Änderungen in einer Eingabesprache schnell umgesetzt werden, da notwendigen Änderungen im Quellcode weitgehend automatisiert durchgeführt und viele Bestandteile der Oberfläche automatisch generiert werden. Für den Anwender steigert das *Eclipse Xtext Framework* den Komfort bei der Eingabe, indem Funktionen, wie eine farbliche Syntaxhervorhebung oder Codevervollständigung, automatisch erstellt werden.

Die Eingabedaten werden nach einer Plausibilitätsprüfung in ein internes Datenmodell überführt. Dieses Datenmodell ist weitgehend unabhängig vom verwendeten Constraintlöser und stellt eine optimierte Datenstruktur für die leichtere Verarbeitung der Eingabedaten dar. In Abbildung A.3 ist das interne Datenmodell der räumlichen Platzierung in vereinfachter Form dargestellt.

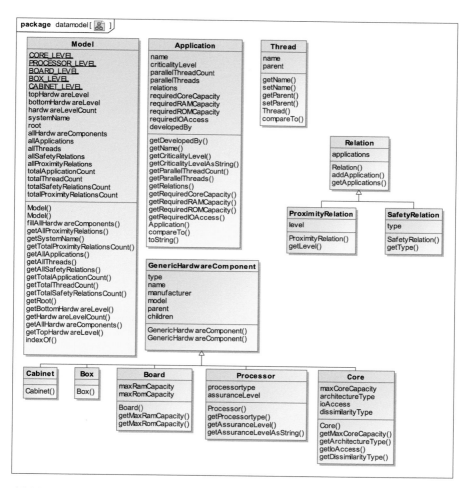

**Abbildung A.3.:** Darstellung des internen Datenmodells für die räumliche Platzierung

**Verwendung des Constraintlösers „JaCoP"**

Im Anschluss wird die Spezifikation des Platzierungsproblems aus dem internen Datenmodell in ein *Constraint Satisfaction Problem* übersetzt und zur Lösung an den *Constraint Solver* übergeben. Als *Constraint Solver* wird das Werkzeug *JaCoP* [KSrz] eingesetzt. Dies ist eine Programmierbibliothek für Java und ermöglicht die Constraint Programmierung im Umfeld einer objektorientierten Programmiersprache. Dazu bietet *JaCoP* die Unterstützung von Constraints mit Variablen über *endlichen* Wertebereichen und stellt verschiedene Verfahren zur Lösungssuche zur Verfügung.

Zur Optimierung der Suche können auch weitere Verfahren und Heuristiken ergänzt werden. Für die Realisierung des Softwarewerkzeugs wurde *JaCoP* ausgewählt, da dessen objektorientierte und plattformunabhängige Implementierung in Java keinen „Technologiebruch" zu den anderen Komponenten der *Eclipse Rich Client Platform* darstellt.

**Grafische Darstellung der Ergebnisse mit „JavaFX"**

Die Ergebnisse des Solvers für die räumliche oder zeitliche Platzierung werden anschließend zurück in den Kontext und die Terminologie des internen Datenmodells transformiert. Für die graphische Darstellung dieser Ergebnisse in der Benutzerschnittstelle waren die bereitgestellten Komponenten des *Eclipse Standard Widget Toolkits (SWT)* nicht ausreichend.

Zur Darstellung einer zeitlichen Platzierung als modifiziertes *Gantt-Diagramm* wurde deshalb auf eine weitere Komponentenbibliothek zurückgegriffen: *Oracle JavaFX* [Ora13]. Dies ist eine plattformunabhängige und hardwarebeschleunigte Bibliothek von Elementen für Benutzerschnittstellen. *JavaFX* wird *Swing* – die aktuelle Standardbibliothek für Benutzeroberflächen von Java-Anwendungen – in den nächsten Jahren ablösen.

# B. Grammatik zur Spezifikation räumlicher Platzierungen

```
1  grammar ch.hilbri.assist.mapping.mappingdsl.MappingDSL with org.eclipse.
      xtext.common.Terminals

3  generate mappingDSL "http://www.hilbri.ch/assist/mapping/mappingdsl/
      MappingDSL"

5  InputModelRoot:
      global=GlobalBlock
7     hardware=HardwareBlock
      software=SoftwareBlock
9     (relationsMapping=RelationsBlockMapping)?;

11 QualifiedName:
      ID ('.' ID)*;
13

   enum DALLevelType:
15    A='A' | B='B' | C='C' | D='D' | QS='QS';

17 GlobalBlock:
      'Global' '{' 'System name' '=' systemName=STRING ';' '}';
19

   HardwareBlock:
21    'Hardware' '{' (container+=HardwareElementContainer)+ '}';

23 HardwareElementContainer:
      Cabinet | Box | Board;
25

   Cabinet:
27    'Cabinet' name=ID '{'
      ('Manufacturer' '=' manufacturer=STRING ';')?
29    ('Power supply' '=' powerSupply=STRING ';')?
      ('Side' '=' side=STRING ';')?
```

```
31    ('Zone' '=' zone=STRING ';')?
      (boxes+=Box)+
33    '}';

35  Box:
      'Box' name=ID '{'
37    ('Manufacturer' '=' manufacturer=STRING ';')?
      ('Level' '=' level=STRING ';')?
39    (boards+=Board)+
      '}';
41
    Board:
43    'Board' name=ID '{'
      ('Manufacturer' '=' manufacturer=STRING ';')?
45    ('Type' '=' type=STRING ';')?
      ('Power supply' '=' powerSupply=STRING ';')?
47    ('Side' '=' side=STRING ';')?
      (designAssuranceLevelIsProvided?='Design assurance level' '='
          assuranceLevel=DALLevelType ';')?
49    (processors+=Processor)+
      ('RAM capacity' '=' ram_capacity=INT ';')?
51    ('ROM capacity' '=' rom_capacity=INT ';')?
      (ioAdapters+=IOAdapter)*
53    '}';

55  enum AdapterType:
      can='CAN bus' |
57    enhancedLocalBus='Enhanced Local Bus' |
      ethernet='Ethernet' |
59    analog='Analog' |
      digital='Digital' |
61    serial='Serial';

63  IOAdapter:
      adapterType=AdapterType '=' totalUnitCount=INT ';';
65
    Processor:
67    'Processor' name=ID '{'
      ('Manufacturer' '=' manufacturer=STRING ';')?
69    ('Type' '=' processorType=STRING ';')?
      (cores+=Core)+
71    '}';
```

73  Core:
      'Core' name=ID '{'
75  ('Capacity' '=' capacity=INT ';')?
      ('Architecture' '=' architectureType=STRING ';')?
77  '}';

79  SoftwareBlock:
      'Software' '{' (applications+=Application)+ '}';
81

      Application:
83  'Application' name=ID '{'
      'Core utilization' '=' utilization=INT ';'
85  ('Required RAM capacity' '=' ram_capacity=INT ';')? /* Default is 0 */
      ('Required ROM capacity' '=' rom_capacity=INT ';')? /* Default is 0 */
87  (criticalityLevelProvided?='Criticality level' '=' criticalityLevel=
            DALLevelType ';')?
      (parallelThreadsProvided?='Identical parallel threads' '=' parallelThreads=
            INT ';')?
89  ('Developed by' '=' developedBy=STRING ';')?
      (ioAdapterRequirements+=IORequirement)*
91  '}';

93  IORequirement:
      SharedIORequirement | ExclusiveIORequirement;
95

      ExclusiveIORequirement:
97  'Required adapter' adapterType=AdapterType '(exclusive access)' '='
            requiredUnits=INT ';';

99  SharedIORequirement:
      'Required adapter' adapterType=AdapterType '(shared access)' '='
            requiredUnits=INT ';';
101

      enum HardwareArchitectureLevelType:
103  core='core' |
      processor='processor' |
105  board='board' |
      box='box' |
107  Cabinet='cabinet';

109  RelationsBlockMapping:
      name='Relations' '{'
111  (mappingDissimilarityRelations+=MappingDissimilarityRelation)*

```
     (mappingDislocalityRelations+=MappingDislocalityRelation)*
113  (mappingProximityRelations+=MappingProximityRelation)*
     '}';
115
     MappingDislocalityRelation:
117  applications+=[Application] (',' applications+=[Application])* 'dislocal up to'
         level=HardwareArchitectureLevelType
     ';';
119
     MappingDissimilarityRelation:
121  applications+=[Application] (',' applications+=[Application])* 'dissimilar up
         to' level=HardwareArchitectureLevelType
     ';';
123
     MappingProximityRelation:
125  applicationss+=[Application] (',' applications+=[Application])* 'on same'
         level=HardwareArchitectureLevelType ';';
```

**Listing B.1:** Grammatik für die Spezifikation eines räumlichen
Platzierungsproblems

# C. Grammatik zur Spezifikation zeitlicher Platzierungen

```
1  grammar ch.hilbri.assist.scheduling.schedulingdsl.SchedulingDsl with org.eclipse.
       xtext.common.Terminals

3  generate schedulingDsl "http://www.hilbri.ch/assist/scheduling/schedulingdsl/
       SchedulingDsl"

5  InputModelRoot:
       global=GlobalBlock
7      hardware=HardwareBlock
       software=SoftwareBlock
9      (relationsScheduling=RelationsBlockScheduling)?;

11  GlobalBlock:
       'Global' '{'
13     ('System' 'name' '=' systemName=STRING ';')?
       'Change_Delay' '=' changeDelay=INT ';'
15     '}';

17  HardwareBlock:
       name='Hardware' '{' (container+=HardwareElementContainer)+ '}';
19
   HardwareElementContainer:
21    Compartment | Box | Board;

23  Compartment:
       'Compartment' name=ID '{'
25     (boxes+=Box)+
       '}';
27
   Box:
29   'Box' name=ID '{'
       (boards+=Board)+
```

```
31      '}';

33  Board:
        'Board' name=ID '{'
35      (processors+=Processor)+
        (ioAdapters+=IOAdapter)*
37      '}';

39  IOAdapter:
        'I/O Adapter' name=ID '{' 'shared units' '=' sharedUnitCount=INT ';' '}';
41
    Processor:
43      'Processor' name=ID '{'
        (cores+=Core)+
45      '}';

47  Core:
        'Core' name=ID ';';
49
    SoftwareBlock:
51      name='Software' '{' (applications+=Application)+ '}';

53  Application:
        'Application' name=ID '{'
55      (threads+=Thread)+
        (ioAdapterRequirements+=IORequirement)*
57      '}';

59  IORequirement:
        SharedIORequirement;
61
    SharedIORequirement:
63      'Required' 'adapter' adapterID=[IOAdapter] requiredUnits=INT ';';

65  Thread:
        'Thread' name=ID '{'
67      'Duration' '=' duration=INT ';'
        'Location' '=' 'Core' '=' coreID=[Core] ';'
69      'Period' '=' period=INT ';'
        'Jitter' '=' 'early' earlyTolerance=INT ',' 'late' lateTolerance=INT ';'
71      (lateStart?='Latest_First_Execution_Start' '=' maxStartTime=INT ';')?
        (lateEnd?='Latest_First_Execution_End' '=' maxEndTime=INT ';')?
73      (longFirst?='Initialization' '=' initialization=INT ';')?
```

```
      (slicable?='Number_of_slices' '=' slices=INT ';'
75    'Minimal_slice_duration' '=' minSliceDuration=INT ';')?
      '}';
77

      RelationsBlockScheduling:
79    name='Relations' '{' (schedulingRelations+=SchedulingRelation)* '}';

81  SchedulingRelation:
      refBefore=ReferencePointType '(' threadBefore=[Thread] ')' 'before'
83    refAfter=ReferencePointType '(' threadAfter=[Thread] ')'
      'delay' '(' delay=INT ')' ';';
85

      enum ReferencePointType:
87    Start | End;
```

**Listing C.1:** Grammatik für die Spezifikation eines zeitlichen Platzierungsproblems

# Literaturverzeichnis

[Apt03] APT, Krzysztof R.: *Principles of constraint programming*. Cambridge University Press, 2003. – I–XII, 1–407 S. – ISBN 978–0–521–82583–2

[ARI05] ARINC: *ARINC Specification 653P1-2: Avionics Application Software Standard Interface Part 1 - Required Services*. Maryland, USA, Dezember 2005

[AS99] ACHARYA, Anurag ; SETIA, Sanjeev: Availability and Utility of Idle Memory in Workstation Clusters. In: *SIGMETRICS Perform. Eval. Rev.* 27 (1999), Mai, Nr. 1, 35–46. http://dx.doi.org/10.1145/301464.301478. – DOI 10.1145/301464.301478. – ISSN 0163–5999

[AUT10] AUTOSAR: *Layered Software Architecture*. online. http://autosar.org/download/R4.0/AUTOSAR_EXP_LayeredSoftwareArchitecture.pdf. Version: November 2010

[AUT13] AUTOSAR: *Project Objectives*. online. http://www.autosar.org/fileadmin/files/releases/4-1/main/auxiliary/AUTOSAR_RS_ProjectObjectives.pdf. Version: Oktober 2013

[Bar03] BARNES, John: *High Integrity Software: The SPARK Approach to Safety and Security*. Addison-Wesley, 2003. – ISBN 0321136160

[BBC⁺12] BARO, Julie ; BONIOL, Frédéric ; CORDOVILLA, Mikel ; NOULARD, Eric ; PAGETTI, Claire: Off-line (Optimal) multiprocessor scheduling of dependent periodic tasks. In: *Proceedings of the 27th Annual ACM Symposium on Applied Computing*. New York, NY, USA : ACM, 2012 (SAC '12). – ISBN 978–1–4503–0857–1, 1815–1820

[BC11]  BORKAR, Shekhar ; CHIEN, Andrew A.: The future of microprocessors. In: *Commun. ACM* 54 (2011), Mai, Nr. 5, 67–77. http://dx.doi.org/10.1145/1941487. 1941507. – DOI 10.1145/1941487.1941507. – ISSN 0001–0782

[BCR14]  BELDICEANU, Nicolas ; CARLSSON, Mats ; RAMPO, Jean-Xavier:  Global Constraint Catalog / SICS. Version: Februar 2014. http://www.emn.fr/z-info/ sdemasse/gccat/. 2014 (T2012:03). – Technical Report. – ISSN 1100–3154. – ISSN: 1100-3154

[Ben96]  BENDER, A.: Design of an optimal loosely coupled heterogeneous multiprocessor system. In: *European Design and Test Conference, 1996. ED TC 96. Proceedings*, 1996. – ISSN 1066–1409, S. 275–281

[Beu08]  BEUCHER, O.: *MATLAB und Simulink: Grundlegende Einführung für Studenten und Ingenieure in der Praxis*. Pearson Studium, 2008 (MATLAB und Simulink: Grundlegende Einführung für Studenten und Ingenieure in der Praxis Bd. 10). – ISBN 9783827373403

[BHKP12]  BEHR, Peter ; HAULSEN, Ivo ; KAMPENHOUT, J. R. ; PLETNER, Samuel: Multi-Core Technology for Fault Tolerant High-Performance Spacecraft Computer Systems. In: *Proceedings of DASIA 2012*, 2012, S. 1–8

[BJK+95]  BLUMOFE, Robert D. ; JOERG, Christopher F. ; KUSZMAUL, Bradley C. ; LEISERSON, Charles E. ; RANDALL, Keith H. ; ZHOU, Yuli: Cilk: An Efficient Multithreaded Runtime System. In: *Proceedings of the Fifth ACM*

*SIGPLAN Symposium on Principles and Practice of Parallel Programming.* New York, NY, USA : ACM, 1995 (PPOPP '95). – ISBN 0–89791–700–6, 207–216

[BLK11] BONAKDARPOUR, Borzoo ; LIN, Yiyan ; KULKARNI, Sandeep: Automated addition of fault recovery to cyber-physical component-based models. In: *Proceedings of the ninth ACM international conference on Embedded software.* New York, NY, USA : ACM, 2011 (EMSOFT '11). – ISBN 978–1–4503–0714–7, 127–136

[BMR⁺10] BROCAL, Vicent ; MASMANO, Miguel ; RIPOLL, Ismael ; CRESPO, Alfons ; BALBASTRE, Patricia ; METGE, Jean-Jacques: Xoncrete: a scheduling tool for partitioned real-time systems. In: *Proceedings of the Embedded Real Time Software and Systems Conference (ERTS² 2010)*, 2010, 1–8

[BP05] BOVET, Daniel P. ; PH.D., Marco C.: *Understanding the Linux Kernel, Third Edition.* O'Reilly Media, 2005. – ISBN 0596005652

[Bro10] BROY, Manfred: Cyber-Physical Systems - Wissenschaftliche Herausforderungen Bei Der Entwicklung. In: BROY, Manfred (Hrsg.): *Cyber-Physical Systems* Bd. 0. Springer Berlin Heidelberg, 2010. – ISBN 978–3–642–14901–6, S. 17–31

[BRR11] BROY, Manfred ; REICHART, Günter ; ROTHHARDT, Lutz: Architekturen softwarebasierter Funktionen im Fahrzeug: von den Anforderungen zur Umsetzung. In: *Informatik-Spektrum* 34 (2011), Nr. 1, S. 42–59. http://dx.doi.org/10.1007/s00287-010-0507-6. – DOI 10.1007/s00287–010–0507–6. – ISSN 0170–6012

[But08] BUTZ, Henning: *Open Integrated Modular Avionic (IMA): State of the Art and future*

*Development Road Map at Airbus Deutschland.* http://www.aviation-conferences.com/architecture/pdf/ima-henning-butz.pdf. Version: 2008

[BV07] BORDIN, Matteo ; VARDANEGA, Tullio: Correctness by construction for high-integrity real-time systems: a metamodel-driven approach. In: *Proceedings of the 12th international conference on Reliable software technologies.* Berlin, Heidelberg : Springer-Verlag, 2007 (Ada-Europe'07). – ISBN 978–3–540–73229–7, 114–127

[CH93] COENEN, Jos ; HOOMAN, Jozef: Parameterized Semantics for Fault Tolerant Real-Time Systems. Version: 1993. http://dx.doi.org/10.1007/978-1-4615-3220-0. In: VYTOPIL, Jan (Hrsg.): *Formal Techniques in Real-Time and Fault-Tolerant Systems* Bd. 221. Springer US, 1993. – DOI 10.1007/978–1–4615–3220–0. – ISBN 978–1–4613–6414–6, S. 51–78

[Cha06] CHAPMAN, Roderick: Correctness by construction: a manifesto for high integrity software. In: *Proceedings of the 10th Australian workshop on Safety critical systems and software - Volume 55.* Darlinghurst, Australia, Australia : Australian Computer Society, Inc., 2006 (SCS '05). – ISBN 1–920–68237–6, 43–46

[Cha07] CHAPMAN, Rod: Correctness by construction: putting engineering (back) into software. In: *Proceedings of the 2007 ACM international conference on SIGAda annual international conference.* New York, NY, USA : ACM, 2007 (SIGAda '07). – ISBN 978–1–59593–876–3, 100–100

[CMM10a] CMMI PRODUCT TEAM: CMMI for Development, Version 1.3 / Software Engineering Institute, Carnegie Mellon University, Pittsburgh, Pennsylvania.

Version: 2010. http://www.sei.cmu.edu/library/abstracts/reports/10tr033.cfm. 2010 (CMU/SEI-2010-TR-033). – Technical Report. – The information has been transitioned to the CMMI Institute, a wholly-owned subsidiary of Carnegie Mellon University.

[CMM10b] CORDES, D. ; MARWEDEL, P. ; MALLIK, A.: Automatic parallelization of embedded software using hierarchical task graphs and integer linear programming. In: *Hardware/Software Codesign and System Synthesis (CODES+ISSS), 2010 IEEE/ACM/IFIP International Conference on*, 2010, S. 267–276

[Cri85] CRISTIAN, F.: A Rigorous Approach to Fault-Tolerant Programming. In: *Software Engineering, IEEE Transactions on* SE-11 (1985), Jan, Nr. 1, S. 23–31. http://dx.doi.org/10.1109/TSE.1985.231534. – DOI 10.1109/TSE.1985.231534. – ISSN 0098–5589

[Dep94] DEPARTMENT OF DEFENSE: *MIL-STD 499B (Draft)*. Mai 1994

[DLV12] DERLER, P. ; LEE, E.A. ; VINCENTELLI, A.S.: Modeling Cyber-Physical Systems. In: *Proceedings of the IEEE* 100 (2012), Januar, Nr. 1, 13-28. http://dx.doi.org/10.1109/JPROC.2011.2160929. – DOI 10.1109/JPROC.2011.2160929. – ISSN 0018–9219

[DME⁺06] DAMM, W. ; METZNER, A. ; EISENBRAND, F. ; SHMONIN, G. ; WILHELM, R. ; WINKEL, S.: Mapping Task-Graphs on Distributed ECU Networks: Efficient Algorithms for Feasibility and Optimality. In: *Embedded and Real-Time Computing Systems and Applications, 2006. Proceedings. 12th IEEE International Conference on*, 2006. – ISSN 1533–2306, S. 87–90

[DS99] DUTERTRE, B. ; STAVRIDOU, V.: A model of non-interference for integrating mixed-criticality software components. In: *Dependable Computing for Critical Applications 7, 1999*, 1999, S. 301 –316

[Ele98] ELECTRONIC INDUSTRIES ALLIANCE (EIA): *ANSI/EIA-632 Standard, Processes for Engineering a System.* 1998

[ESTa] ESTEREL TECHNOLOGIES: *SCADE Suite®.* online. http://www.esterel-technologies.com/products/scade-suite/

[ESTb] ESTEREL TECHNOLOGIES: *SCADE System 2.0.* online. http://www.esterel-technologies.com/products/scade-system/

[Eur09] EUROPEAN AVIATION SAFETY AGENCY (EASA): *Certification Specifications for Large Aeroplanes (CS-25).* https://www.easa.europa.eu/agency-measures/docs/certification-specifications/CS-25/CS-25%20Amendment%206.pdf. Version: Juni 2009

[Fed88] FEDERAL AVIATION ADMINISTRATION: *Advisory Circular AC 25.1309-1A: System Design and Analysis.* Version: Juni 1988. http://www.faa.gov/regulations_policies/advisory_circulars/index.cfm/go/document.information/documentID/22680

[FMS08] FRIEDENTHAL, Sanford ; MOORE, Alan ; STEINER, Rick: *A Practical Guide to SysML: The Systems Modeling Language.* San Francisco : Morgan Kaufmann Publishers Inc., 2008. – 1–576 S. – ISBN 9780123743794

[Fra13] FRAUNHOFER FOKUS - SYSTEM QUALITY CENTER: *Multicore-Architektur zur Sensor-basierten Positionsverfolgung im Weltraum.* online. http://www.fokus.fraunhofer.de/go/muse/index.html. Version: Juni 2013

[Fuc10] FUCHSEN, R.: How to address certification for multi-core based IMA platforms: Current status and potential solutions. In: *Digital Avionics Systems Conference (DASC), 2010 IEEE/AIAA 29th*, 2010. – ISSN 2155-7195, S. 5.E.3–1 –5.E.3–11

[GH13] GODESA, Julian ; HILBRICH, Robert: Framework für die empirische Bestimmung der Ausführungszeit auf Mehrkernprozessoren. In: HALANG, Wolfgang A. (Hrsg.): *Funktionale Sicherheit - Echtzeit 2013*, Springer Vieweg, 2013 (Informatik aktuell), S. 77–86

[GM82] GOGUEN, J.A. ; MESEGUER, J.: Security policies and security Models. In: PRESS, IEEE Computer S. (Hrsg.): *Proc of IEEE Symposium on Security and Privacy*, 1982, S. 11–20

[GM84] GOGUEN, Joseph A. ; MESEGUER, José: Unwinding and Inference Control. In: *Security and Privacy, IEEE Symposium on* 0 (1984), S. 75. http://dx.doi.org/10.1109/SP.1984.10019. – DOI 10.1109/SP.1984.10019. – ISSN 1540–7993

[GRHMW14] *Kapitel* Achieving Quality in Customer-Configurable Products. In: GROSSE-RHODE, Martin ; HILBRICH, Robert ; MANN, Stefan ; WEISSLEDER, Stephan: *System Quality and Software Architecture*. 1. Morgan Kaufmann Publishers, 2014, 233 – 261. – ISBN 978-0-12-417009-4

[HAM+95] HALL, Mary W. ; AMARASINGHE, S.P. ; MURPHY, B.R. ; LIAO, Shih-Wei ; LAM, M.S.: Detecting Coarse - Grain Parallelism Using an Interprocedural Parallelizing Compiler. In: *Supercomputing, 1995. Proceedings of the IEEE/ACM SC95 Conference*, 1995, S. 49–49

[HBD97] HARCHOL-BALTER, Mor ; DOWNEY, Allen B.: Exploiting Process Lifetime Distributions for Dynamic Load

Balancing. In: *ACM Trans. Comput. Syst.* 15 (1997), August, Nr. 3, 253–285. `http://dx.doi.org/10.1145/263326.263344`. – DOI 10.1145/263326.263344. – ISSN 0734–2071

[HC02] HALL, Anthony ; CHAPMAN, Roderick: Correctness by Construction: Developing a Commercial Secure System. In: *IEEE Software* 19 (2002), Januar, 18–25. `http://dx.doi.org/10.1109/52.976937`. – DOI 10.1109/52.976937. – ISSN 0740–7459

[HD13] HILBRICH, Robert ; DIEUDONNE, Laurent: Deploying Safety-Critical Applications on Complex Avionics Hardware Architectures. In: *Journal of Software Engineering and Applications* 06 (2013), Nr. 05, 229-235. `http://dx.doi.org/10.4236/jsea.2013.65028`. – DOI 10.4236/jsea.2013.65028

[Hil14] HILBRICH, Robert: *Architecture Synthesis for Safety Critical Systems - ASSIST.* online. `http://assist.hilbri.ch`. Version: 2014

[HK11a] HILBRICH, Robert ; KAMPENHOUT, J. R.: Partitioning and Task Transfer on NoC-based Many-Core Processors in the Avionics Domain. In: *4. Workshop: Entwicklung zuverlässiger Software-Systeme*, 2011, 1–6

[HK11b] HILBRICH, Robert ; KAMPRATH, Sebastian: Konzept für ein Framework zur werkzeugbasierten Dokumentation auf der Grundlage bestehender Zertifizierungsvorschriften / Fraunhofer-Institut für Rechnerarchitektur und Softwaretechnik. 2011 (SPES 2020 - Deliverable D5.1.C). – Projektbericht aus dem Projekt: Software Plattform Embedded Systems 2020. – verfügbar unter `http://www.spes2020.de`

[Hoa78] HOARE, C. A. R.: Communicating sequential processes. In: *Communications of the ACM* 21 (1978), August, Nr. 8, 666–677. http://dx.doi.org/10.1145/
359576.359585. – DOI 10.1145/359576.359585. – ISSN
00010782

[HW07] HOFSTEDT, Petra ; WOLF, Armin: *Einführung in
die Constraint-Programmierung: Grundlagen, Methoden, Sprachen, Anwendungen*. Springer, 2007 (eX-
amen.press). – 388 S. – ISBN 3540231846

[IEE] IEEE: *IEEE Standard for Application and Management of the Systems Engineering Process*.
https://standards.ieee.org/findstds/standard/
1220-2005.html

[Ill07] ILLIK, J.A.: *Verteilte Systeme: Architekturen und
Software-Technologien*. expert-Verlag, 2007 (Reihe Technik). http://books.google.de/books?id=
divZXycPh9EC. – ISBN 9783816927303

[Int02] INTERNATIONAL ORGANIZATION FOR STANDARDIZATI-
ON: *ISO/IEC 15288:2002 Systems engineering – System
life cycle processes, institution = International Organization for Standardization*. 2002

[Int10a] INTERNATIONAL ELECTROTECHNICAL COMMISSION:
*IEC 61508-1:2010: Functional safety of electrical/elec-
tronic/programmable electronic safety related systems -
Part 1: General requirements*. April 2010

[Int10b] INTERNATIONAL ELECTROTECHNICAL COMMISSION:
*IEC 61508-2:2010: Functional safety of electrical/elec-
tronic/programmable electronic safety related systems -
Part 2: Requirements for electrical/electronic/program-
mable electronic safety related systems*. April 2010

[Int10c] INTERNATIONAL ELECTROTECHNICAL COMMISSION: *IEC 61508-3:2010: Functional safety of electrical/electronic/programmable electronic safety related systems - Part 3: Software requirements.* April 2010

[Int10d] INTERNATIONAL ELECTROTECHNICAL COMMISSION: *IEC 61508-6:2010: Functional safety of electrical/electronic/programmable electronic safety-related systems - Part 6: Guidelines on the application of IEC 61508-2 and IEC 61508-3.* April 2010

[Int14] INTEL®: *Parallel Studio XE Suite.* http://software.intel.com/en-us/intel-parallel-studio-xe/. Version: Januar 2014

[ISO08] Norm DIN EN ISO 9241-110 2008. *Ergonomie der Mensch-System-Interaktion - Teil 110: Grundsätze der Dialoggestaltung (ISO 9241-110:2006)*

[JBPT09] JANNESARI, A. ; BAO, Kaibin ; PANKRATIUS, Victor ; TICHY, W.F.: Helgrind+: An efficient dynamic race detector. In: *Parallel Distributed Processing, 2009. IPDPS 2009. IEEE International Symposium on*, 2009. – ISSN 1530–2075, S. 1–13

[JCL11] JENSEN, Jeff C. ; CHANG, Danica ; LEE, Edward A.: A Model-Based Design Methodology for Cyber-Physical Systems. In: *Wireless Communications and Mobile Computing Conference (IWCMC), 2011 7th International*, 2011, 1666 - 1671

[JMS87] JOSEPH, Mathai ; MOITRA, Abha ; SOUNDARARAJAN, Neelam: Proof rules for fault tolerant distributed programs. In: *Science of Computer Programming* 8 (1987), Nr. 1, 43 - 67. http://dx.doi.org/http://dx.doi.org/10.1016/0167-6423(87)90003-7. –

DOI http://dx.doi.org/10.1016/0167–6423(87)90003–7.
– ISSN 0167–6423

[KHTW09] KUGELE, Stefan ; HABERL, Wolfgang ; TAUTSCHNIG, Michael ; WECHS, Martin: Optimizing Automatic Deployment Using Non-functional Requirement Annotations. In: MARGARIA, Tiziana (Hrsg.) ; STEFFEN, Bernhard (Hrsg.): *Leveraging Applications of Formal Methods, Verification and Validation* Bd. 17. Springer Berlin Heidelberg, 2009. – ISBN 978–3–540–88478–1, S. 400–414

[KKO⁺06] KANGAS, Tero ; KUKKALA, Petri ; ORSILA, Heikki ; SALMINEN, Erno ; HÄNNIKÄINEN, Marko ; HÄMÄLÄINEN, Timo D. ; RIIHIMÄKI, Jouni ; KUUSILINNA, Kimmo: UML-based Multiprocessor SoC Design Framework. In: *ACM Trans. Embed. Comput. Syst.* 5 (2006), Mai, Nr. 2, 281–320. `http://dx.doi.org/10.1145/1151074.1151077`. – DOI 10.1145/1151074.1151077. – ISSN 1539–9087

[KKPS99] KAMSTIES, Erik ; KNETHEN, Antje von ; PHILIPPS, Jan ; SCHÄTZ, Bernhard: Eine vergleichende Fallstudie von acht CASE-Werkzeugen für formale und semi-formale Beschreibungstechniken. In: *FBT*, 1999, S. 103–112

[KL86] KNIGHT, J. C. ; LEVESON, N. G.: An experimental evaluation of the assumption of independence in multiversion programming. In: *IEEE Transactions on Software Engineering* SE-12 (1986), Nr. 1, 96–109. `http://dx.doi.org/10.1109/TSE.1986.6312924`. – DOI 10.1109/TSE.1986.6312924

[Koo12] KOORDINIERUNGS UND BERATUNGSSTELLE DER BUNDESREGIERUNG FÜR INFORMATIONSTECHNIK IN DER BUNDESVERWALTUNG: *V-Modell XT 1.4*. online. `http://ftp.tu-clausthal.de/pub/`

institute/informatik/v-modell-xt/Releases/1.
4/V-Modell-XT-Gesamt.pdf. Version: Mai 2012

[Kru95] KRUCHTEN, P.B.: The 4+1 View Model of architecture.
In: *Software, IEEE* 12 (1995), November, Nr. 6, S. 42
–50. http://dx.doi.org/10.1109/52.469759. – DOI
10.1109/52.469759. – ISSN 0740–7459

[KSrz] KUCHCINSKI, Krzysztof ; SZYMANEK, Radoslaw: *Java
Constraint Programming Solver - JaCoP 4.1.* online.
http://jacop.osolpro.com. Version: 2014 März

[KSS⁺09] KEINERT, Joachim ; STREUBÜHR, Martin ; SCHLICH-
TER, Thomas ; FALK, Joachim ; GLADIGAU, Jens ;
HAUBELT, Christian ; TEICH, Jürgen ; MEREDITH, Mi-
chael: SystemCoDesigner - an Automatic ESL Synthesis
Approach by Design Space Exploration and Behavioral
Synthesis for Streaming Applications. In: *ACM Trans.
Des. Autom. Electron. Syst.* 14 (2009), Januar, Nr.
1, 1:1–1:23. http://dx.doi.org/10.1145/1455229.
1455230. – DOI 10.1145/1455229.1455230. – ISSN
1084–4309

[KSSB11] KOSSIAKOFF, A. ; SWEET, W.N. ; SEYMOUR, S. ; BIE-
MER, S.M.: *Systems Engineering Principles and Practice.* Wiley, 2011 (Wiley Series in Systems Engineering
and Management). – ISBN 9780470405482

[LJ99] LIU, Zhiming ; JOSEPH, Mathai: Specification and
Verification of Fault-tolerance, Timing, and Scheduling.
In: *ACM Trans. Program. Lang. Syst.* 21 (1999), Januar,
Nr. 1, 46–89. http://dx.doi.org/10.1145/314602.
314605. – DOI 10.1145/314602.314605. – ISSN 0164–
0925

[LM94] LAMPORT, Leslie ; MERZ, Stephan: Specifying and
verifying fault-tolerant systems. Version: 1994. http:

//dx.doi.org/10.1007/3-540-58468-4. In: LANG-
MAACK, Hans (Hrsg.) ; ROEVER, Willem-Paul (Hrsg.)
; VYTOPIL, Jan (Hrsg.): *Formal Techniques in Real-
Time and Fault-Tolerant Systems* Bd. 863. Springer
Berlin Heidelberg, 1994. – DOI 10.1007/3–540–58468–4.
– ISBN 978–3–540–58468–1, S. 41–76

[LPP10] LÖW, P. ; PAPST, R. ; PETRY, E.: *Funktionale Sicherheit in der Praxis: Anwendung von DIN EN 61508
und ISO/DIS 26262 bei der Entwicklung von Seri-
enprodukten.* Dpunkt.Verlag GmbH, 2010. – ISBN
9783898645706

[LS11] LEE, Edward A. ; SESHIA, Sanjit A.: *Introduction to
Embedded Systems, A Cyber-Physical Systems Approach.*
LuLu.com, 2011 http://LeeSeshia.org. – ISBN 978–
0–557–70857–4

[LTOT09] LAM, Jun W. ; TAN, I. ; ONG, Boon L. ; TAN, Chang K.:
Effective operating system scheduling domain hierarchy
for core-cache awareness. In: *TENCON 2009 - 2009
IEEE Region 10 Conference*, 2009, S. 1–7

[Mat14] MATHWORKS: *SIMULINK R2014a.* online.
http://www.mathworks.de/products/simulink/.
Version: März 2014

[MH06] METZNER, A. ; HERDE, C.: RTSAT– An Optimal and
Efficient Approach to the Task Allocation Problem
in Distributed Architectures. In: *Real-Time Systems
Symposium, 2006. RTSS '06. 27th IEEE International,*
2006. – ISSN 1052–8725, S. 147–158

[ML94] MORGAN, Reed ; LACHENMAIER, Ralph: *Joint
Advanced Strike Technology Program - Avionics Architecture Definition Appendices.* online. http://leonardodaga.insyde.it/Corsi/AD/

`Documenti/JAS%20-%20AVIONICS%20ARCHITECTURE%`
`20DEFINITION%20APPENDIX.pdf`. Version: Aug 1994

[Mor91] MORGAN, M. J.: Integrated modular avionics for next generation commercial airplanes. In: *Aerospace and Electronic Systems Magazine, IEEE* 6 (1991), Nr. 8, S. 9–12. `http://dx.doi.org/10.1109/62.90950`. – DOI 10.1109/62.90950

[NCH95] NADESAKUMAR, A ; CROWDER, R M. ; HARRIS, C J.: Advanced System Concepts for Civil Aircraft: An overview of Avionic Architectures. In: *Proc. Inst. Mech. Engrs., Part G., J. Aerospace* 209 (1995), 265–272. `http://eprints.ecs.soton.ac.uk/126/`

[NIC12] NICTA - OPTIMISATION RESEARCH GROUP: *MiniZinc Challenge 2012 Results.* `http://www.minizinc.org/ challenge2012/results2012.html`. Version: 2012

[NTS⁺08] NIKOLOV, H. ; THOMPSON, M. ; STEFANOV, T. ; PI-MENTEL, A. ; POLSTRA, S. ; BOSE, R. ; ZISSULESCU, C. ; DEPRETTERE, E.: Daedalus: Toward Composable Multimedia MP-SoC Design. In: *Proceedings of the 45th Annual Design Automation Conference.* New York, NY, USA : ACM, 2008 (DAC '08). – ISBN 978–1–60558–115–6, 574–579

[Obj03] OBJECT MANAGEMENT GROUP: Technical Guide to Model Driven Architecture: The MDA Guide v1.0.1 / Object Management Group (OMG). Version: Juni 2003. `http://www.omg.org/cgi-bin/ doc?omg/03-06-01.pdf`. 2003 (omg/2003-06-01). – Forschungsbericht. – online

[Obj12] OBJECT MANAGEMENT GROUP: *OMG Systems Modeling Language (OMG SysML) – Version 1.3.*

online. http://www.omg.org/spec/SysML/1.3/PDF/. Version: Juni 2012

[OFT12] OPENSYNERGY GMBH ; FRAUNHOFER FIRST ; TU BERLIN - LEHRSTUHL SWT: *Virtuelle Architekturen für sichere automotive Softwaresysteme mit domänenübergreifender, sicherheitsrelevanter Kommunikation.* online, Dezember 2012. – Forschungsprojekt mit Finanzierung der Technologiestiftung Berlin (TSB)

[Ope08] OPENMP ARCHITECTURE REVIEW BOARD: *OpenMP Application Program Interface Version 4.0.* http://www.openmp.org/mp-documents/OpenMP4.0.0.pdf. Version: Mai 2008

[Ora13] ORACLE: *JavaFX - The Rich Client Platform.* http://www.oracle.com/technetwork/java/javafx/overview/index.html. Version: Oktober 2013

[PHAB12] POHL, K. (Hrsg.) ; HÖNNINGER, H. (Hrsg.) ; ACHATZ, R. (Hrsg.) ; BROY, M. (Hrsg.): *Model-Based Engineering of Embedded Systems: The SPES 2020 Methodology.* Springer, 2012. – ISBN 3642346138

[Poh08] POHL, Klaus: *Requirements Engineering: Grundlagen, Prinzipien, Techniken.* 2. dpunkt.Verlag GmbH, 2008. – ISBN 3898645509

[Pri08] PRISAZNUK, Paul J.: ARINC 653 role in Integrated Modular Avionics (IMA). In: *2008 IEEE/AIAA 27th Digital Avionics Systems Conference*, IEEE, 2008. – ISBN 978–1–4244–2207–4, 1.E.5-1 – 1.E.5–10

[PSA97] PENG, D.-T. ; SHIN, K.G. ; ABDELZAHER, T.F.: Assignment and scheduling communicating periodic tasks in distributed real-time systems. In: *Software Engineering, IEEE Transactions on* 23 (1997), Nr. 12, S.

745–758. http://dx.doi.org/10.1109/32.637388. –
DOI 10.1109/32.637388. – ISSN 0098–5589

[Qin07] QIN, Xiao: Design and Analysis of a Load Balancing
Strategy in Data Grids. In: *Future Gener. Comput.
Syst.* 23 (2007), Januar, Nr. 1, S. 132–137. http://
dx.doi.org/10.1016/j.future.2006.06.008. – DOI
10.1016/j.future.2006.06.008. – ISSN 0167–739X

[QJM⁺10] QIN, Xiao ; JIANG, Hong ; MANZANARES, A. ; RUAN,
Xiaojun ; YIN, Shu: Communication-Aware Load Balancing for Parallel Applications on Clusters. In: *Computers, IEEE Transactions on* 59 (2010), Jan, Nr. 1, S.
42–52. http://dx.doi.org/10.1109/TC.2009.108. –
DOI 10.1109/TC.2009.108. – ISSN 0018–9340

[RATO11] RUAG ; ASTRIUM ; THALES ; OHB: *Avionics System
Reference Architecture - SAVOIR Functional Reference
Architecture.* Oktober 2011. – TEC-SW/11-477/JLT

[RTC94] RTCA: *Software Considerations in Airborne Systems
and Equipment Certification.* http://www.rtca.org/.
Version: 1994

[RTC00] RTCA: *Design Assurance Guidance for Airborne Electronic Hardware.* http://www.rtca.org/onlinecart/
product.cfm?id=194. Version: April 2000

[Rus99] RUSHBY, John: Partitioning for Avionics Architec-
tures:Requirements, Mechanisms, and Assurance /
NASA Langley Research Center. Version: Juni 1999.
http://www.tc.faa.gov/its/worldpac/techrpt/
ar99-58.pdf. 1999 (CR-1999-209347). – NASA
Contractor Report. – Also to be issued by the FAA

[SAE96] SAE INTERNATIONAL: *Aerospace Recommended Practice (ARP) 4761: Guidelines and Methods for Conduc-
ting the Safety Assessment Process on Civil Airborne*

*Systems and Equipment.* http://standards.sae.org/arp4761/. Version: Dezember 1996

[San11] SANDER, Oliver: *Skalierbare Adaptive System-on-Chip-Architekturen für Inter-Car und Intra-Car Kommunikationsgateways (German Edition).* KIT Scientific Publishing, 2011. – ISBN 3866446012

[Sar91] SARKAR, V.: Automatic partitioning of a program dependence graph into parallel tasks. In: *IBM Journal of Research and Development* 35 (1991), Sept, Nr. 5.6, S. 779–804. http://dx.doi.org/10.1147/rd.355.0779. – DOI 10.1147/rd.355.0779. – ISSN 0018–8646

[SBFR12] SCHMIDT, Karsten ; BUHLMANN, Markus ; FICEK, Christoph ; RICHTER, Kai: Entwurfsaspekte für hochintegrierte Steuergeräte mit unterschiedlichen ASIL-Stufen. In: *ATZ elektronik* 1 (2012), Jan, 34–39. https://symtavision.com/downloads/Magazines/1201_ATZ_AUDI_Entwurfsaspekte_dt.pdf

[Sch09] SCHUELE, T.: A Coordination Language for Programming Embedded Multi-Core Systems. In: *Parallel and Distributed Computing, Applications and Technologies, 2009 International Conference on*, 2009, S. 201–209

[SLMR05] STANKOVIC, J.A. ; LEE, I. ; MOK, A. ; RAJKUMAR, R.: Opportunities and obligations for physical computing systems. In: *Computer* 38 (2005), nov., Nr. 11, S. 23 – 31. http://dx.doi.org/10.1109/MC.2005.386. – DOI 10.1109/MC.2005.386. – ISSN 0018–9162

[SMTK12] SAROOD, O. ; MILLER, P. ; TOTONI, E. ; KALE, L.V.: Cool Load Balancing for High Performance Computing Data Centers. In: *Computers, IEEE Transactions on* 61 (2012), Dec, Nr. 12, S. 1752–1764.

`http://dx.doi.org/10.1109/TC.2012.143.` – DOI
10.1109/TC.2012.143. – ISSN 0018–9340

[Spi06] SPITZER, Cary R. (Hrsg.): *Avionics: Development and Implementation (The Avionics Handbook, Second Edition)*. CRC Press, 2006 (The Electrical Engineering Handbook Series). – ISBN 978–0849384417

[SS00] SPITZER, C.R. ; SPITZER, C.: *Digital Avionics Handbook*. Taylor & Francis, 2000 (The electrical engineering handbook series). – ISBN 9781420036879

[ST12] STREICHERT, Thilo ; TRAUB, Matthias: Grundlagen der Elektrik/Elektronik-Architekturen. Version: 2012. `http://dx.doi.org/10.1007/978-3-642-25478-9`. In: *Elektrik/Elektronik-Architekturen im Kraftfahrzeug*. Springer Berlin Heidelberg, 2012 (VDI-Buch). – DOI 10.1007/978–3–642–25478–9. – ISBN 978–3–642–25477–2, S. 15–51

[SVE07] STAHL, Thomas ; VÖLTER, Markus ; EFFTINGE, Sven: *Modellgetriebene Softwareentwicklung - Techniken, Engineering, Management*. Dpunkt.verlag Gmbh, 2007. – ISBN 3898644480

[SW98] SCHILD, Klaus ; WÜRTZ, Jörg: Off-line Scheduling of a Real-time System. In: *Proceedings of the 1998 ACM Symposium on Applied Computing*. New York, NY, USA : ACM, 1998 (SAC '98). – ISBN 0–89791–969–6, 29–38

[The11] THE ECONOMIST NEWSPAPER LIMITED: *3D printing - The printed world*. online. `http://www.economist.com/node/18114221`. Version: Februar 2011

[TK13] TERZOPOULOS, G. ; KARATZA, H.: Power-aware load balancing in heterogeneous clusters. In: *Performance*

*Evaluation of Computer and Telecommunication Systems (SPECTS), 2013 International Symposium on,* 2013, S. 148–154

[TPV10] TRIVUNOVIC, B. ; POPOVIC, M. ; VRTUNSKI, V.: An Application Level Parallelization of Complex Real-Time Software. In: *Engineering of Computer Based Systems (ECBS), 2010 17th IEEE International Conference and Workshops on,* 2010, S. 253–257

[TS07] TANENBAUM, Andrew S. ; STEEN, Maarten v.: *Verteilte Systeme - Prinzipien und Paradigmen.* 2. aktualisierte Auflage. München : Pearson Studium, 2007. – ISBN 978–3–827–37293–2

[Vec] VECTOR: *PREEVision 6.5.* online. `http://vector.com/vi_preevision_en.html`

[Vec14] VECTORFABRICS: *Pareon - Instant Multicore Insights.* `http://www.vectorfabrics.com/products.` Version: Januar 2014

[VNS07] VERDOOLAEGE, Sven ; NIKOLOV, Hristo ; STEFANOV, Todor: Pn: A Tool for Improved Derivation of Process Networks. In: *EURASIP J. Embedded Syst.* 2007 (2007), Januar, Nr. 1, S. 19–19. `http://dx.doi.org/10.1155/2007/75947.` – DOI 10.1155/2007/75947. – ISSN 1687–3955

[VS13] VOSS, S. ; SCHATZ, B.: Deployment and Scheduling Synthesis for Mixed-Critical Shared-Memory Applications. In: *Engineering of Computer Based Systems (ECBS), 2013 20th IEEE International Conference and Workshops on the,* 2013, S. 100–109

[VS14] VOGEL, Torsten ; SCHÜTTAUF, Andreas: *Open Modular Avionics Architecture For Space Applications.* online.

`http://www.sysgo.com/fileadmin/user_upload/`
`PDF/ProductFlyer2_v1-1.pdf`. Version: August 2014

[WDTS11] WHITE, Jules ; DOUGHERTY, Brian ; THOMPSON, Chris ; SCHMIDT, Douglas C.: ScatterD: Spatial deployment optimization with hybrid heuristic/evolutionary algorithms. In: *TAAS* 6 (2011), Nr. 3, S. 18

[Wei06] WEILKIENS, Tim: *Systems engineering mit SysML/UML: Modellierung, Analyse, Design*. 1. Heidelberg : Dpunkt Verlag, 2006. – 1–360 S. – ISBN 3–89864–409–X

[WK98] WILKINSON, P.J. ; KELLY, T.P.: *Functional hazard analysis for highly integrated aerospace systems*. `http://dx.doi.org/10.1049/ic:19980312`. Version: 1998

[WLAG93] WAHBE, Robert ; LUCCO, Steven ; ANDERSON, Thomas E. ; GRAHAM, Susan L.: Efficient software-based fault isolation. In: *SOSP '93: Proceedings of the fourteenth ACM symposium on Operating systems principles*. New York, NY, USA : ACM, 1993. – ISBN 0–89791–632–8, S. 203–216

[WSWK13] WEIDNER, Thomas ; STÜKER, Dirk ; WENDER, Stefan ; KATZWINKEL, Reiner: Skalierbare E/E-Architekturen für Fahrerassistenzfunktionen. In: *ATZelektronik* 8 (2013), Nr. 6, S. 428–433. `http://dx.doi.org/10.1365/s35658-013-0361-9`. – DOI 10.1365/s35658–013–0361–9. – ISSN 1862–1791

[WW07] WATKINS, C.B. ; WALTER, R.: Transitioning from federated avionics architectures to Integrated Modular Avionics. In: *Digital Avionics Systems Conference, 2007. DASC '07. IEEE/AIAA 26th*, 2007, S. 2.A.1–1–2.A.1–10

[WWS⁺00] WELCH, Lonnie ; WERME, Paul ; SHIRAZI, Behrooz ; CAVANAUGH, Charles ; FONTENOT, Larry ; HUH, Eui-Nam ; MASTERS, Michael: Load balancing for dynamic real-time systems. In: *Cluster Computing* 3 (2000), Nr. 2, S. 125–138. http://dx.doi.org/10.1023/A:1019028120001. – DOI 10.1023/A:1019028120001. – ISSN 1386–7857

[Yeh04] YEH, Ying C.: Unique Dependability Issues for Commercial Airplane Fly by Wire Systems. In: JACQUART, Renè (Hrsg.): *Building the Information Society* Bd. 156. Springer US, 2004. – ISBN 978–1–4020–8156–9, S. 213–220

[ZQX00] ZHANG, Xiaodong ; QU, Yanxia ; XIAO, Li: Improving distributed workload performance by sharing both CPU and memory resources. In: *Distributed Computing Systems, 2000. Proceedings. 20th International Conference on*, 2000. – ISSN 1063–6927, S. 233–241

Printed in the United States
By Bookmasters